Herança de
Crise e Disfunção

Um romance
Edição revisada e atualizada

James J. Maiwurm

A política, a saúde pública, a reputação global e a economia dos EUA enfrentam um novo governo.

O livro "Herança de crise e disfunção " (Herança de crise e disfunção), de James J. Maiwurm, conta a história dos Estados Unidos que se desenha no horizonte e o que levou à ruptura de seus alicerces.

WASHINGTON D.C.- As máscaras ainda fazem parte da vida cotidiana, e um novo governo tem a tarefa de reconstruir uma nação destruída. "Herança de crise e disfunção " (Herança de crise e disfunção), de James J. Maiwurm, é um romance de ficção política que coloca os leitores no Dia da Inauguração de 2021 na zona rural da Virgínia, onde a pandemia de COVID-19 e a recessão mergulharam fazendeiros e proprietários de pequenas empresas em uma vida de instabilidade financeira e desordem. Com base na história, nos eventos atuais e na natureza humana, o romance oferece uma visão valiosa da política nacional e estrangeira. Ao mesmo tempo, a história pessoal do protagonista destaca a dor da perda do cônjuge e da mudança, as emoções confusas associadas à aposentadoria e a necessidade psicológica de permanecer relevante e conectado à medida que se envelhece.

O livro acompanha O Salt, um viúvo recente e advogado aposentado cuja carreira inclui passagens pelo governo dos EUA. Quando O Salt começa a se estabelecer em sua nova vida longe do barulho de D.C., um velho conhecido que está prestes a se tornar Secretário de Estado o chama de volta para a linha de fogo da Casa Branca, onde ele é persuadido a assumir um papel diplomático secreto. A aceitação hesitante de O Salt desencadeia uma perseguição mundial em busca de reuniões sensíveis com aliados importantes para começar a reposicionar os Estados Unidos em uma liderança produtiva.

Esse enredo é um exemplo de como a ficção não é mais estranha do que a realidade", diz Maiwurm, "O livro foi concebido para oferecer ao leitor uma visão divertida dos problemas domésticos urgentes e das consequências do declínio da influência dos Estados Unidos no mundo.

"A mensagem final [do livro] é de esperança. Ele postula que, quando a política é removida, os americanos têm muito em comum e que, com paciência e comunicação honesta, as feridas do país podem ser curadas para que uma nação mais forte possa emergir", escreveu um crítico do Clarion sobre o livro.

"Herança de crise e disfunção " certamente intrigará os leitores interessados na situação atual dos Estados Unidos, pois o romance destaca as lutas que estão por vir, ao mesmo tempo em que educa os leitores sobre questões como subsídios do governo, o movimento Black Lives Matter, o Coronavírus e a instabilidade econômica, para que possam estar mais bem preparados para votar e lidar com o que Maiwurm acredita que está por vir.

"Herança de crise e disfunção"

Por **James J. Maiwurm**

ISBN: 9781663204660 (capa mole); 9781663204684 (capa dura);

9781663204677 (eletrônico)

Disponível na livraria on-line iUniverse! Amazon e Barnes & Noble

Sobre o autor

James J. Maiwurm é presidente emérito aposentado de um dos maiores escritórios de advocacia do mundo e, em 2012, foi nomeado um dos dez sócios-gerentes de escritórios de advocacia mais inovadores pela Law 360. Maiwurm cresceu em uma cidade pequena dos Estados Unidos, onde conheceu sua namorada do ensino médio, com quem se casou mais tarde. Ele se formou em história no College of Wooster, em Ohio, frequentou a Faculdade de Direito da Universidade de Michigan e, alguns anos depois, teve dois filhos. Nos últimos 30 anos, Maiwurm tem residido em Washington D.C.

Contato:

LAVIDGE - Phoenix

Kayla Rutledge 480-648-7450 krutledw@lavidge.com

Esta é uma obra de ficção. Nomes, personagens, lugares e incidentes são produto da imaginação do autor ou são usados ficticiamente e não devem ser interpretados como fatos. Qualquer semelhança com eventos, lugares, organizações ou pessoas reais, vivas ou mortas, é mera coincidência.

AGRADECIMENTOS

Para o parceiro e cônjuge mais maravilhoso possível, para uma família grande e divertida, para os socorristas e outros militares, para a Ucrânia, para os membros da minoria do comitê especial do Congresso dos EUA em 6 de janeiro de 2022 e para meus queridos amigos, Joe e Tex.

Herança de crises e disfunções; Personagens principais (nenhum dos nomes pretende ser real)
Glossário de personagens

O Salt	Staunton Pepper
Margie Hatcher	Amigo de O Salt em Carterville
(Marie) Louise Roseaux	Empréstimo da ACI ao projeto
Eleanor Holmes	Primeiro-ministro britânico
John Watson	Ministro das Relações Exteriores do Reino Unido
Peter Banks	Contato no Reino Unido
Ray (René) Marchand	O amigo canadense de Salt
Gretchen Grant	Departamento de Estado
Anthony Pope	Ex-presidente dos EUA
Walter Williams	Departamento de Estado em DC
Presidente Evans	Novo presidente
Ed Jordan	Embaixada dos EUA em Londres
Carterville	Uma pequena vila perto da fazenda O Salt
Martin Weber	Ministério das Relações Exteriores da Alemanha
Família Yoder	Antigos inquilinos
Anja Besecke	Ministro das Relações Exteriores da Alemanha
Jack Davis	O atual inquilino da fazenda de Stone
Ashkan Gilani	Líder de negociação iraniano
Georgie	O barbeiro nº 1 tem uma loja
Mary e George Anderson	Mary é a presidente de um banco e George é umempresário e professor
Alan Greene e seu parceiro Angelo	Presidente da escola
Bob e Betty Reardon	Fornecedores da GM com 4 filhos
Homero	Barbeiro nº 2
Ellen	Barbeiro nº 3
Steve	Fazendeiro
Roy	É proprietário de uma loja de roupas
Warren	Trabalha em uma loja de ferragens
Don	Aposentado e caçador, NRA
Helen's Place	Cantina local
Stuart Bacon	Candidato a Secretário de Estado (asst. Alex)
Max	Falante na feira

Índice

PREFÁCIO

Como já foi dito, esta é uma obra de ficção. Não é o produto de uma pesquisa acadêmica. O livro não se baseia em informações substanciais de especialistas, mas principalmente nas percepções pessoais de um cidadão sobre o futuro. Ele se baseia nas notícias e nos eventos relacionados às eleições presidenciais de 2016 e 2000, nas eleições intermediárias de 2022, em algumas eleições estaduais e em conjecturas sobre como 2024 poderá se desenrolar e afetar o bem-estar de nossos filhos e netos. É como olhar para a história pelo espelho retrovisor, sabendo que ela nos alcançará.

Não sou futurista, mas acredito que - pelo menos em nossos dias bons - podemos aprender com o passado para definir o rumo de nosso próprio futuro, mesmo quando um exame do passado mostra desigualdades inaceitáveis e algumas loucuras reais. Talvez alguns possam usar este livro como uma oportunidade de olhar para o futuro por meio de suas próprias lentes, ou seja, uma forma de ficção pessoal projetada e usando suas próprias condições presumidas. E então, quando estiverem em um lugar seguro (ou seja, um lugar que ainda não evoluiu da realidade), comecem a pensar se são necessários resultados maiores e diferentes e se podemos reunir a preocupação e o enorme corpo coletivo de trabalho - e, sim, o comprometimento - necessários para promover as tão necessárias mudanças de atitudes e resultados.

Para evitar dúvidas, este livro trata da necessidade de "mais poder para o centro", de um compartilhamento renovado de valores que, com exceção talvez da Guerra Civil e da Era da Reconstrução, permitiu que nos esforçássemos mais para atingir os muitos objetivos que compartilhamos, mesmo que esse compartilhamento ainda não seja justo ou totalmente apoiado por um número esmagador de nossos concidadãos. Nosso experimento em governança continuou por meio dos esforços da maioria, embora reconhecidamente não de todos, de nossos cidadãos por mais de 200 anos. Outros estão observando, e não temos mais tempo para pensar que estamos experimentando.

Você os ouve e os vê? Deixando a política de lado, em questões como o clima, as luzes vermelhas piscam, a horrível buzina toca e uma voz gerada por computador nos diz: "OUÇA ISSO AGORA, OUÇA ISSO AGORA, esta é uma emergência real, não um exercício. Entrem nos botes salva-vidas. Lamentamos que não haja botes salva-vidas ou lugares para entrar neles, mas nossas gerações mais antigas esperam que você tenha gostado de sua visita à Terra; elas certamente gostaram".

A primeira versão deste livro "começou" no Dia da Inauguração de 2021 e continuou até 2022. Esse período foi dominado, em muitos aspectos, por um mestre de marionetes, o Presidente Donald Trump, que essencialmente era, e em muitos aspectos continua sendo, a novidade em termos de política externa e interna, diplomacia, relações, as transfronteiriças, litígio e resposta a amigos, inimigos e ameaças globais/políticas. É claro, lembre-se de Helsinque e da recusa do Presidente Trump em ter outras pessoas na sala quando conversou com Putin por um longo período e, mais tarde, envergonhou nossos altos funcionários de inteligência ao sugerir que Putin era mais confiável do que nossos próprios especialistas. E, é claro, há o dia 6 de janeiroisenções fiscais para os menos necessitados, as mudanças climáticas, o Black Lives Matter, os problemas da cadeia de suprimentos, a fome, o desenvolvimento de cultos de seguidores de alguns autoritários (por que 1984 de Orwell é um best-seller e em que estado autoritário você quer viver?), Ucrânia, imigração, aborto, Coreia do Norte, Suprema Corte, manuseio de material secreto de inteligência em um resort, uma reação tardia e politizada à COVID-19 e suas variantes, como deixamos o Afeganistão, Irã, Rússia, Arábia Saudita/Iêmen, China/Taiwan, preocupações sobre o poder de permanência da democracia no estilo americano, Venezuela, inflação, tiroteios em massa, racismo institucionalizado, crime, armas automáticas, energia limpa e a escassez de líderes fortes e carismáticos de todas as cores, formas e tamanhos.

Diante desse conjunto de perguntas, nosso governo é mais voltado para o país ou para o partido (ou para a reeleição)? Como é possível que haja tantas votações unânimes de um partido em questões importantes em que nenhum, ou um pequeno número, vota com o outro partido (ou seja, do, pelo e para o povo)? Talvez o problema seja que agimos como uma aristocracia, dormindo como Rip Van Winkle, que dizem ter dormido durante a Revolução Americana, esperando que alguma boa notícia sobre nossa nova república o despertasse.

Talvez precisemos votar em pessoas boas que exercem seu próprio julgamento. E não tanto o de nossos Rip Van Winkles.

Nada disso é notícia de última hora, mas esse acúmulo de coisas cria um legado de crise e disfunção - no país e no exterior, e em estados e regiões vermelhas e azuis - que merece alguma perspectiva. De sua própria maneira, esperamos que este livro ofereça alguma perspectiva e gere algumas reflexões sobre como e por que outras pessoas (em diferentes regiões e culturas dos Estados Unidos, tanto estrangeiras quanto nacionais, algumas com visões extremas) reagem como reagem à nossa liderança e aos nossos seguidores. Precisamos nos colocar mais no lugar dos outros.

Apesar da confusão, todas as pessoas de bem no mundo querem essencialmente as mesmas coisas: segurança física, estabilidade financeira, boa saúde e que nossos filhos se saiam tão bem ou melhor (em um sentido amplo) do que nós. Para isso, todos nós queremos fazer a diferença neste mundo. O presidente Trump e alguns outros líderes nacionais e mundiais certamente já fizeram isso. Agora é hora de o restante de nós colocar nossa marca - a marca dos moderados com a coragem de se levantar e o bom senso de migrar para o centro e permanecer lá - para melhorar este mundo. E se confortar em saber que a maioria de nossos concidadãos se juntará a esse esforço, em parte porque, mesmo que discordemos, ouviremos, respeitaremos e faremos concessões.

Para usar uma frase de Jim Carville, "é para os netos, estúpido".

Nossos filhos e netos merecem algo melhor do que um legado de crise e disfunção. Nesse sentido, este é um excelente momento para mudar nossa vontade política.

PREÂMBULO

Em 1765, surgiu um grupo secreto de provocadores nas colônias americanas, mais proeminente em Massachusetts, que se sentiam ofendidos pelos impostos britânicos ("impostos sem impostos", "impostos sem impostos", "impostos sem impostos").

representação") e outras políticas. O rei George III pode ou não ter sido decente ou não ter senso de humor, mas não deve ter ficado feliz com seus colonos distantes. Ele nunca visitou as colônias. E as comunicações se tornaram muito mais difíceis devido à falta de um veículo como o telegrama, muito menos o correio de primeira classe, o telefone, o fax ou a Internet. Ciclos de notícias de vinte e quatro horas são uma distração; ciclos de notícias de trinta dias seriam mais inconvenientes. É de se perguntar: se tivéssemos pregoeiros hoje, isso significaria um pregoeiro para a Fox News e outro para a MSNBC e para cada uma das outras redes? Nosso curto ciclo de notícias é uma bênção mista, com certeza, mas pelo menos no caso do Reino Unido e dos colonos americanos, uma comunicação melhor poderia ter sido útil. (No entanto, imagine as colunas de jornal que teriam gerado comunicadores como Thomas Paine, Alexander Hamilton e Benjamin Franklin. Até mesmo o grande Rush Limbaugh poderia ter se irritado).

Os membros desse grupo de colonos, conhecidos como "filhos da liberdade", eram limitados àqueles em quem se podia confiar e respeitar por seus cuidados, pensamentos, discussões e ações. Hoje, porém, eles seriam chamados de "bipartidários"; eles tinham vontade própria. Seus membros incluíam primos como Samuel e John Adams, Paul Revere, John Hancock, Joseph Warren, Benjamin Rush, Charles Wilson Peale, Alexander Hamilton, Hayn Salomon, Benedict Arnold e Samuel Chase. Alguns eram "federalistas", defendendo um governo central forte, enquanto outros preferiam uma distribuição mais difusa do poder.

Do ponto de vista britânico, eles eram o equivalente aos nossos ingratos terroristas domésticos brancos. Para muitos colonos, eles eram heróis. Outros não estavam tão satisfeitos com esse grupo progressista. Um evento desencadeador ocorreu em 17 de dezembro de 1763, quando um grupo de filhos da liberdade disfarçados de índios Mohawk transferiu o chá de um dos vários navios no porto de Boston, de propriedade da East India Tea Company (o chá deles era um dos favoritos locais e do Reino Unido), e o despejou sem cerimônia no porto. Um caso inicial de adulteração de provas? Após a imposição do Imposto de Selo inglês sobre as colônias em 1765, o grupo se cristalizou e tornou-se cada vez mais determinado. Os colonos estavam aprendendo a usar como arma o equivalente colonial de tarifas defensivas e sanções comerciais.

As relações continuaram a se deteriorar e a agitação acabou levando ao Massacre de Boston em 5 de março de 1769, quando um grupo de nove soldados britânicos disparou contra uma multidão de 300 a 400 colonos. Os lados teriam usado mosquetes de tiro único, não rifles de assalto. Vários moradores locais ficaram feridos. Ironicamente, John Adams foi pressionado a defender (com sucesso) os soldados britânicos. Seria esse um ancestral dos casos de brutalidade policial?

Uma das muitas datas que poderiam ser usadas para sinalizar o início da Guerra Revolucionária foi 18 de abril de 1775, a manhã depois que Paul Revere cavalgou de Boston a Lexington e Concord - mais rápido do que o pregoeiro mais rápido da cidade - avisando: "Os britânicos estão chegando". A Declaração de Independência foi assinada em 4 de julho de 1776.

Após vários anos de negociação e confusão, os Artigos da Confederação foram adotados em 1781. Mas os Artigos foram elaborados para proteger a independência e a soberania dos estados (parece um pouco com alguns dos argumentos feitos hoje sobre coisas como o aborto e o poder dos estados). A tributação não estava entre os poderes do novo governo. Com o tempo, os estados perceberam que precisavam de mais infraestrutura governamental. A Convenção Constitucional se reuniu de 25 de maio a 17 de setembro de 1787, quando os estados necessários deram seu consentimento ao projeto. A Constituição foi ratificada em 4 de março de 1789. Nem todos os elementos do modelo federal foram eliminados. Quando perguntaram a Benjamin Franklin que forma de governo teríamos após a Convenção, ele teria respondido: "Uma República, senhora, se pudermos mantê-la.

Essa pergunta deve soar em nossos ouvidos hoje. De fato, em 6 de janeiro, com a participação de grupos como os Oath Takers, os Proud Boys, e talvez as versões atuais dos filhos da liberdade (há alguns) que apareceram no Capitólio dos EUA em 6 de janeiro de 2022 sejam uma prova positiva de que, entre alguns de nossos cidadãos, as questões debatidas em 1787 ainda estão vivas. Além disso, observe algumas das decisões recentes de nossa Suprema Corte reconstituída.

A Revolução Americana e o governo constitucional que se seguiu foram, de fato, revolucionários no sentido de que deram origem a uma estrutura democrática como nenhuma outra, mas também foram produtos imperfeitos de compromisso. A democracia pressupõe o direito ao voto. Da forma como foi originalmente adotada, os homens brancos não tiveram problemas com a Constituição. Mulheres e escravos, nem tanto. E o direito ao voto? Um homem, um voto para os brancos. Mas como seria determinado o número de membros da Câmara dos Deputados dos EUA? Originalmente, essa contagem incluía na fórmula dois terços dos escravos do estado, mesmo que o voto não fosse dado aos escravos. O número de senadores? Dois por estado, independentemente das diferenças consideráveis na população. E a maioria das coisas tinha de ser aprovada tanto pelo Senado quanto pela Câmara, dando um voto desproporcional aos estados menos populosos. Sem dúvida, isso serviu a um propósito político prático em 1787, mas agora dá poder de "barricada" a uma minoria. A Emancipation Proclamation (Proclamação de Emancipação) de Lincoln (1º de janeiro de 1863) contribuiu muito para uma mudança nesse sentido, mas a remoção formal da cláusula de dois terços de escravos veio com a 14ª Emenda em 1868.

Os atuais arranjos do Colégio Eleitoral também estão longe de ser perfeitos. De acordo com a lei atual, os estados determinam como seus eleitores votam. O poder dos estados sobre o Colégio Eleitoral foi confirmado pela 15ª Emenda (1870). O número de eleitores em cada estado é igual ao número de membros da Câmara dos Deputados mais os senadores. Pontuação, estados menos populosos. É justo concluir que a Constituição original discriminava homens e mulheres não brancos e era mais do que justa com os estados menos populosos. Muita coisa mudou, mas parte do que estamos vivenciando agora tem sua gênese no ponto de partida de nossa Constituição e nos compromissos necessários para sua adoção. Assim, os estados menores (em termos de população masculina branca) foram protegidos pela estrutura central da Constituição.

Isso faz parte da corrente subjacente (reconhecida ou não) dos cantos dos homens brancos em Charlottesville ("não seremos substituídos"). Os homens brancos perderam o poder de voto e, sem dúvida, alguns sentem a inevitabilidade de uma América mais marrom, mais negra e mais asiática, mas esse é um elemento fundamental de uma democracia. Houve uma época em que os americanos brancos estavam perdendo terreno para os irlandeses, italianos e judeus, e para as mulheres. As coisas não estavam muito bem, mas não houve guerra civil. E Deus sabe que o racismo institucionalizado serviu - e continua a servir - como um freio feio no ritmo e no conteúdo da mudança lógica e necessária. Não é de se admirar que muitos membros de nossos grupos terroristas domésticos organizados tenham pele branca e cabelos cada vez mais grisalhos ou, ousamos dizer, brancos.

Os Estados Unidos têm enfrentado crises e disfunções relacionadas a forças internas e externas desde sua fundação. Alguns de nós se lembram da década de 1960, do Vietnã e dos horríveis assassinatos de Martin Luther King Jr. e Bobby Kennedy, e dos tumultos nos campi, nas principais cidades e nas convenções nacionais dos partidos políticos.

Estamos mais uma vez em águas turbulentas. Que possamos continuar a chegar a resoluções mais justas e, quando necessário, ter a coragem de construir, proteger e preservar um meio-termo sábio e verdadeiramente justo.

Capítulo 1
Transições

Em meados de dezembro de 2020, Staunton Pepper, ou "Salt", como era chamado por todos que o conheciam, havia transportado outra carga de coisas de sua casa no Distrito de Columbia (não o Distrito de Columbia). Georgetown, mas quase) e estava descarregando-o na casa da fazenda de sua família no norte da Virgínia, perto do sopé das Blue Ridge Mountains. Descarregar era tudo o que ele estava fazendo. O máximo de esforço disponível era descobrir se ele poderia empilhar mais uma caixa em cima de uma pilha que parecia já estar inclinada. Isso o fez lembrar dos dias em que seu sobrinho empilhava blocos de madeira uns sobre os outros até que caíssem. O Salt planejava passar uma noite na fazenda e partir na tarde seguinte para visitar amigos e alguns parentes durante as festas de fim de ano, e deveria encontrar o caminhão de mudança na fazenda na tarde de 2 de janeiro. Eles chegaram atrasados (nenhuma grande surpresa), mas conseguiram terminar o descarregamento no final do dia seguinte, um domingo. Mas os dias estavam se transformando em uma massa única. O Salt não tinha ideia do que estava por vir.

O clima? -Praticamente o que se espera naquela época do ano e perto das montanhas: cinza, úmido e frio. O único aspecto não deprimente da manhã foi o fato de que o Presidente Anthony Pope estava prestes a deixar o cargo. Depois de uma eleição acirrada, divisiva e pouco inspiradora, embora um tanto assustadora, o Presidente Evans havia vencido. Ele ganhou, não foi? Evans se apresentou como progressista o suficiente para atrair um número suficiente de millennials e eleitores de minorias, mas não progressista o suficiente para alienar a maioria dos moderados e suburbanos.

Ele aceitou e promoveu a necessidade de abordagens diferentes para desafios como a pandemia da COVID-19 e a desaceleração do tipo recessão relacionada, que continuaram sendo flagelos, ganharam o voto popular e conseguiram não perder em lugares onde o Colégio Eleitoral poderia ter - mais uma vez - superado os resultados do voto popular. Na opinião de Evans, as coisas poderiam mudar por meio da Internet, e ele usou parte desse material em seus comentários.

O presidente Evans e sua equipe não foram o único grupo a se preparar para a posse em meados de dezembro de 2020.

Capítulo 2

Filhos da liberdade

[5 de dezembro de 2020].

Em uma noite fria, escura, clara e estrelada, no dia 5 de dezembro, em um celeiro desgastado e sem janelas, não muito longe da fazenda de Salt - com o que restava de uma daquelas conhecidas "Sacolas de Correio Mastigadas". anúncios pintados na lateral do prédio: outra reunião estava prestes a começar. "Samuel" presidiu a reunião e a abriu com uma oração, e o grupo se juntou em uma interpretação calorosa, embora sem talento, do Hino de Batalha da República; "Samuel" deu início à reunião dos Filhos da Liberdade da Virgínia do Norte, pediu a alguns rapazes que jogassem mais lenha no fogão e deu início às atividades. A reunião foi bem concorrida, e nenhum dos líderes (todos eles, como Samuel, usavam um primeiro nome adotado de um dos Filhos da liberdade originais) faltou. Todos sabiam que se tratava de um grande p.... grande. Havia apenas um ausente, uma espécie de homem misterioso, "Alexander" (Hamilton), que era mencionado de maneiras que sugeriam que ele não era um "membro regular", mas talvez uma fonte de financiamento. Muitos usavam versões do chapéu colonial de três pontas, alguns bonés de pele de coelho e chapéus MAGA vermelhos. Muitas bandeiras, inclusive a bandeira amarela "don't tread on me" (não pise em mim).

O grupo era uma mistura de alguns Baby Boomers e mais Geração X e Geração Y. Algumas mulheres, mas a maioria homens. O comprimento do cabelo e a oleosidade eram variados (os barbeiros não ganhariam a vida com esse grupo), muitos cabelos brancos e grisalhos, nenhuma calça formal, mas muitos jeans e alguns jardineiros, alguns com armas, alguns com facas e alguns que claramente não precisavam de uma arma. O grupo teria pouco tempo de atenção, então Samuel insistiu em começar antes que os barris de cerveja saíssem. Os Filhos teriam que decidir - individualmente e em grupo - se cagariam ou sairiam da panela.

Samuel explicou que, de acordo com o consenso anterior do grupo, ele havia entrado em contato com Hamilton e outros. grupos semelhantes de todas as colônias que planejavam aceitar o convite (ou seria uma "ordem"?) do Presidente Pope para participar da manifestação de 6 de janeiro no complexo do Capitólio dos EUA após um discurso do Presidente Pope. Isso certamente fez com que o sangue de todos se mexesse. Parece que Samuel conhecia alguns dos cantos obscuros da Internet e usou parte desse material em seus comentários.

A empolgação tomou conta e a reunião ganhou ares de um comício, com direito a cumprimentos e muita torcida. Samuel avisou que os planos detalhados não estavam sendo distribuídos devido ao perigo de vazamentos, embora a Internet estivesse cheia de conversas sobre o evento, que estava claramente crescendo. Ele disse que seria óbvio o que eles deveriam fazer quando chegassem ao Capitólio. Deviam se vestir de acordo com a temperatura, ir armados com qualquer arma com a qual se sentissem confortáveis, quanto mais longa, melhor, e se precisassem, deveriam formar um casulo protetor em torno do Presidente Pope. "Traga uma foto de algum tipo para o caso de ser parado, mas nada que não possa queimar, e use um chapéu que possa ser abaixado com uma aba larga que dificulte tirar uma foto do topo de um prédio." Parecia que Samuel tinha um diploma em "já estive lá, já fiz isso".

Todos concordaram ("pode apostar") que o Presidente Pope havia realmente vencido a eleição, mas havia sido enganado de mais maneiras do que as pessoas poderiam descrever. Os juízes dos casos relacionados à votação eram perdedores e estavam todos envolvidos, e os processos padrão não podiam ser seguidos. Samuel detalhou suas ligações e reuniões (cuidadosamente organizadas para que não houvesse - e ele quis dizer "nenhuma" - evidência eletrônica) com líderes de grupos semelhantes sobre o que eles planejavam fazer em resposta ao apelo do Presidente Pope para uma grande multidão que faria com que os ultraprogressistas fugissem e anulassem os resultados da eleição ("droga"). Pela primeira vez, os advogados criaram uma maneira infalível de consertar as coisas e lidar com o vice-presidente ao mesmo tempo. Tudo o que os Sons e outros, como os Oath Keepers e os Proud Boys, precisavam fazer era aparecer, mostrar um pouco de coragem honesta para variar e lidar com os causadores de problemas. Chega de bobagens e chega de advogados charlatões que não fazem nada, que parecem apenas suar a camisa, que são expulsos da e, em seguida, gritam: "espere

até que tenhamos que levar o traseiro deles para o tribunal de apelação".
. . . "Chega."

Depois de uma discussão mínima, alguém puxou um barril de cerveja e disse: "Acho que é hora de votar para salvar nosso país e o presidente amanhã e molhar nossos apitos esta noite". Houve um coro de profanações que só podiam significar "sim". John disse que eles deveriam se encontrar no celeiro às 6h00 da manhã e ir juntos para Washington. Samuel acrescentou: "nada de namoradas; se você tem necessidades, faça sexo hoje à noite".

Capítulo 3

Conhecendo a Margie

[[4 de janeiro de 2021] [4 de janeiro de 2021.

A viagem de O Salt para visitar parentes e amigos foi, até certo ponto, uma cura, pois todos se divertiram - exceto aqueles que sentiam muita falta do cônjuge perdido.

Era possível compartilhar a felicidade e o contentamento dos outros e se alegrar com eles sem compartilhar esse sentimento vazio sob uma pele grossa.

Pepper era advogado por formação, não muito habilidoso, não tinha habilidades práticas de organização e ainda estava se adaptando à morte de sua esposa seis meses antes, durante os estágios iniciais da crise da COVID-19. Ele havia até mesmo levado alguns de seus pertences, alguns sem saber. Para piorar a situação, ele não etiquetou as coisas. Nem os transportadores com desconto. Enquanto pensava em seu destino, ela tirou uma caixa grande do sofá no que parecia ser sua sala de estar, para que houvesse um lugar para se sentar. Só por brincadeira, ele tentou imaginar para onde poderia ir o conteúdo daquela caixa. Ela era pesada e grande, mas ele não tinha ideia de seu conteúdo. Por que alguém sem experiência prática em agricultura, viúvo há pouco tempo e sem amigos na região, se mudaria em janeiro para o meio do nada, perto da borda das Blue Ridge Mountains?

O caminhão de mudança havia saído tarde no dia anterior. O Salt se levantou em um horário mais ou menos normal para ele e começou a pensar no plano A para o café da manhã. Ele não tinha ideia de onde estava o cereal (ou qualquer outra coisa). Quando se sentou e colocou as pernas em cima de uma caixa, Pepper se perguntou em que diabos ele estava pensando quando decidiu se mudar. Ele ficou quieto e cabisbaixo por um tempo. E então as coisas pioraram: ele ouviu um som que só poderia ser a campainha da porta.

E assim foi. Uma mulher carregando uma pequena caixa de alguma coisa apareceu sem ser convidada em sua varanda. Ele ainda estava pensando no que significava ter algo que pudesse ser chamado de varanda; ele não havia morado em nenhum lugar com tal coisa desde que deixou a fazenda para ir para a faculdade no meio-oeste. Olhando pela janela da porta, ele notou que havia começado a chover e percebeu que uma varanda protegia os visitantes indesejados das intempéries. Por onde ela passava?

Em pânico, Pepper olhou para baixo para se lembrar do que estava vestindo. Calça de moletom, um capuz velho que usara uma vez enquanto pintava um quarto em seu antigo apartamento e tênis velhos que mostravam sua idade. Ele ainda não tinha se barbeado e seu cabelo estava desgrenhado, no máximo. Em vez disso, ele pôde ver que sua visitante alta usava um vestido por baixo do sobretudo e tinha cabelos castanhos bem penteados, de comprimento médio ou um pouco maior, e sapatos pretos lisos que não mostravam sinais de idade. Ela era magra e parecia estar sorrindo por baixo da máscara.

Pepper superou sua natureza introvertida, reuniu toda a sua coragem e abriu a porta. Pelo seu olhar alegre de "Bem-vindo à vizinhança", ela concluiu que eles não iriam se dar bem.

Ele se apresentou como Margaret Hatcher. "Não é 'Thatcher'", disse ela. "Me chame de Margie. Todo mundo me chama assim. Moro a cerca de um quilômetro daqui e vi o caminhão de mudança indo embora. Eu estava assando alguns biscoitos de chocolate hoje e achei que você precisaria de um impulso de energia açucarada."

Pepper estava parada na porta, com a porta meio fechada, quando ele finalmente percebeu que estava sendo rude e não teve escolha a não ser convidá-la a entrar. E havia o fator biscoito de chocolate: biscoitos de chocolate caseiros marcaram pontos.

Pepper tropeçou um pouco, mas conseguiu dizer: "Estou envergonhado com o estado das coisas aqui, mas, por favor, entre e deixe-me encontrar um lugar onde você possa se sentar com segurança a uma distância social adequada, e deixe-me encontrar uma das minhas novas máscaras. Tenho certeza de que tenho algumas por aí.

"Não se preocupe", disse ela. "Manterei minha distância, e não existe mudança fácil e ordenada. Nós, voluntários do Welcome Wagon, vemos todos os tipos de desastres."

"Vagão de boas-vindas?", perguntou Pepper. "Eu não sabia que ele ainda existia."

"Bem, na verdade não, pelo menos não aqui de maneira formal", explica Margie. "Mas alguns de nós do clube do livro tentamos fazer o possível para que os recém-chegados se adaptem a Carterville e se sintam bem-vindos, e é isso que fazemos, e conhecemos pessoas fascinantes. É a coisa certa a fazer, e é assim que conhecemos pessoas fascinantes. Sua família se juntará a você hoje?"

"Sinto muito em dizer que não tenho família", explica Pepper. "Minha esposa faleceu no ano passado e não tivemos filhos. Portanto, com exceção de uma irmãzinha, estou sozinho.

"Eu sinto muito. Não tive a intenção de abrir feridas", disse ele com sinceridade. "Sua pergunta foi perfeitamente natural, e não houve intenção de machucar."

"Obrigada", disse Margie. "Se você não se importa com outra pergunta arriscada, o que a traz aqui?"

"Eu não deveria admitir, mas eu também estava me perguntando isso", reflete Pepper. "O que estou fazendo aqui? A resposta óbvia é que eu cresci aqui, nesta fazenda, até ir para a faculdade. Embora eu nunca tenha voltado para lá, exceto nos feriados, ela acabou se tornando minha quando meus pais faleceram. Minha irmã não a queria e eu estava disposto a ficar com a fazenda como parte de minha herança. Na época, a família Yoder cultivava aqui e, quando meus pais faleceram, os Yoders se mudaram para a casa. Eles não tinham condições de comprar a fazenda, e eu detestava vendê-la a eles, embora me digam que 150 acres não são suficientes para que a fazenda funcione economicamente. Eles eram pessoas boas e trabalhadoras que a tratavam como se fosse deles. Nunca ganhei muito com o negócio, mas não precisava de muito."

"Eu não conhecia bem os Yoders", disse Margie, "mas eles pareciam ser pessoas legais.

"Eles estão", disse Pepper. "Eles decidiram se aposentar da agricultura no final de 2018. Jack Davis, que estudou com minha irmã e é mais novo do que eu, ligou e disse que queria arrendar a terra e o celeiro para fazer parte de suas operações agrícolas, mas não estava interessado em comprar. Então, quando eu estava me aposentando do meu escritório de advocacia em Washington, após a morte da minha esposa e a agitação causada pelo vírus da COVID-19, pareceu-me que voltar para casa poderia ser um bom começo para o resto da minha vida." Ele fez uma pausa, olhando pela janela para as montanhas, mas sem realmente se concentrar em nada, e então comentou para si mesmo e para Margie: "Meu Deus. Desculpe-me por sobrecarregá-los com a história da minha vida. Tenho que ficar de olho nisso.

"Não tem problema. Eu fiz a pergunta", respondeu ela.

"Tudo bem, Margie. Jogo limpo", disse Pepper. "Qual é a sua história, você é daqui?

"Sim e não", disse ele. "Estudei na James Madison University, cerca de sessenta quilômetros ao sul daqui. Na época, eu estava namorando meu futuro marido e nós dois estávamos estudando educação na Madison. Ele era de Carterville e eu era de um subúrbio da Filadélfia. Nós dois éramos professores estudantes na cidade e acabamos recebendo ofertas em um mercado que não era muito bom para professores. Depois de nos formarmos, nos casamos e nos mudamos para cá. Ele era professor e técnico de basquete. Foi técnico do ensino médio, do primeiro ano e, por fim, do time de basquete masculino. Eu ensinava inglês no ensino médio e acabei me tornando diretora assistente.

"Tem filhos?", perguntou Pepper.

"Não", respondeu ela. "Acho que éramos muito expostos a crianças na escola e, por isso, nunca tivemos nossos próprios filhos. Meu marido morreu em um acidente de carro há vários anos, mas não consegui me mudar. Além disso, para o bem ou para o mal, conhecíamos praticamente todo mundo por aqui, e meus amigos e minha infraestrutura de apoio estavam todos aqui. Nesse sentido, agora sou uma moradora local.

"Sinto muito", disse Pepper. "Agora sou eu quem está tirando as crostas."

"Não se preocupe", disse ele. "Tenho algumas cicatrizes, mas não tenho feridas abertas. Voltando a você - precisa de ajuda? Como planeja desfazer as malas e se instalar sozinho? Eu ficaria feliz em vir amanhã com meu jeans para dar uma mãozinha."

"Você acabou de colocar o dedo na ferida", respondeu ele. "Não tenho ideia de como vou desfazer as malas. Meu pensamento atual é que vou encontrar e lidar com o mínimo necessário e depois deixar o resto em espera para ver como essa mudança vai funcionar para mim. Sem querer ofender, mas pode ser que toda a mudança para cá seja um grande erro. Não sei e não saberei por algum tempo. De qualquer forma, obrigado, mas acho que posso lidar com o mínimo necessário."

"Está bem." Ela sorriu: "Eu entendo. Mas se seus novos vizinhos puderem ajudar, é só avisar. Estou no final da estrada, a cerca de 800 metros da cidade."

"Há algumas coisas em que você poderia ajudar", disse Pepper. "Preciso de algumas recomendações. Sem nenhuma ordem específica, preciso cortar o cabelo, lavar a roupa e encontrar um lugar casual para comer que esteja aberto para refeições em ambientes fechados e não seja uma lanchonete de fast food."

"Isso é fácil", ele riu, "a lavanderia fica na periferia da cidade, à esquerda. Quanto ao corte de cabelo, você quer um estilista ou um barbeiro?"

"Um barbeiro".

"Então experimente o Georgie's na praça da cidade", disse ele. "Você vai adorar ou odiar".

"OMG, esse é o mesmo Georgie's que estava na loja quando saí de casa para ir para a universidade?

"Exatamente o mesmo", sorriu Margie. "E há uma boa cafeteria de cidade pequena chamada 'Helen's Place', do outro lado da rua da Georgie's, perto do tribunal do condado, no centro da cidade."

"Uau. Isso vai ser uma grande viagem pela memória".

"Bem", responde Margie, "você quase não os viu. Essas são pequenas empresas que fecharam por mais de três meses no ano passado em decorrência da pandemia da COVID-19. As coisas continuaram a desacelerar mesmo depois que os fechamentos diminuíram, e acho que ainda estão acontecendo. Não tenho certeza de qual das pequenas empresas sobreviverá a longo prazo. As coisas estão indo mal há muito tempo.

"Tem sido um período difícil", comentou Pepper. "Só Deus sabe quando voltaremos ao normal, seja lá o que for.

"Bem, boa sorte ao decidir o que vai fazer", disse Margie ao se levantar e se dirigir à porta, "e me avise se houver algo em que eu possa ajudá-la. Meu número está neste cartão.

Quando Margie se aproximou da porta, O Salt gritou: "Ei, esqueci de perguntar se você conhece alguém que tenha uma taxa barata para se livrar de documentos ultrassecretos". Margie parou e percebeu que O Salt estava brincando. As duas caíram na gargalhada. O Salt achava que era sempre bom saber se um vizinho tinha senso de humor.

Quando Margie foi embora, Pepper voltou a pensar e a escolher caixas. Ela concluiu que o primeiro dia em um lugar novo sempre deve ser miserável. Em curto prazo, ela precisava ir ao Georgie's para ver se conseguia cortar o cabelo de que tanto precisava, embora não planejasse assistir à inauguração ou algo do gênero.

Capítulo 4

De volta para o Georgie's

[4 de janeiro de 2021] [4 de janeiro de 2021

Após a partida de Margie, Pepper sentiu a necessidade de fazer qualquer coisa além de desfazer as malas. Ela decidiu fazer a barba e tomar banho. Enquanto se barbeava em frente ao espelho, fez um balanço de seu corpo de 1,80 metro. Ele havia ganhado peso desde a morte da esposa e estava sobrevivendo com muita comida de plástico. Ele ainda parecia estar em boa forma. Entretanto, não se exercitava regularmente. Ele precisava corrigir isso antes que a situação saísse do controle. Seus cabelos escuros, salpicados de mais grisalhos com o passar dos meses, estavam ficando desgrenhados para seus padrões. E quanto mais comprido ficava, mais grisalho se tornava.

Pepper ainda tinha sinal em seu celular, então encontrou o número de Georgie e ligou para saber se poderia marcar um horário para cortar o cabelo. O próprio Georgie atendeu o telefone. Georgie devia ter um identificador de chamadas e Pepper estava ligando para o celular dele, que tinha o prefixo 202 (DC). Antes que Pepper pudesse dizer uma palavra, Georgie gritou ao telefone: "Ei, amigo, ninguém me liga de um prefixo 202. Não estou interessado na sua pesquisa, não compro nada, não preciso de garantia de carro nem de seguro de saúde e não doo nada para ninguém. Não ligue novamente.

Pepper praticamente gritou em seu telefone quando Georgie desligou: "Ei, tudo o que eu quero é um horário para cortar o cabelo". Pepper teve a sensação de que Georgie o havia ouvido, mas ele devia estar empolgado demais para desligar o telefone e parar. Então Pepper ligou de volta.

Georgie ainda estava brusco. "Você de novo, hein? Um encontro? Nós não marcamos encontros. Você chega, tira um número, espera sua vez na loja ou faz compras no centro da cidade e, quando seu número chega, você se senta na cadeira."

"Sinto muito", disse Pepper. "Sou novo na cidade e não conhecia as regras."

"Ufa, novatos", resmungou Georgie. "Como você é novato, vou lhe dar o número vinte e nove se quiser que eu corte seu cabelo hoje. Imagino que esse número será atingido em cerca de duas horas no final do dia. Que tal? Não se atrase. Qual é o seu nome?"

"Meu nome é Pepper."

"Esse é o seu nome ou sobrenome?", perguntou Georgie. "Ah, diabos", continuou ela, "não importa. As únicas pimentas[1] que temos por aqui são cultivadas em jardins. Você vem ou não?".

"Vejo você em breve. Obrigado", respondeu Pepper.

Pepper andou um pouco e depois entrou em seu Volvo bastante antigo para dirigir até a cidade. Enquanto dirigia, passou por uma placa com uma seta que apontava diretamente para a "área histórica". Carterville era uma cidade pequena e sede de condado com um centro pitoresco que incluía muitos prédios de tijolos de dois andares anteriores à Segunda Guerra Mundial, calçadas de tijolos, uma verdadeira praça da cidade com estacionamento, árvores e o protótipo de um tribunal, além de muitas vitrines que tinham janelas que permitiam ver as lojas movimentadas de outrora. Infelizmente, elas não eram mais tão movimentadas.

Já estava quase escuro quando Pepper entrou na barbearia. Na parede havia três ganchos com números, uma cor diferente para cada cadeira de barbeiro. Não havia mudado muita coisa na barbearia de Georgie desde que Pepper cortara seu cabelo para a faculdade. Do lado de fora, ainda havia um poste de barbeiro vermelho, branco e azul. Dentro, o teto de estanho ainda estava amarelado dos dias em que os clientes fumavam à vontade. O piso de linóleo, as cadeiras de barbeiro de ferro fundido, as grandes tiras de couro usadas para afiar as navalhas penduradas nas laterais das cadeiras de barbeiro, os dispensadores de creme de barbear e os aquecedores de toalhas permaneciam visivelmente inalterados. A loja era muito maior do que o necessário para três barbeiros, e havia muitas cadeiras, mas muitas delas estavam empilhadas em um canto para permitir o distanciamento social. Vários jornais e revistas desatualizados

---

[1] "Pepper" pode ser traduzido como "pimentas".

estavam visíveis, e havia muita conversa. Afinal de contas, era quase o dia da inauguração.

Uma novidade era uma grande smart TV pendurada na parede, sintonizada na Fox News; outra eram as máscaras dos barbeiros. O uso de máscaras pelos clientes era menos uniforme, mas Pepper usava a sua.

A maior diferença na loja eram os próprios barbeiros. Georgie era Georgie, a quem muitos clientes se referiam como o "velho homem branco". Mas, em vez de três caucasianos, o segundo barbeiro era um homem negro e o terceiro, uma mulher de pele marrom. Os clientes eram diversos, embora a maioria, como Georgie, fossem homens brancos e velhos. Parecia que todos na barbearia eram tratados com o mesmo desrespeito em termos de reações a seus comentários sobre a eleição ou qualquer outra coisa. Mas também parecia que a conversa evitava os tópicos mais polêmicos. Nesse sentido, era um pouco como as discussões do Dia de Ação de Graças, quando tios, tias e primos vêm nos visitar, e todos evitam falar sobre política.

"Você deve ser o número vinte e nove", disse Georgie a Pepper. "Sente-se."

Vários dos clientes pareciam já ter cortado o cabelo, mas ficaram, como Georgie explicou mais tarde, "para bater um papo". A maioria deles se conhecia e tinha opiniões sobre a eleição e como seria o discurso do presidente. "Blá, blá, blá" foi o mais votado. Pepper foi inteligente o suficiente para não participar ativamente das brincadeiras. Isso permitiu que ele não se tornasse um alvo. Além disso, o público da barbearia logo perceberia que ele era de Washington e, ainda por cima, advogado.

Quando Pepper estava sentado, Georgie virou a cadeira do barbeiro para que Pepper pudesse se ver no espelho grande. Ele não estava ficando mais jovem. Além dos cabelos grisalhos, seu rosto tinha rugas e uma espécie de pele avermelhada. Junto com tudo o que estava acontecendo em sua vida, Pepper ficou um pouco assustado com sua aparência. Ele não se considerava velho. Talvez fosse a iluminação da barbearia. Mas também havia a matemática.

Georgie interrompeu essa linha de pensamento perguntando: "Qual é o seu nome, número 29?

"Pepper", disse ele.

"Esse é o seu primeiro nome ou o seu sobrenome? "Sobrenome."

"E seu nome?

"Hmm. Longa história."

"Tudo bem", disse Georgie. "Vamos chamá-lo de 'Pepper'."

"Bem, vou tentar resumir", disse Pepper. "Meu primeiro nome verdadeiro é 'Staunton', acho que em homenagem a um parente ou à pequena cidade do interior do estado onde é realizado o Festival de Shakespeare. Os membros da família o abreviaram para 'Stan'. Quando eu estava no ensino médio, as pessoas ainda se lembravam dos Beatles e começaram a me chamar de "Sarge", em homenagem à música "Sergeant Pepper's Lonely Hearts Club Band". Isso não durou muito tempo, e as pessoas decidiram que "O Salt N. Pepper" era uma progressão normal de Staunton Pepper. Então, começaram a usar a abreviação óbvia e a me chamar de 'Salt'. Assim, muitas pessoas da família me chamam de 'Stan' e outras que me conhecem muito bem me chamam de 'Salt'."

"Entendido", disse Georgie. "Da próxima vez que você vier, vamos pensar em como chamá-lo. Você é o número vinte e nove hoje. Você é o número vinte e nove hoje, é novo na cidade?"

"Sim e não", respondeu O Salt. "Eu cresci e morei aqui até ir para a faculdade. Você cortou meu cabelo quando eu estava no ensino médio. As pessoas daqui costumavam chamar nossa fazenda de 'Pepper Place'. Os Yoder moraram lá por muito tempo e, agora que estou aposentado, estou pensando em me mudar de volta para cá."

"Ouvimos dizer que havia um caminhão de mudança lá fora", disse Georgie. "As pessoas estavam se perguntando o que estava acontecendo - de onde eles estavam se mudando?".

A situação estava ficando séria, e O Salt disse docilmente: "Washington, DC".

"Bem, filho, o que você está fazendo nesta barbearia hoje?". Georgie

ele perguntou. Por que não está se preparando para uma demonstração de alguma festa de inauguração? Você deve ter sido um daqueles membros de cabeça pontiaguda do Estado Profundo. Ou parte do que costumávamos chamar de 'Comissão Trilateral'".

"Não", respondeu O Salt. "A verdade é quase pior do que isso. Nos últimos cinco anos, trabalhei em um escritório de advocacia em Washington; antes disso, trabalhei no Departamento do Tesouro e no Departamento de Estado. Mas estou superando tudo isso.

"Que bom para você e bem-vindo de volta", disse Georgie. "Acho que vou ter que descobrir como cortar o cabelo espetado."

"Sabe", disse O Salt, "é interessante que eu não tenha ouvido as palavras Comissão Trilateral desde o ensino médio. Eu tinha um tio que suspeitava que existia tal coisa e que eles dirigiam secretamente o governo dos EUA, se não o mundo. Esse era o motivo pelo qual ele sempre guardava ouro e prata para se proteger de sabe-se lá o quê. Para minha surpresa, descobri mais tarde que existia a Comissão Trilateral, que incluía algumas pessoas poderosas. Hoje, suponho que elas seriam chamadas de "gerentes de fundos de hedge", "bilionários", "líderes empresariais", "políticos aposentados", "pessoas que dirigem grandes comitês de ação política" e "outras pessoas muito inteligentes". Muitos comparecem ao Fórum Econômico Mundial realizado em Davos, na Suíça, uma vez por ano ou em conexão com as reuniões do Grupo dos Sete ou G-7; poucos foram eleitos. Não tenho certeza se eles causaram algum dano nos velhos tempos. Ainda não tenho certeza se eles não são uma força positiva".

"Bem, aí está", disse Georgie. "Parece que seu tio estava certo."

"Você realmente acha que ele existe e faz coisas?", perguntou Pepper. "Pode apostar que sim", disse Georgie sem demora.

"Vejamos", disse Georgie, "um punhado de super-ricos, relativamente poucos

deles indo para a cadeia por causa do presidente Pope, eles controlam os negócios como a Rússia controla os oligarcas, ou como quer que você os chame, eles não podem se dar ao luxo de usar drogas, eles jogam com as pessoas como fichas de pôquer, vale a pena estar perto de congressistas e membros da administração, e eles realmente não esquiam, a menos que seja para sexo de verdade. Esses caras?"

"Desculpe, acho que atingi um ponto sensível".

"Bem", disse Georgie, "um desses caras tinha um programa de rádio na década de 1950 e dizia a todos que deveriam comprar ouro porque a inflação estava chegando e eles precisavam de proteção. Ele estava certo, e meu pai investiu grande parte de seu dinheiro em ouro e prata. Não era muito dinheiro, mas era tudo o que ele tinha. Funcionou, caramba, por cerca de cinco meses. Então, o cara no rádio anunciou que a inflação estava caindo e que todos deveriam se desfazer do ouro e da prata. É claro que meu pai não era corretor da bolsa de valores, então ele teve que entrar na fila para negociar. Grande surpresa. Os pequenos foram enganados justamente quando suas ordens de venda estavam sendo atendidas. Papai quase perdeu tudo, nós quase perdemos a casa e ele esteve à beira do suicídio por um mês. Sim, eu odeio esses bastardos, assim como odeio esses idiotas do bitcoin".

"A propósito", continuou Georgie enquanto se acomodava, "não se preocupe. Não vou raspar sua nuca até me acalmar".

O Salt não tinha certeza se aquele era um bom aviso, então ele deu uma olhada na loja e decidiu tentar reduzir o preconceito de forasteiro e se apresentar enquanto Georgie organizava suas tesouras e pentes. Ele se levantou e começou a caminhar para conversar, sem apertar as mãos, é claro.

A primeira pessoa se apresentou como "Steve". "Sou fazendeiro", explicou ele.

"Que tipo de agricultura?", perguntou O Salt.

"Boa pergunta", responde Steve. "Eu era um agricultor de grãos e soja. Mas isso foi antes de o presidente Pope nos trair e usar as tarifas para atacar a China. O retorno da China foi muito ruim. Depois veio a COVID-19 e nossa recessão atual. Não sei o que vou plantar nesta primavera, se é que vou plantar alguma coisa. Os mercados de grãos estão uma bagunça. Desculpe, mas você perguntou.

"Não tem problema", disse O Salt. "Sinto muito pela bagunça. Apesar do que o presidente Pope disse, sei que a bagunça tarifária durou muito tempo. E a recessão tem sido terrível."

"Você está absolutamente certo", disse Steve. Logo depois que ouvi sobre as tarifas, tive que ouvir sobre como é difícil fazer a reengenharia do que eles chamam de "cadeias de suprimentos" e, em seguida, o inferno começou com a pandemia e recessão. Alguns dizem que não estamos em uma recessão, mas eu digo que isso é uma mentira. Ninguém chamaria isso de "normal0". Talvez eu devesse fazer o que todos por aqui parecem estar fazendo, plantar uvas e obter um daqueles "empréstimos de presente do governo", mas não tenho certeza se as pessoas estão comprando vinho atualmente. E é difícil ficar animado com a ideia de abrir uma garrafa para os moradores locais e beber vinho com eles o dia todo. Sem ofensa, é claro".

"Sem problemas." O Salt se apresentou a Roy. "O que você faz, Roy?".

"Dirijo a loja de roupas masculinas na rua: uma típica pequena empresa que tenta sobreviver diante da Target, do Walmart, da Internet e da recessão.

"Prazer em conhecê-lo", disse O Salt. "Depois que eu desfizer as malas, talvez eu precise ir vê-lo."

"Isso seria ótimo", ofereceu Roy. "Nós cuidaremos bem de você."

O próximo foi Warren, um dos clientes negros. "Eu trabalho na loja de ferragens", explicou Warren. "Por estar na antiga Pepper Farm, você precisará do que temos de vez em quando. A maioria de nossos produtos é fabricada nos Estados Unidos. Se estiver procurando por serviços, procure-nos. Talvez você precise de ajuda e nós podemos recomendar alguém. É preciso saber quem é quem por aqui. Com os negócios indo para o inferno no ano passado, todo mundo e seu irmão dizem que são ajudantes. Alguns deles não sabem nem mesmo martelar um prego".

"Obrigado", disse O Salt. "Imagino que serei um frequentador assíduo por um tempo. E não sou o cara mais habilidoso do mundo. É uma doença de advogado."

Por fim, havia Don: "Não faço muita coisa desde que me aposentei", disse ele. "Só espero que o governo não vá à falência total e tire minha previdência social e o Medicare."

"Estamos no mesmo barco, Don", disse O Salt. "Como acabei de me aposentar e tenho o Seguro Social e o Medicare, eu também espero que o governo seja cuidadoso.

"E, a propósito", disse Don, "sou um caçador, e membro da Associação Nacional do Rifle. Caso esteja se perguntando, e eu vou a Washington de vez em quando para grandes eventos".

"É bom saber disso. Obrigado", respondeu O Salt. "Meu pai era membro da NRA, e ainda me lembro de quando estava na escola aqui, e eles nos davam o primeiro dia da temporada de caça fora da escola. Eles ainda fazem isso?"

"Não oficialmente." Don sorriu: "Isso não seria politicamente correto, seria? Mas, pelo menos antes da COVID-19, tínhamos a gripe de vinte e quatro horas por aqui em determinadas épocas do ano, se é que você me entende. Não tenho certeza do que faremos agora. Acho que a boa notícia é que você não precisa se preocupar em estar a dois metros de distância quando estiver andando pela floresta com uma jaqueta laranja brilhante". Quando Don estava saindo, ele entregou a O Salt um cartão com seu nome e número de telefone. "Se você quiser ter uma perspectiva alternativa das coisas por aqui, ligue para mim e vamos tomar um café."

"Obrigado", disse O Salt, enquanto escrevia seu número de celular (e único número) em um cartão para Don.

A essa altura, já eram quase 17h45 e os outros clientes, depois de cortarem seus cabelos e descobrirem sobre O Salt, começaram a ir embora. O mesmo aconteceu com os outros barbeiros.

Depois de passar pela porta, Don tirou um celular descartável do bolso do paletó e discou. Quando a outra pessoa atendeu, Don disse: "Parece que um federal aposentado está se mudando para a casa da família Yoder. Aparentemente, ele era um civil e trabalhava para o Departamento de Estado. Ele é formado em direito, mas não parece ser do FBI ou do DOJ. Achei que você gostaria de saber.

A pessoa do outro lado da ligação simplesmente disse: "Obrigado. Parece inofensivo, mas me avise se descobrir algo interessante. E jogue esse telefone fora. Em seguida, Don não ouviu nada além do tom de discagem.

O Salt voltou para a cadeira do barbeiro; só restavam o Salt e a Georgie na barbearia. Naqueles momentos de silêncio, O Salt perguntou: "Georgie, este é um bom lugar para cortar o cabelo, mas está claro que as pessoas estão vindo para a cadeira do barbeiro para cortar o cabelo.

Por que tolerar isso?

"Faz parte de quem somos. A maioria das pessoas que frequentam este lugar trabalha na cidade ou é aposentada, semi-aposentada ou desempregada; elas têm tempo livre, não pertencem a clubes do livro, não suportam tantos noticiários a cabo e a interação humana é uma coisa boa. Você não viu isso hoje, mas eles gostam de discutir. Também gostam de se barbear um pouco e de uma toalha quente. Algumas dessas pessoas são apenas solitárias. E algumas delas estão desesperadas. Por falar em desespero, você deveria ter estado aqui no verão passado, quando ficou claro que a COVID-19 se manteria por muito mais tempo e com mais força do que o esperado. Ufa. A tenda estava lotada e eu tive que levar alguns IOUs para cortar o cabelo. Foi muito triste, e ainda é em muitos casos. De qualquer forma, as pessoas são bem-vindas para ficar por aqui enquanto eu aguentar. E elas conhecem as regras: quem está aqui há mais tempo sai quando as cadeiras estão cheias e um novo cliente entra".

O Salt então perguntou: "Qual é a gravidade da COVID-19 por aqui, e muitas pessoas foram infectadas?

"Acho que menos de cem contraíram a doença no ano passado e foram para o hospital", responde Georgie. "Eles nunca foram testados adequadamente, então ninguém sabe ao certo. Cerca de quinze morreram. A maioria eram idosos ou pessoas com alguma outra doença. Mas esse maldito vírus se manteve como um cachorro com seu osso favorito, ainda está no ar e as pessoas ainda estão pegando. O risco para a saúde é realmente deprimente. Agradeço a Deus pela vacina. Outras pessoas têm opiniões diferentes. A doença foi horrível, mas o bloqueio que as pessoas tiveram de suportar também foi realmente miserável, e ainda estamos vivendo com limitações no que supostamente podemos fazer. Com as empresas fechando ou reduzindo, muitas delas para sempre, as pessoas acordaram para o fato de que muitos empregos haviam desaparecido para sempre. Perdemos muitas lojas aqui no centro. Eu tive sorte. Perdi muitas empresas, mas, em algum momento, a maioria das pessoas decide que precisa cortar o cabelo."

Georgie começou a cortar o cabelo de Salt, mas Salt decidiu abusar da sorte. "Não é da minha conta, mas você tem muitas clientes mulheres?

"Eu não", disse Georgie, "mas os outros barbeiros sim. Se você está procurando um bom corte e não uma cor de duzentos dólares e um penteado arrogante, este é um bom lugar para uma mulher vir. Você não viu nenhuma mulher esta tarde porque elas costumam chegar cedo e não gostam dos palavrões que acontecem depois. Agora, como gostaria que eu cortasse seu cabelo?

"Nem muito longo nem muito curto, eu acho", respondeu O Salt.

"Sim, você parece um cara comum de cabeça pontuda", disse Georgie, rindo.

"Mais uma pergunta?", perguntou O Salt.

"Certo, só mais uma", respondeu Georgie. "Que placa é essa da Hair-i-Care atrás de você?".

Georgie riu e entregou a O Salt um pedaço de papel onde se lia: "Hair-i-Care Application". Georgie se posicionou: "Toda essa conversa sobre o novo acordo verde e o Medicare para todos e o perdão do empréstimo universitário, e nada, e eu quero dizer nada, sobre o controle ou o subsídio do custo dos cortes de cabelo. Por isso, criamos nosso próprio programa de desconto de 10%. Mas você precisa se inscrever e atender aos requisitos.

O Salt se concentrou no restante das regras da casa e riu baixinho, depois perguntou sobre o restante das regras e quem decidia quem se qualificava para um desconto.

"Bem", disse Georgie, "eu consulto os outros barbeiros e eles têm direito a voto, mas eu tomo as decisões, se é que você me entende".

"Entendido", respondeu O Salt, "esta é uma aristocracia. Mas e quanto à pergunta número sete, é de verdade?

"Claro que sim", disse Georgie, dando uma risadinha. "Essa é a pergunta do polígrafo."

"Hã?".

"Bem, a nossa clientela está ficando um pouco mais longa nos dentes e mais curta na digestão a cada dia, se é que me entende. Qualquer pessoa que responda sim a essa pergunta é mentirosa e não recebe o desconto".

"Tudo bem". O Salt riu: "Mas o que você acha da número um? Parece uma ação afirmativa.

"Talvez", disse Georgie. "Não temos tempo suficiente hoje para falar sobre isso. Lembre-se apenas de que este é um caso em que alguém fez o que achava certo em termos gerais e para seus negócios, sem qualquer incentivo ou pressão do governo."

Quando estavam abordando o assunto, O Salt perguntou: "Como está indo o movimento Black Lives Matter aqui?

Georgie pensou por um momento e respondeu: "Bem, você faz muitas perguntas e agora está entrando em questões delicadas. A verdade é que o movimento Black Lives Matter não é muito proeminente aqui. Houve algumas manifestações leves após o assassinato de George Floyd em Minnesota, mas nenhuma violência. Não temos estátuas para derrubar, mesmo que uma multidão quisesse. Esta é uma cidade pequena o suficiente para não reunir grandes multidões para nada. Ninguém acredita na violência ou nos tumultos, mas muitas pessoas - de todos os gostos - estão começando a entender que algo está muito errado em nossas relações raciais. A maioria simplesmente não fala muito sobre isso quando estranhos ou pessoas que não entendem o assunto estão por perto. Da próxima vez que você estiver aqui, pergunte ao Homer sobre isso. Esse é o cartaz do Black Lives Matter na esquina. Ele foi a algumas manifestações.

"Hmm", murmurou O Salt. "Deve ter sido uma adição polêmica à barbearia."

"Na verdade, não", disse Georgie. "Homer não é apenas um homem negro; ele é Homer. Ele é uma pessoa. As pessoas o conhecem como pessoa e gostam dele, mesmo que não concordem com ele em coisas como brutalidade policial. O conforto vem mais facilmente com o conhecido do que com o desconhecido. Não era um Secretário de Defesa que costumava falar sobre o conhecido, o desconhecido e coisas do gênero? Além disso, Homer faz um bom corte de cabelo".

O Salt decidiu se calar e gostou da toalha quente em seu rosto quando Georgie terminou de cortar seu cabelo. A sabedoria pode ser encontrada em lugares improváveis. Foi bom lembrar disso.

Capítulo 5

Saída da vida em meio das caixas de mudança

[5-6 de janeiro de 2021] [5-6 de janeiro de 2021

O dia seguinte, 5 de janeiro, começou melhor, pelo menos foi o que O Salt pensou. Parecia estar mais quente lá fora. A neblina se dissipou e O Salt pôde ver as montanhas - por que elas são chamadas de Blue Ridge, ele se perguntou. Elas pareciam um pouco azuis quando a luz do sol incidia sobre elas da maneira certa? Ou ele estava se enganando? Ele havia lido em algum lugar que a química do solo afetava as folhas das árvores. Mas a maioria das folhas havia desaparecido. Bem, esse não era o problema hoje. As montanhas eram calmas, relaxantes e majestosas por si só, e isso era bem-vindo. Além disso, o sol estava brilhando. Não estava chovendo. Não eram as Montanhas Rochosas vistas de Denver ou Boulder, mas era muito bom.

Sobraram alguns dos biscoitos de chocolate de Margie. Os biscoitos foram o único alimento para o café da manhã que ele conseguiu encontrar (embora, verdade seja dita, ele não tenha procurado muito depois de encontrar os biscoitos), então ele comeu vários com duas xícaras de café. E lá se foram as boas notícias; ainda restavam caixas, e ele as atacou.

No final do dia, em 5 de janeiro, O Salt já havia desfazido as malas e enviado cartões de Natal atrasados para alguns parentes. Ele se perguntou se as pessoas ainda enviariam cartões, mas tinha certeza de que não enviaria e-mails (além disso, ele ainda não tinha serviço de Internet). Ele havia feito suas visitas obrigatórias de Natal à família. Ele devia a muitas das mesmas pessoas um cartão de Natal e um agradecimento, portanto, para alguns, era um exercício de dois coelhos com uma cajadada só. Ele não se importava muito, mas era um trabalho árduo sem Meredith ao seu lado para lembrá-lo de quem era o "tio Bob". O Salt não era bom com nomes; o mesmo acontecia com a conversa fiada. As reuniões de família eram difíceis. Ele era um péssimo tagarela e Eu não era bom em lembrar as piadas que tinha ouvido. Ele não cozinhava, então era uma espécie de lavador de pratos entre os três designados. Mesmo isso não era de todo ruim, pois o deixava perto da geladeira da cozinha, onde ele podia pegar um copo de gemada ocasionalmente e assistir ao jogo de futebol na TV.

O Salt havia morado no Distrito de Columbia durante toda a sua vida adulta depois da faculdade de direito, mas não participava ativamente da política partidária como tal. Ele evitava qualquer coisa que parecesse ou tivesse sabor partidário. Ele sobreviveu por ser neutro e bom no que fazia. Serviu a cinco presidentes e, no final de sua carreira no Departamento de Estado, tornou-se um profissional versátil, lidando com questões difíceis em segundo plano e desenvolvendo relacionamentos confiáveis. Trabalhou tanto com as pessoas mais partidárias dos Estados Unidos quanto com diplomatas de carreira no exterior. Ele não era procurado por seus favores, mas por sua visão e julgamento. Ele não era uma pessoa que gostava de se ouvir falar. Mas quando ele falava, as pessoas o ouviam, pelo menos em parte do tempo.

O Salt era por natureza um moderado em estilo e pensamento, uma pessoa que se sentia confortável com a ambiguidade de estar no meio, mesmo que isso o obrigasse a pensar. Ele era um republicano moderado ou um democrata moderado; ninguém sabia. Ele votou na última eleição e no novo presidente. Foi a primeira vez que ele votou em um longo tempo. Ele permaneceu neutro enquanto trabalhou na empresa. Mas ele não considerava a última eleição um julgamento justo, mas sim uma resposta emergencial.

Quando deixou o governo e entrou para a empresa há cinco anos, ele passou por um grande ajuste. Ele voltou a ser visto como um vidente, mas teve que aprender a ser hiper-responsivo com os clientes e até mesmo a fazer algum "marketing". Durante seu primeiro ano fora do governo, ele foi proibido de fazer lobby direto, o que prejudicou seu estilo. Ele foi procurado para tudo o que era internacional, foi convidado para fazer parte da diretoria de uma empresa (ele recusou, dizendo que preferia representá-la, o que fez) e acabou se tornando moderadamente bem-sucedido. Mas ele era basicamente introvertido, nunca pegou o jeito de vender e, principalmente, continuou sendo um especialista em política.

Como muitos escritórios de advocacia, o Salt's sofreu em 2020, quando a recessão pós-1929 se agravou. Houve cortes. Estranhamente, os esforços para voltar à normalidade esperada no outono de 2020 não foram exatamente direcionados para uma normalidade conhecida.

O vírus não estava desaparecendo e, durante o outono de 2021, eles ainda estavam trabalhando em vacinas, com várias em desenvolvimento e nenhuma totalmente aprovada e amplamente administrada.

Após a morte de sua esposa, Meredith, O Salt decidiu - provavelmente de forma errada - que precisava seguir em frente e se aposentaria da empresa graciosamente para se aposentar no final do ano. De tempos em tempos, ele se perguntava se, apesar da morte de Meredith, ele teria sido convidado a se aposentar mesmo que não tivesse planejado. Mas ele nunca teve que descobrir. Provavelmente era melhor assim.

Quando O Salt trocou de canal de notícias naquela noite, ele ficou muito interessado nas opiniões diversas e inconsistentes sobre o que o novo presidente diria em seu discurso de posse. Sabendo que as palavras do presidente eram importantes, mas que a percepção às vezes supera a realidade, ele prestou atenção a todo o espectro de comentaristas.

Capítulo 6

6 de janeiro

[6 de janeiro de 2021] [6 de janeiro de 2021

Na manhã seguinte, 6 de janeiro, O Salt terminou de separar as caixas por andar, o que significava carregar todo tipo de carga por uma escada velha e rangente com tapeçaria antiga nas paredes e no teto.

De fato, no decorrer de seus esforços, O Salt notou que parecia haver muita tapeçaria pela casa. Ela era antiga e, em sua maioria, de um tom de verde ou outro, ou seja, feia. Salt concluiu que remover a tapeçaria e consertar os problemas de gesso que quase certamente ficariam expostos se o papel fosse removido seria um grande investimento. O mesmo aconteceria com o encanamento. Ele não se atreveu a pensar nisso.

Pouco depois do meio-dia, O Salt já estava farto. Percebendo que os empacotadores não haviam embalado muito de sua comida, O Salt dirigiu até a cidade e parou no primeiro restaurante de fast food que encontrou. Ele pediu um suntuoso cheeseburger com batatas fritas e ligou o rádio do carro.

O plano de Salt era ir para casa e passar a noite assistindo a um velho faroeste em um canal a cabo que ele não sabia que existia. Ele gostava de westerns. Eles não o forçavam a pensar; os mocinhos usavam chapéus brancos e sempre ganhavam e ficavam com a garota, e os bandidos usavam chapéus escuros e sempre perdiam. Os westerns não eram particularmente politicamente corretos, especialmente em questões de gênero e de nativos americanos, mas isso era mais do que O Salt poderia resolver naquela tarde. Era difícil pensar em cortar os westerns de sua vida. Ele já havia feito isso o suficiente no último ano.

Quando estava indo para casa com seu cheeseburger, O Salt ligou o rádio. Com base no que o rádio informava, ele correu para casa, ligou sua mini-TV e assistiu às notícias de última hora.

Enquanto O Salt se concentrava na cena horrível que cobria as estradas e a área central entre as avenidas Pennsylvania e Constitution em direção ao Capitólio, a questão de até onde nossos cidadãos iriam em resposta a um falso chamado à ação se tornou real. Após a manifestação inicial na Ellipse em frente à Casa Branca, incitada pelo Presidente Pope, um grupo de milhares de pessoas se transformou em uma multidão enfurecida que atacou o complexo do Capitólio em Washington, DC, e a polícia. Por alguma razão, o Presidente Pope não conseguiu chegar ao Capitólio, mas os membros da multidão sabiam o que iria acontecer. Tornou-se uma multidão covarde e perigosamente feia e, apesar de seus melhores esforços, a polícia logo perdeu o controle. Esse grupo de visitantes não estava lá para ver os monumentos, tirar uma foto e seguir seu caminho. Eles tinham uma missão e, fosse qual fosse, ela se tornou ruim e feia. Eles não estavam lá para olhar as estátuas; estavam lá para transformá-las em armas.

O Salt ficou de queixo caído. Nossa democracia perdeu sua virgindade moderna naquela tarde e no início da noite em um ataque mais organizado e mais próximo do que qualquer um - além dos principais participantes - esperava ou entendia. Com o passar do tempo, O Salt ficou sabendo, por meio de dois processos de impeachment, dos esforços contínuos da imprensa e da investigação do comitê especial altamente competente da Câmara dos Deputados, formado para investigar os eventos de 6 de janeiro, se os mecanismos do país para a transferência pacífica de poder eram suficientes. Foi uma decisão surpreendentemente apertada. Quanto à possibilidade de sucesso de grupos como o Filhos da liberdade , como o dia 6 de janeiro poderia ter acontecido?

Enquanto assistia à cena da multidão em um canal de TV a cabo naquela tarde, O Salt se parabenizou por ter conseguido sair do governo antes que esses eventos ocorressem e mudassem tantas coisas tão rapidamente. Mas ele também estava abalado. Será que isso realmente aconteceu?

Como se vê, sim.

Capítulo 7

Primeira chamada de trabalho

[6-7 de janeiro de 2021] [6-7 de janeiro de 2021

Salt já tinha ouvido e visto muitos tumultos e comentários sobre o assunto e estava prestes a ir para a cama quando seu telefone tocou. Ele pegou o telefone com cuidado e hesitou, mas ouviu o voz de Don, o cara da barbearia. Ele estava gritando em seu telefone celular com muito ruído de fundo. "Salt, Salt, precisamos muito de sua ajuda. Não conhecemos nenhum advogado em Washington, e cerca de oito de nós, Filhos da Liberdade, que é como nos chamamos, estamos prestes a ser presos e colocados em uma cela de detenção em Washington. No momento, estamos em um corredor sendo "processados", mas podemos ficar detidos durante a noite. Nosso povo deveria ser tratado como heróis, e aqui estamos nós, em meio a pilhas de merda e poças de mijo e vômito (álcool usado e semi-usado em algumas mentes). Tudo o que fizemos foi exercer nossos direitos, dar alguns socos nas pessoas e não usar armas. Vocês precisam nos tirar daqui ou podemos ficar aqui a noite toda. Este é um verdadeiro buraco de merda. Nosso verdadeiro líder, 'Alexander Hamilton', será um grande amigo se você nos tirar daqui esta noite." Ele deu a O Salt um número de referência do caso. O Salt disse: "Don, é meia-noite aqui; estou a 60 milhas de distância e não sou advogado criminalista. Mas conheço algumas pessoas e farei algumas ligações. É o melhor que posso fazer. Seu amigo Alexander tem dinheiro em algum lugar onde eu possa pegá-lo hoje à noite? E preciso do endereço de todos e do nome e endereço de um parente mais próximo. E, sim, confirme que nenhuma dessas pessoas tem planos de deixar os EUA. Portanto, elas não devem ter passagens aéreas válidas para usar no próximo mês. O governo vai querer o passaporte de todos. Se tiverem passagens, precisam ligar para as companhias aéreas, cancelar a passagem e obter o reembolso o mais rápido possível. Isso não será rápido, a menos que o governo já tenha o bilhete da companhia aérea, mas se o governo tiver o bilhete ou uma solicitação dele, não manifeste mais interesse nele agora. Aguarde sua primeira entrevista real.

"Olhe, O Salt, você precisa saber que Alexander está cheio de dinheiro", disse Don, "ele até foi convidado para a Casa Branca. Pagar a fiança dele não será um problema. Confie em mim.

O Salt estava muito cansado; eram cerca de 22h30 e ele estava morrendo de frio em um banheiro frio e cheio de correntes de ar, com apenas uma toalha molhada ao seu redor. E ele entendeu várias outras coisas: esse não era seu trabalho normal; não havia como ele encontrar sua carteira de advogado de DC, muito menos a emitida pela Virgínia, nas caixas da fazenda, mesmo que sua vida dependesse disso, e talvez dependesse. Ele não conseguiria muita coisa em Washington, onde os advogados criminais estavam agitados como um cardume de tubarões; o que ele precisava era de um "fixer" inteligente que conhecesse os tribunais e os fornecedores criativos de fianças e, idealmente, ele encontraria alguém perto da cadeia que já estivesse pagando fiança. Alguém que soubesse quanto valia tirar a gangue de Don de Washington. Logo na primeira ligação, ele encontrou o homem com quem queria falar. Um ex-sócio de seu escritório de advocacia estava na cadeia, escolhendo clientes como quem colhe maçãs maduras em um galho baixo. Os Filhos da liberdade estavam prestes a ser libertados, por enquanto. É melhor ter sorte do que ser bom. E O Salt ganhou seu primeiro honorário legal, um bom honorário.

Capítulo 8

Conheça seus clientes
(Filhos da liberdade) e seus objetivos

[15 de janeiro de 2021] [15 de janeiro de 2021

Os escritórios de advocacia são muito exigentes com relação a quem representam e às implicações - e possíveis consequências - do relacionamento com o cliente. Eles têm que ser assim. O Salt sabia muito bem que ninguém em seu juízo perfeito aceitaria os Filhos da liberdade como cliente. Ele só precisou acessar a Internet para perceber que já havia um grupo diversificado de organizações clandestinas e subalternas que ele sabia que teriam objetivos diferentes dos de Alexander. Sua antiga empresa teria rido na cara dele. Mas O Salt estava mais interessado em "Alexander", que parecia ser o que você encontraria se seguisse o dinheiro por trás dos Filhos da liberdade . Quem são esses caras? E quais eram seus objetivos reais? Mas isso não era para hoje.

Mas eles se conheceram alguns dias depois. Alexander Hamilton revelou-se o tipo de ouvinte silencioso: discreto, altamente educado e um investidor privado muito bem-sucedido. Funcionalmente, ele era o chefe de um escritório familiar muito rico ou de um fundo de private equity. Talvez uma versão muito pequena de Warren Buffet e Berkshire Hathaway, Bill Gates, Battelle ou algum tipo de organização não governamental ("ONG"). Uma vez em funcionamento, ela poderia atrair algum tipo de relação de trabalho com empresas que precisassem aumentar seu perfil e credibilidade de ESG (energia, questões sociais e governança). O ESG estava se tornando um tema muito importante entre investidores e empresas públicas.

Hamilton não iria além desse ponto sem mais orientações. Mas ele estava convencido de que seria possível lançar um fundo ou fundos que se concentrariam na identificação ou no desenvolvimento de fontes de financiamento - provavelmente em transações privadas de algum tipo - que responderiam à pressão sobre as empresas dos EUA (e de outros países) para levar o ESG a sério.

Ele não quis entrar em detalhes sem um acordo de confidencialidade.

O Salt o interrompeu. "Na verdade, não deveríamos prosseguir com essa discussão sem decidir se eu o representarei. Sem um relacionamento entre advogado e cliente, não haverá privilégio. Como o Presidente Pope descobriu, o privilégio entre advogado e cliente não resolve tudo, mas é um bom começo. Nenhum de nós sabe se o fato de eu representá-lo faz sentido para qualquer um de nós. "

Hamilton foi rápido. "Que tal eu lhe dar US$ 750 em troca de uma hora de consulta sobre vários assuntos jurídicos e relacionados, com o acordo de que o conteúdo dessa discussão é privilegiado e nenhum de nós é obrigado a ir além disso?" Hamilton ligou para seu assistente e pediu que ele lhe trouxesse US$ 750 em dinheiro. Enquanto esperavam pelo dinheiro, O Salt comentou que a situação era surreal. Hamilton foi rápido: "Nosso último presidente também foi assim, então supere isso. Demorou um pouco, mas estou chegando a um ponto em que acho que poderíamos fazer algo positivo nesse espaço. Além disso, já gastamos 30% dos honorários de consultoria, então vamos em frente."

O que se seguiu foi uma ampla discussão sobre várias funções do governo fora do setor privado e exemplos de funcionários permanentes que são inteligentes, dedicados, equilibrados e eficazes ao lidar com o Congresso e outros níveis de governo. Hamilton disse o seguinte: "O que eu preciso é o equivalente funcional de um tratado de Margaret Mead e um curso de nível 500 sobre como ter sucesso no governo com cabelo na cabeça, uma bússola moral operacional e um senso de realização que exceda sua tolerância à frustração". É bom lembrar que muitos parlamentares estão tão frustrados quanto você. É um equilíbrio sobre o qual vale a pena pensar. Mas temos que superar a força centrífuga. Outro episódio em 6 de janeiro é exatamente o que não é necessário. Em que diabos eu estava pensando?", ele se perguntou enquanto batia na testa com a palma da mão. "Sim, uma parte importante da missão seria me pegar antes que eu chegasse aos arredores de Jerksville.

"Vários membros do grupo disseram que precisavam de mais carne em seus ossos".

"OK", disse Hamilton. "Posso entender isso, mas não tenho um discurso organizado. Antes de mais nada, quero fazer um bem duradouro para o país e fazê-lo de forma econômica, tanto em termos de custo quanto de qualidade. Gostaria que isso fosse replicável. Se formos bons e obtivermos sucesso, as pessoas virão bater em nossa porta. Isso é bom, mas o objetivo não é ganhar dinheiro. Preciso saber onde é possível combinar capital com necessidade e ter a inteligência que é difícil de encontrar. Sei que há boas pessoas nessa área. Precisamos de pessoas com iniciativa, nós crescemos e conhecemos pessoas boas no governo que sabem como fazer as coisas, como o Congresso e as fontes de financiamento multilaterais funcionam - ou não funcionam - e que provavelmente serão influentes no novo governo". Durante o debate, Hamilton fez algumas observações interessantes. Algumas eram meio improvisadas, mas ele foi rápido em estudá-las. E, embora em alguns aspectos ele parecesse meio louco, em outros ele estava claramente falando sério.

Ele não quis dar detalhes a O Salt sem um acordo formal de confidencialidade, mas em um nível muito alto, ele queria (1) uma joint venture com o governo para fornecer gerenciamento e capital com desconto e (2) reunir talentos dos setores público e privado em empreendimentos desafiadores, mas potencialmente significativos. Tudo isso seria menos complicado se Hamilton pudesse, de fato, encontrar outras pessoas que não se importassem se a joint venture teria lucro. Se isso acontecesse, seria mais fácil atrair dinheiro privado. Se não fosse possível obter lucro, seria necessário aplicar algum tipo de isenção fiscal racional.

A descrição genérica de Hamilton era impressionante, mas deveria ser feita o mais à prova de balas e vazamentos possível, mesmo para o governo. Todos precisavam ouvir atentamente o próximo discurso de posse. O que eles estavam pensando não estava muito longe do que estava acontecendo em alguns cantos do mundo das compras públicas, mas alguns detalhes precisariam ser finalizados. A atividade do setor privado seria principalmente com agências governamentais civis, sem muito contato com o Departamento de Defesa, embora isso pudesse mudar com o tempo. "Lembre-se", disse Hamilton, "essa não é uma abordagem rebuscada. Afinal de contas, estamos privatizando a exploração espacial.

Outras atividades que podem ser de interesse incluem a construção e o gerenciamento de usinas nucleares menores, econômicas e mais seguras, o transporte rápido de grãos em larga escala em caso de fome e produtos e serviços essenciais que vão desde fórmulas infantis a produtos eletrônicos e serviços governamentais em geral.

Hamilton admitiu prontamente que havia muitas coisas a serem consertadas, mas estava farto de ver o país entrando lentamente em uma espiral descendente e se tornando um gigante ineficaz: algo como a URSS era, digamos, 65 anos atrás, antes da dissolução da União Soviética, ou em risco de ser mastigado pelo urso chinês. A política, especialmente no Senado, parecia morta para ele quando se tratava de fazer as coisas, por isso ele não era um doador importante. Tudo o que os legisladores podiam fazer era falar, insultar uns aos outros e se autopromover em seus distritos vergonhosos.

Hamilton também fez algumas observações interessantes sobre a Ucrânia, como o fato de que vencer a guerra iminente era apenas metade da batalha. Ele havia estudado as recomendações dos militares dos EUA para a reconstrução da Europa após a Segunda Guerra Mundial. Ele murmurou algo sobre o General George Marshall e o Plano Marshall. O Salt entendeu. O ponto de vista de Salt era que os eventos na Ucrânia eram, na verdade, um possível primeiro módulo da Terceira Guerra Mundial, uma guerra séria que poderia se expandir ainda mais, mas que não envolveria o uso da arma definitiva.

Quando perguntado, Hamilton disse que ajudou a formar o Filhos da liberdade porque não tinha nenhum veículo para tratar de suas preocupações. Ele achava que o Presidente Pope poderia ser diferente, uma brisa fresca vinda do setor privado, diferente o suficiente para fazer a diferença. Ele certamente era diferente, mas não tão diferente quanto Hamilton estava procurando. Em retrospecto, ele disse que o Presidente Pope foi um grande erro. Ele tinha vergonha de tê-lo apoiado. Viver e aprender. Mas seus motivos aqui não eram políticos.

A reformulação do governo é uma meta muito grande para ser alcançada, observou Hamilton. O capital privado não pode se movimentar sem uma infraestrutura governamental razoável, ou sem um excesso dela, mas pode fazer mais bem com projetos grandes e significativos que não sejam do tamanho de uma nação.

Considere o que aconteceu no Vietnã e na Europa Oriental depois que as primeiras fontes locais e internacionais de capital foram autorizadas a entrar. Foi um pequeno milagre.

Hamilton não tinha medo de aprender com seus erros, como o de estar no lugar errado na hora errada na noite de 6 de janeiro. Análise de O Salt: "um erro crasso". Hamilton poderia e iria revisar seu planejamento de portfólio "do good" de acordo. Ele estruturaria e manteria ativos sólidos para o longo prazo, mas investiria o restante no equivalente ao capital de desenvolvimento privado e procuraria fazer parcerias com outros investidores que pensassem da mesma forma: empresas acostumadas a serem protagonistas em projetos de redesenvolvimento e outros projetos e os governos locais envolvidos. Não seria simples, mas havia modelos, e a reação imediata de O Salt foi que os envolvidos deveriam ter água gelada nas veias, paciência, capacidade de ganhar a confiança dos governos locais e regionais, bem como de governos e investidores nacionais e globais (incluindo agências multilaterais, como o Banco Mundial e o Banco Europeu de Desenvolvimento, e organizações não governamentais, ou ONGs), e ter alguém na equipe que pudesse trazer a presença local, a gestão local e, então, fazer os negócios crescerem. Ele também teria que transferir algumas pessoas importantes e mudar outras que não se encaixassem no novo modelo de negócios à medida que ele evoluísse. Eu não queria uma organização grande. Em geral, não é com os humildes ou com grupos grandes o suficiente para chegar a um consenso que se consegue o que é dramático.

A cabeça de O Salt estava girando e ele não conseguiu articular muita coisa em resposta à proposta. "Está falando sério?", perguntou O Salt. "Quanto tempo você quer que eu passe com você?

"A ser determinado, até 50%.

"Eu pago por hora, por salário ou contra um contrato?", perguntou O Salt. "A ser determinado. Diga-me o que você precisa.

"Posso representar outras organizações?

"Sim, se não houver conflitos de interesse significativos, de acordo com seu julgamento razoável. Pode ser bom se houver um conflito: poderíamos trabalhar juntos.

O Salt então proferiu uma frase verdadeira: "O governo entrou em contato comigo sobre outro projeto de curto prazo bastante importante que provavelmente não envolveria um conflito, mas é um pouco incomum. Eu teria que discutir o assunto com ambas as partes e obter autorização para lhe dizer do que se trata. A propósito, você tem autorização?

Hamilton não se intimidou com a distração. "Eu respeito isso: diga a eles que reconheço que eles o contrataram primeiro e, em situações de conflito, eles têm prioridade, a menos que se demitam. Faça o que tiver que fazer para esclarecer isso. Minha autorização é ultrassecreta. Isso é o suficiente por enquanto.

"A quem devo me reportar?

"Para mim. Mas há outros empresários que pensam da mesma forma e que podem estar interessados em participar, por exemplo, como membros da diretoria. Teríamos que lidar com eles um de cada vez. Mas se isso funcionar como eu acho que poderia, pode ser muito interessante. De certa forma, quero criar uma combinação da Common Cause, do Lincoln Project e de um fundo de investimento beneficente/governamental".

O Salt então se aventurou a perguntar: "Qual é o seu prazo? Hamilton respondeu: "Eu estaria disposto a ocupar 50% do seu tempo a partir desta tarde, sujeito aos conflitos e outras bobagens administrativas que, sem dúvida, ocorrerão. Teremos que lhe dar um bom suporte administrativo. Mas isso tem que ficar fora da mídia até que estejamos prontos. Nada de lobby. Eu me reservaria o direito de rescindir e negar a existência do relacionamento sem aviso prévio se eu soubesse de nossa aparição acima da página 1 do Post, do Wall Street Journal ou do New York Times".

"Tenho que pensar sobre isso.

Hamilton disse: "Espero que sim, mas faça isso com a devida pressa.

Estou ciente de que isso envolve um ato de fé.

O Salt respondeu: "Devemos pelo menos chegar a um acordo sobre o pagamento da entrada, incluindo conflitos. E eu lhe enviarei uma carta de confirmação.

O aperto de mão de Hamilton foi firme e ele disse: "Seja breve com a carta. Ela confirma que tivemos uma conversa privilegiada. A propósito, você se lembra que não chegamos a um número.

O Salt sorriu: "Sim. Achei que poderia esperar. A realidade é que nenhum de nós sabe o suficiente para sugerir o que seria justo. Portanto, é "a ser determinado". Esse deve ser o menor de nossos problemas. A propósito, "como você vai chamar esse projeto?

"Não pensei muito sobre isso", disse Hamilton, "por enquanto, vamos chamá-lo de 'Amigos da Liberdade'" ou talvez "'Filhas e Filhos da Liberdade' (ou 'FL')".

O Salt saiu para o carro e pensou no que tinha acabado de acontecer, mas sua mente estava girando muito rápido. Ele precisava chegar em casa e jantar bem e tomar um drinque antes de ir para a cama. Que dia. A propósito, ele se perguntou, escrever uma carta? Assistente? Ele não tinha cartão de visita nem conta bancária. Como ele se chamaria? Ele sabia que "FL" não era uma opção.

Capítulo 9

Reações à distância:
6 de janeiro e a posse

[20 de janeiro de 2021] [20 de janeiro de 2021

Em janeiro de 2021, muitas pessoas nos EUA e em todo o mundo prestaram mais atenção ao discurso de posse de Evans do que ao de Pepper. O novo presidente não podia ignorar o dia 6 de janeiro ou as muitas questões problemáticas, mas precisava unir grupos diferentes, e o mundo precisava ajudar o país a "superar isso". O novo presidente não podia ignorar o dia 6 de janeiro ou as muitas questões problemáticas, mas precisava unir grupos diferentes, e o mundo precisava ajudar o país a "superar isso". Portanto, ele não podia se deter nos problemas. O discurso foi breve e bem proferido, mas com poucos detalhes. O Salt gostou especialmente das linhas finais do discurso:

> Caros cidadãos dos Estados Unidos e do mundo, carregamos um legado de crise e disfunção que não respeita fronteiras políticas ou nacionais. Mas somos abençoados com os meios e a capacidade de reagir. Teremos sucesso se, em vez de nos distrairmos com jogos de culpa, reconhecermos que estamos juntos nessa.

> Nosso mandato é superar a tirania de nossa herança e traçar um caminho melhor para todos. Podemos e vamos fazer isso. Isso começa hoje.

Em geral, O Salt ficou satisfeito com as palavras do novo presidente, assim como a maioria dos comentaristas, embora não todos. Mas O Salt sabia que falar é barato.

O Salt estava bem ciente, por exemplo, de que a equipe sênior de carreira do Departamento de Estado havia sido dizimada pela passagem do tempo para os baby boomers e pelo bipartidarismo para outros. O governo Pope teve três secretários de Estado em quatro anos e três grupos de funcionários bajuladores para cada um deles. Em breve, todos eles iriam embora. Não havia muita sabedoria para transmitir a seus sucessores. O novo presidente não tinha um exército esmagador de profissionais de confiança para lidar com os resultados do armamento das relações exteriores. Além disso, havia a pandemia e a recessão iminente, que ocasionalmente davam sinais de esperança, mas ainda eram grandes problemas. Boa sorte, Presidente Evans, pensou O Salt ao terminar seu café, comer um último biscoito e se forçar a voltar para as caixas.

No final da tarde do Dia da Posse na Europa, tanto na 10 Downing Street quanto na sede do Foreign and Commonwealth Office, na King Charles Street, em Londres, os funcionários públicos britânicos se aglomeraram em volta das televisões para ouvir o discurso e, depois de tirar as máscaras e se inspirar com um pouco de uísque (em vez do gin tônica, mais fraco e mais comum), avaliar o significado do dia 6 de janeiro e do discurso.

No número 10 da Downing Street, o Primeiro-Ministro Osborne recebeu alguns de seus ministros e outros amigos para um modesto drinque e um aperitivo. O veredicto do primeiro-ministro foi curto e direto: "Bem, acho que é melhor não saber nada do que se assustar com algo como o que o presidente Pope disse em seu discurso de posse. Jesus.

Mal sabia o primeiro-ministro que ele estava indo para a lixeira política e que logo se juntaria ao presidente Pope no exterior. Havia algumas semelhanças. Eles eram exibicionistas que se orgulhavam de seu comportamento pessoal imprudente ("party animals"); de ações decisivas; de algumas formas de isolacionismo econômico (por exemplo, o Brexit, por um lado, e as tarifas impostas à China, por outro); e tinham seguidores que eram verdadeiros crentes fervorosos, mas que poderiam estar se encolhendo um pouco.

A equipe do Ministro das Relações Exteriores do Foreign and Commonwealth Office teve uma discussão mais vigorosa sobre o significado reconhecidamente oculto da pouca referência do novo presidente à política externa e ao retorno dos EUA a um papel de colaboração, liderança e construção de consenso. Sua avaliação foi mais positiva. Após trinta minutos de debate e dois uísques com gelo, o Ministro das Relações Exteriores, John Watson, perguntou: "O que diabos Stuart Bacon está fazendo hoje em dia?

Bacon havia trabalhado na campanha presidencial de Evans, tinha qualificações e experiência genuínas no serviço de relações exteriores dos EUA e era um dos favoritos para um cargo voltado para o exterior no novo governo, mas ninguém sabia qual. Muitos especulavam que ele poderia ser Secretário de Estado; outros achavam que era mais provável que ele assumisse um cargo na comunidade de inteligência dos EUA. O novo presidente ainda não havia sugerido nada, mas logo teria que nomear alguém para algum cargo.

A transição para a nova administração Evans não foi nada tranquila. Mesmo antes do dia da posse, o governo Evans já tinha um prato cheio. Primeiro, houve a eleição em si, depois o dia 6 de janeiro (que o novo governo sabiamente não tratou como uma questão para a administração e deixou essa confusão para um Comitê Especial do Congresso eficaz) e, é claro, a pandemia persistente e em evolução da COVID-19, incluindo a necessidade de gastar com a COVID e outras questões que estavam levando a economia agressivamente em direção à inflação e sua cura típica: taxas de juros mais altas. E essas eram apenas as questões domésticas de alto valor que existiam no dia da posse.

Após o dia 6 de janeiro, a lei e os processos eleitorais foram mais questionados do que celebrados. Alguns dos acontecimentos realmente chocantes durante as eleições de meio de mandato de 2022 envolveram a busca bem-sucedida de documentos ultrassecretos na casa de férias do presidente e forçaram o foco na segurança do material de inteligência que nossos aliados consideravam urgente e essencial. E, é claro, havia preocupações com a segurança dos resultados das eleições em face da interferência estrangeira, que o Presidente Pope havia convidado, e o risco de manipulação de votos. O termo "fraudado" parecia estar na boca de todos antes e depois da posse, em documentos judiciais e na mídia. O litígio que contestava os resultados das eleições chegou até a Suprema Corte, que finalmente declarou o fim do circo e começou a voltar aos trilhos. Mas seis semanas preciosas haviam sido perdidas e o governo do Papa não havia sido exatamente magnânimo em termos de cooperação. Essas distrações impediram um foco normal nas questões diplomáticas, o que preocupou (e enervou) o Reino Unido e outros aliados.

Para piorar a situação, o presidente Evans era um novato no cenário internacional no início de seu mandato, tendo se concentrado em uma infinidade de problemas domésticos sérios dos EUA durante a campanha.

Os especialistas fora dos Estados Unidos estavam, portanto, apenas adivinhando o que o novo governo dos EUA significaria para o estado um tanto frágil das relações exteriores dos EUA.

A equipe do serviço de relações exteriores britânico, após a tomada de posse em Londres, tinha seus próprios problemas. Eles estavam lidando com: um Primeiro-Ministro instável, que estava prestes a renunciar; o caos sobre quem o substituiria, quando e como; lidar com o impacto negativo do Brexit, que havia sido claramente subestimado; e negociações comerciais malfadadas e apressadas com a UE e outros países, exacerbadas pela disseminação grave e interminável da COVID-19 e suas variantes, pela inflação e pela ausência de um partido político britânico realmente dominante.

E, como se isso não bastasse, na onda seguinte, a Rússia invadiu a Ucrânia no final de fevereiro de 2022 (embora eles estivessem em guerra desde 2014). Com a Ucrânia no meio, quase todo o resto piorou: inflação, camadas terríveis de gastos, colapsos da moeda em relação ao dólar e ao euro, mais quedas de mercado e uma onda de calor histórica no verão. Onde estava Churchill quando foi necessário?

Os britânicos esperavam uma orientação clara do novo presidente. Mas, em vez de articular uma definição detalhada e convincente da política externa dos EUA, o discurso de posse apresentou o equivalente a um quebra-cabeça de mil peças, sem uma imagem detalhada para desenhar.

Um debate muito semelhante estava ocorrendo em Berlim, onde seria realizado uma hora depois. Lá, a nova chanceler, o ministro das Relações Exteriores e seus assessores mais próximos acompanharam o discurso juntos, mantendo um nível confiante de distanciamento social. Assim como os britânicos, os alemães estavam intensamente interessados em saber como o novo governo dos EUA via seu papel no mundo. Considerando o que está em jogo na Ucrânia, o surgimento da União Europeia após o Brexit e os desenvolvimentos na Ásia, principalmente em torno da China, incluindo o risco de a China usar a Rússia/Ucrânia como modelo para a China/Taiwan, os EUA talvez não consigam retornar ao papel que tinham antes do governo Pope muito menos antes da guerra do Iraque.

A ampliação da OTAN e a colaboração entre os membros da OTAN em relação à Ucrânia foi um desenvolvimento significativo e bem-vindo. E o tratado AUKUS entre os EUA, o Reino Unido e a Austrália, anunciado em setembro de 2021, centrado na ajuda dos EUA e do Reino Unido para que a Austrália adquira submarinos movidos a energia nuclear, foi um desenvolvimento bem-vindo, especialmente à luz do abandono do governo do Papa de um grande acordo comercial asiático multipartidário.

Os Estados Unidos continuaram sendo necessários como contrapeso a outras potências menores, porém perigosas, e como exemplo de como a democracia e o capitalismo coexistem e florescem juntos. Além disso, havia os efeitos persistentes da COVID-19 na saúde, os efeitos das mudanças climáticas nas condições de vida e de trabalho e a fragilidade do clima de negócios na Europa continental.

Avaliações inconclusivas semelhantes ocorreram em lugares como Moscou, Pequim, Tóquio, Nova Délhi, Teerã, Jerusalém, Ancara, Paris, Bruxelas, Camberra, Ottawa, Brasília e Cidade do México. Houve muitas ligações. Moscou ligou para Ancara, que ligou para a Arábia Saudita, que ligou para o Paquistão, que rompeu com a tradição e ligou para a Índia, e isso passou por quatro níveis de governo em cada caso. E ainda havia os especialistas. Todos eles estavam no mesmo barco: indivíduos, altos funcionários, líderes desses governos, bem como especialistas de todo o mundo, esperançosos em alguns casos, preocupados em outros, mas, de qualquer forma, sem saber ao certo por quê.

E quando se pensava que as coisas não poderiam piorar, muitos cidadãos norte-americanos se familiarizaram com os problemas da cadeia de suprimentos por meio da escassez de leite em pó para bebês. E o clima global estava indo para o inferno quase tão rápido quanto a inflação.

Capítulo 10
Cortando os laços com o passado

[20-24 de janeiro de 2021] [20-24 de janeiro de 2021

Os dias seguintes foram gastos tentando assimilar o significado do dia 6 de janeiro e da posse, movendo caixas e tirando coisas de dentro delas. Foi mais difícil do que ele imaginava. Em Ele não só estava jogando em uma caixa coisas de que O Salt não precisaria mais por causa de sua limitação de atividade, como também encontrou algumas coisas de Meredith. Isso o forçou a parar, sentar-se no sofá e pensar sobre a morte da esposa, o quanto ele sentia falta dela e o que fazer com as coisas dela. Ela não era apenas sua esposa, mas também sua melhor amiga e confidente. Ele não havia percebido a joia que ela era até que ela se foi. Parecia terrível para ele que, por causa da pandemia, não tivesse sido possível realizar um funeral adequado para ela. E, é claro, o processo de luto foi agravado pelo fato de ele ter ficado em quarentena e isolado por várias semanas após sua morte, seguido de semanas e semanas trabalhando em casa, onde morava sozinho. Ele estava infeliz e solitário e queria sair do apartamento.

Vários conselheiros o haviam aconselhado a cuidar dos assuntos de sua esposa muito antes disso. Era um bom conselho, mas um caminho não seguido. Agora, lágrimas que ele nunca havia derramado antes corriam livremente por seu rosto. Depois de uma hora de soluços silenciosos e introspecção, ele chegou à conclusão de que, para o bem ou para o mal, ele tinha que seguir em frente, e guardar o guarda-roupa de sua esposa em um guarda-roupa em uma antiga casa de fazenda seria como convidar fantasmas para brincar. Ela desaprovaria.

O que fazer com suas roupas? Doá-las, obviamente, mas onde? O Wi-Fi ainda não estava conectado na fazenda, portanto, seu acesso à Internet estava limitado ao telefone. Em vez de confiar em seu celular, ele procurou e, de alguma forma, encontrou o pedaço de papel com o número de telefone de Margie Hatcher e ligou para ela para pedir conselhos. Ela era uma Chamada incômoda, mas útil.

Com o conselho e o incentivo de Margie, ele colocou as caixas cheias de roupas de sua esposa em seu Volvo (ele precisava de duas cargas) e as entregou ao brechó administrado por várias igrejas locais.

Isso o fez se sentir pior e melhor ao mesmo tempo. Mas essa parecia ser a maneira como a semana estava transcorrendo.

O Salt não tinha tomado uma boa ducha quente desde a mudança e se sentia sujo e maltratado. A empresa de mudanças havia trazido sabonete e xampu e, para sua alegria, ele descobriu que a água da banheira estava funcionando. E estava quente. Não havia chuveiro, apenas uma velha banheira de ferro fundido com uma mangueira com a qual ele podia lavar o cabelo. A sensação foi muito boa, e O Salt pensou que talvez estivesse perto de voltar à raça humana... já era hora.

Voltar à raça humana significava comer mais do que biscoitos e cheeseburgers. Salt colocou algumas roupas limpas e decidiu experimentar o Helen's Place, o restaurante recomendado por Margie.

O Salt dirigiu até a cidade e entrou na Helen's depois de ler a placa na porta da frente, agora exigida por lei, que afirmava que todos os funcionários da Helen's haviam sido testados para COVID-19 nas últimas duas semanas, tiveram sua temperatura medida ao entrar no trabalho naquele dia e eram obrigados a usar máscaras. Os clientes também foram avisados para não moverem os móveis, o que foi feito em conformidade com os requisitos atuais e em constante mudança de distanciamento social para serviços de alimentação em ambientes fechados.

O Helen's era limpo e arrumado, mas não era sofisticado. Era uma espécie de Silver Diner, mas as mesas, os porta-guardanapos, as jukeboxes e os utensílios eram autênticos e não uma antiguidade falsa. O Salt achava que o mesmo poderia ser dito da equipe da lanchonete.

O Salt conseguiu uma mesa e perguntou se poderia pedir algo para beber. O restaurante não tinha bebidas alcoólicas, apenas vinhos locais da Virgínia, alguns dos quais eram muito bons. Ele pediu o tinto que o Helen's vendia por taça, uma salada (Meredith teria aprovado) e o bolo de carne. Ele ouviu que estava sendo servido pela própria Helen, então O Salt se apresentou. O restaurante não estava muito movimentado, o que permitiu que O Salt conversasse com Helen, que se revelou uma personagem e tanto. Foi uma sorte o fato de O Salt ser um bom ouvinte.

Ela detalhou a O Salt os efeitos do vírus da COVID-19 e da recessão, as dolorosas demissões que Helen teve de fazer, o quanto esteve perto de fechar e a vez em que jogou as chaves sobre a mesa na frente do proprietário, explicando que ele poderia ficar com a maldita cafeteria se quisesse, mas que ela não pagaria mais aluguel até que pudesse abrir. Ela ainda estava sofrendo financeiramente e estava cansada de usar uma máscara.

Margie Hatcher entrou quando ele estava sentado pensando nos comentários de Helen. Ela o viu e se aproximou: "Como você está?", perguntou. "Sei, pelo nosso telefonema, que você teve um dia difícil".

"É verdade, mas acho que consegui", disse O Salt. "Mais uma vez, obrigado por sua ajuda." O Salt notou que ela ainda estava de pé; ele perguntou se ela queria se juntar a ele.

"Eu adoraria, mas não quero me intrometer", respondeu Margie.

O Salt sorriu: "A única coisa que você estaria interrompendo é o som do silêncio". Margie se sentou a uma distância segura e pediu uma taça de vinho branco, e elas trocaram pequenas conversas, incluindo algumas sobre política. O Salt seguiu sua política de falar educadamente sobre política em geral e dizer muito pouco de sua própria política. Ele teve a impressão de que, como ele, Margie não fazia propaganda, mas estava em algum lugar no meio do espectro político.

Eles conversaram um pouco mais sobre suas experiências. "Que tipo de coisas você fazia quando trabalhava no Ministério da Fazenda?", ela perguntou.

"Bem, a maior parte foi bem chata, agora que olho para trás. Passei alguns anos no Escritório de Controle de Ativos Estrangeiros do Departamento do Tesouro, mais conhecido como OCAE", explicou O Salt. "Uma de suas funções é definir e administrar os programas de sanções dos EUA. Esses programas aproveitam a força relativa da economia dos EUA e o amplo alcance de nossas instituições e mercados financeiros. Basicamente, o governo, por meio da OCAE, pode proibir as chamadas pessoas dos EUA - um termo definido de forma muito ampla - de realizar transações ou negociar com um país, uma empresa ou um indivíduo. Ao longo dos anos, isso incluiu países como Cuba, Irã, Rússia, Síria, Coreia do Norte e outros. Os eventos na Ucrânia deram origem à maior e mais importante operação de comércio eletrônico do mundo. guerra econômica agressiva de nossa história.

As pessoas nas áreas em que trabalhei no Departamento de Estado estão pegando fogo. Há riscos em qualquer caminho que você tome.

"Isso parece bem complicado", disse Margie. "Não há o risco de que as sanções em todo o país possam ter consequências não intencionais para inocentes, como iniciar o que poderia ser o começo da Terceira Guerra Mundial?"

"Boa pergunta", disse Salt. "Nos últimos anos, a OCHA se tornou mais seletiva e, em vez de sempre ir atrás de países, às vezes se concentra em entidades e indivíduos específicos com os quais os americanos não têm permissão para lidar. Isso está se tornando uma característica fundamental da situação na Ucrânia. Para alguns dos "Indivíduos Especialmente Designados", como os chamamos, isso significou um mundo de sofrimento. Eles corriam o risco de ter grandes somas de dinheiro vinculadas a bancos com negócios nos Estados Unidos. Eles estavam contratando consultores para tentar tirá-los da área-alvo, e alguns americanos estavam tentando obter licenças que lhes permitissem fazer certos tipos de negócios com uma parte sancionada. Esse também é o tipo de coisa em que eu trabalhava quando estava na empresa.

O Salt terminou: "Bem, isso conclui um breve curso sobre a parte da minha carreira. Eu avisei vocês. Muito chato.

"Eu diria que é complicado e interessante, mas não entediante", respondeu Margie. "As sanções funcionaram?

"O que vou dizer é apenas uma opinião pessoal", alertou O Salt. "A resposta é sim e não. A política externa do Irã mudou? Ela puniu as pessoas que tentaram fazer negócios com o Irã e, portanto, penalizou indiretamente o Irã? Sim. O Irã está tentando manipular para contornar as sanções? Sim. A postura geral do Irã mudará no final das contas? Não por si só.

A conversa então se voltou para Margie. O Salt ouvia melhor do que falava e aprendeu muito sobre ela. Ele se perguntou por que, depois de cinco anos, ela não havia se casado novamente. Talvez, como ele, ela ainda estivesse apaixonada pelo cônjuge e não conseguisse superar isso.

Era bom ter alguma interação humana casual. O Salt não conseguia se lembrar da última vez que isso havia acontecido com alguém, homem ou mulher. Pela primeira vez, durante o jantar, O Salt se deu conta de coisas que iam além da atratividade superficial de Margie. Ela era inteligente, bem informada, culta, divertida, voluntária de boas causas e bonita à sua maneira, com cabelos castanhos de comprimento médio, olhos castanhos e uma linha forte no queixo. Era evidente que ela cuidava bem de si mesma. Ela também fazia ótimos biscoitos com gotas de chocolate.

E ela era simplesmente simpática. No final do jantar, Margie se ofereceu para convidá-lo a ir à casa dela para uma refeição caseira, se ele estivesse interessado. "Parece ótimo", respondeu ele, surpreendendo-se com sua resposta rápida.

"Vou receber alguns amigos para jantar na próxima semana. Acho que você poderia tolerá-los, e tenho certeza de que eles se interessariam pelo recém-chegado, que na verdade é um nativo da região." Ele anotou o endereço, a data e a hora e os entregou.

Em casa e depois de dormir, O Salt se lembrava da última vez que havia tido uma conversa significativa com uma mulher. Sua mente estava vazia sobre o assunto, mas ele sabia que não havia dormido com outra mulher além de Meredith enquanto estava casado ou desde que ela morreu. Nada disso o ajudou a dormir. Ele acrescentou a compra de pílulas para dormir e a ida à loja de bebidas alcoólicas à sua lista de tarefas na cabeceira da cama.

Capítulo 11

Beltway Beckons

A semana seguinte começou sem incidentes. Mais caixas, mais doações para o brechó da igreja, mais lembranças e uma melhor compreensão do que uma antiga casa de fazenda a caminho da modernização exigiria. Era assustador, mas nada comparado à ligação que ele recebeu em seu celular por volta das dez e meia da manhã.

A ligação era de Stuart Bacon, que as notícias indicavam ser um provável candidato a Secretário de Estado ou a um cargo comparável, em termos de influência, na ala oeste da Casa Branca. Talvez Diretor de Inteligência Nacional, outro cargo em nível de gabinete que supervisionava a comunidade de inteligência dos EUA, incluindo a Agência Central de Inteligência, a Agência de Segurança Nacional e outras. O Salt conhecia e respeitava Stuart como um cara atencioso que havia sobrevivido a várias gaiolas cheias de políticos. Seu serviço diplomático sustentado sob vários presidentes em uma época de extrema turbulência política foi ainda mais impressionante. Stuart era um sobrevivente sem o nível de bagagem que normalmente acompanha esse rótulo.

"A que devo a honra desta chamada, Stuart?", perguntou O Salt. "E antes de continuar, parabéns por estar onde está e ser o que é. Eu não sabia que pessoas de sua qualidade poderiam sobreviver hoje. Eu não tinha certeza se pessoas de sua qualidade poderiam sobreviver hoje. Esse é um dos poucos acontecimentos recentes que me dão conforto."

"Obrigado, O Salt. Isso significa muito vindo de você", respondeu Stuart. "Estamos muito ocupados, então vou direto ao ponto. Gostaríamos que você fosse a Washington para uma reunião na segunda-feira à tarde na Casa Branca. A reunião seria comigo e com mais uma ou duas pessoas. Provavelmente não com o presidente, embora ele saiba que estou fazendo essa ligação e por quê. Precisamos construir pontes com muitas pessoas, incluindo aliados alienados, se existirem, e precisamos de sua opinião sobre como fazer isso".

O Salt ficou atônito e levou alguns segundos para se acalmar. Ele não imaginava que receberia uma ligação dessa natureza. "Obrigado, Stuart", disse O Salt, "mas estou fora do jogo há cinco anos. Sou um dinossauro quando se trata desse tipo de coisa. E se o presidente ou seus partidários estivessem muito interessados em meus pontos de vista, eles teriam perguntado durante a campanha." O Salt não acrescentou que provavelmente não teria respondido a uma ligação de uma campanha política.

"O Salt, o fato de você ter ficado fora do jogo, como você diz, é um dos vários motivos pelos quais o chamamos", explicou Stuart. "Não aconteceram muitas coisas boas enquanto você esteve fora. Você não tem bagagem recente. E você tem perspectiva, o que é importante. Você também é muito respeitado, tanto aqui quanto no exterior. Você pode não ser um unicórnio, mas faz parte dessa família. Tudo o que pedimos é que vá a Washington e sente-se conosco. O senhor deve isso ao país.

O Salt hesitou por um momento, sabendo que provavelmente havia algo mais do que aparentava. Mas ele não podia dizer não. Ele disse: "OK, mas só concordarei com uma reunião que quase certamente o decepcionará".

"Ótimo", respondeu Stuart. "Os guardas esperam você por volta das 13h30 e traga uma identificação. Você conhece o procedimento. Obrigado. A propósito, esse número de celular para o qual liguei funcionará nos próximos dias, caso precisemos mudar as coisas de lugar?"

"Sim", disse O Salt, "pelo menos até que os russos derrubem nossos sistemas de telecomunicações.

"E quanto ao e-mail?", perguntou Stuart.

"Você pode enviar mensagens para o meu telefone, mas ainda não tenho internet aqui. Não envie nada muito longo. Estou me acostumando a não receber anexos de e-mail. Vejo você na segunda-feira.

Mais tarde naquele dia, O Salt recebeu uma mensagem de voz de Stuart sugerindo que, como a reunião era só na segunda-feira à tarde, seria útil se O Salt pudesse passar na CIA a caminho de Washington Parkway e se encontrar com Louise Roseaux para iniciar o processo de atualização de sua autorização de segurança. O Salt não tinha intenção de fazer nada que exigisse uma atualização de sua autorização.

A mudança para a fazenda não tinha sido um grande sucesso até agora, mas também não tinha sido um desastre completo, e ainda era cedo. O Salt ignorou a mensagem de Stuart e a que veio depois, da Sra. Roseaux.

O Salt voltou ao temido trânsito de Washington DC na manhã de segunda-feira, deixando bastante tempo para atrasos. Ele odiava o trânsito - mesmo com o volume um pouco menor causado pelo fechamento e pela recessão da COVID-19 - mas pelo menos hoje era melhor do que desempacotar caixas de mudança. Felizmente, o tempo estava bom. Embora estivesse nublado, não havia precipitação. Por despeito, O Salt não dirigiu pela George Washington Expressway depois da CIA, mas pegou a Interstate 66 até a Roosevelt Bridge e a Constitution Avenue. Ele chegou tarde o suficiente para evitar o pedágio na hora do rush. A viagem deu a O Salt tempo para pensar no silêncio - e sem a distração do que ainda lhe pareciam ser centenas de caixas inacabadas - sobre o que realmente seria essa reunião. Ele não tinha a menor ideia.

Ao chegar à Casa Branca, ele entrou em pânico por um momento, achando que havia esquecido sua pasta. Em seguida, lembrou-se de que não a havia trazido. Era difícil imaginar entrar em uma reunião na Ala Oeste sem uma pasta ou com uma pasta vazia. Os guardas do lado de fora lhe perguntaram o que ele estava levando. "Nada além das minhas chaves, carteira e telefone celular", respondeu O Salt. Suas sobrancelhas se ergueram inquisitivamente e ele gritou em dúvida e incerteza.

"Que tal uma pasta?", perguntou um dos guardas. Eles olharam para O Salt com perguntas nos olhos e sobrancelhas levantadas quando ele apontou para sua cabeça e disse: "Mantenha tudo aqui em cima. É muito fácil esquecer a maleta". Isso, por si só, quase fez a viagem valer a pena.

Quando ele fez o check-in no serviço de segurança interna da Casa Branca, um dos agentes disse que o Sr. Bacon havia deixado uma mensagem dizendo que a reunião teria que começar com uma hora de atraso, mas o guarda havia sido instruído a ligar para a Sra. Roseaux, que receberia O Salt e o encontraria durante o atraso. Os seguranças lá dentro perguntaram se ele queria uma máscara, mas não o obrigaram a colocá-la, pois ele tinha um certificado confirmando que havia sido testado recentemente para COVID-19. Mesmo assim, eles mediram sua temperatura com um termômetro na forma de uma arma eletrônica sofisticada.

Sentindo que a nova administração tinha uma visão diferente das máscaras em relação à administração do Papa, O Salt levou a máscara com ele. Eles lhe pediram novamente sua pasta, e O Salt novamente disse alegremente que não tinha uma. Em seguida, forçaram-no a depositar seu celular com eles. Ele tinha cinco anos de idade e isso foi um pouco constrangedor. Mas a vida continuou. E ele ainda sentia falta de seu Blackberry.

Sem outra opção, O Salt foi com a Sra. Roseaux para uma sala pequena e estéril na ala oeste. Ela era alta, magra, mas musculosa, vestida com um terno preto de calça severa e usava os cabelos pretos penteados para trás em meio comprimento. Sua pele era escura o suficiente para ser o resultado de uma mistura de cores. De qualquer forma, funcionava, mesmo com a máscara. E ela era muito apropriada e educada. "Lamentamos a demora, mas podemos fazer bom uso do tempo se o senhor estiver disposto a me atualizar sobre assuntos relacionados à sua autorização de segurança, que expirou de acordo com os termos da revogação de autorizações de segurança do presidente Pope em 2019 para ex-funcionários seniores da inteligência."

"Mas não tenho intenção de precisar de uma autorização de segurança", disse O Salt. "Sinto muito, Sr. Pepper, mas a natureza da reunião para a qual o senhor veio é tal que não se pode esperar muito dela, a menos que eu acredite que o senhor seja elegível para o mais alto nível de autorização de segurança. Não será um esforço inútil, mesmo que nada saia da reunião."

"A senhora vai participar da reunião, Sra. Roseaux?", perguntou O Salt. "Sim", respondeu ela.

"Pode me dizer do que se trata?", perguntou O Salt. "Não."

"Você sabe do que se trata?

"Apenas superficialmente", respondeu ela.

O Salt continuou com um pouco mais de severidade: "Você poderia fazer a gentileza de me dizer o que sabe sobre a reunião?

"Entendo sua frustração, mas você saberá em breve", explicou ele com calma. "Nesse meio tempo, não vamos adiar mais a reunião. Como eu já disse disse, preciso autorizá-lo antes que ele seja informado da reunião ou tenha permissão para participar dela. Tenho certeza de que ele está curioso.

"Tudo bem, mas isso é uma loucura. Por favor, tome nota de minha objeção." O Salt bufou através de sua máscara.

O Salt passou a próxima hora respondendo à interminável lista de perguntas de Louise e descrevendo suas atividades desde que deixou o governo há cinco anos, seus negócios pessoais e com o escritório de advocacia, suas finanças, quem ele considerava amigos (uma pequena lista), seus hábitos de bebida, suas preferências de gênero, detalhes de suas viagens para fora dos EUA e seus contatos fora dos EUA. Pela primeira vez, era bom ser chato.

Perto do final da sessão, ele perguntou a Roseaux: "Quem é você, qual é o seu histórico, por que você vai estar nesta reunião?

"Isso é classificado em um nível muito alto". Ela sorriu, mas não calorosamente. Então, finalmente, eles receberam a chamada para entrar na reunião.

Capítulo 12

Vendendo ao Salt para a Casa Branca

[11 de janeiro de 2021] [11 de janeiro de 2021

Eles transferiram as discussões para uma sala de conferências maior e mais formal, mas ainda sem graça e fria, na Ala Oeste, e logo se juntaram a Stuart Bacon e seu assistente, Norman. Após uma breve discussão e apresentações, Stuart abriu o debate insistindo que tudo o que fosse dito na sala deveria permanecer lá, com exceção de informar o Presidente.

Stuart abriu: "O Salt, como você pode imaginar, gastamos uma quantidade enorme de tempo e esforço avaliando nossas relações diplomáticas desde a eleição. Esses esforços foram dificultados pelo litígio sobre os resultados das eleições, pela grave falta de cooperação da equipe de Pope e por questões como a intimação do FBI ao presidente Pope. No entanto, temos identificado candidatos para cargos seniores nas agências de inteligência, cargos de orientação internacional no Tesouro, embaixadas e, é claro, cargos no Departamento de Estado e na USAID. Ou eu serei Secretário de Estado ou estarei aqui na Casa Branca como Diretor de Inteligência Nacional.

Temos consultado amigos e inimigos sobre quais são os problemas e como deve ser a nossa equipe. Sinceramente, as coisas estão piores do que imaginávamos. Nossas relações externas são muito problemáticas. Elas já eram ruins antes da pandemia da COVID-19, pioraram com a pandemia e a recessão, e agora parecem ser um empreendimento muito problemático. Ainda temos algumas pessoas muito talentosas no corpo diplomático, mas também perdemos muitas pessoas boas devido a demissões, aposentadorias e descontentamento com o último governo. As pessoas boas que ainda estão aqui terão que trabalhar duro e aumentar suas responsabilidades. Muitas delas podem fazer isso. Mas precisamos de reforços.

"Deixe-me interrompê-lo aí mesmo, Stuart", disse O Salt. "Por vários motivos, não sou a pessoa certa para servir como reserva. Se é isso que você tem em mente, podemos pedir um tempo agora."

"Não é exatamente isso que temos em mente", respondeu Stuart. "Deixe-me terminar. Como você sabe, a credibilidade dos Estados Unidos diminuiu consideravelmente nos últimos cinco anos, mesmo antes de 6 de janeiro."

"Sim", disse O Salt, "como, em nome de Deus, você explica isso? Ufa!"

"Bem", respondeu Stuart, "você tem que lidar com isso, quer esteja se dirigindo a um amigo ou a um inimigo. Alguns desses governos se perguntam se estamos caminhando para uma guerra civil. Eles nos veem como voláteis, xenófobos, racistas, retraídos, egocêntricos, não confiáveis e indignos de confiança. A falta de confiabilidade é um problema profundo e sério. Relutantemente, chegamos à conclusão de que as pessoas vistas como nomeados políticos ou aliados próximos da nova administração não serão tão eficazes quanto no passado. Pelo menos no curto prazo, o que elas disserem a outras pessoas no mundo geralmente será visto como mais blá, blá, blá e, na melhor das hipóteses, só será eficaz enquanto essa pessoa estiver por perto.

Como podemos combater isso? Com uma abordagem nova e muito próxima. Precisamos de pesquisa e orientação de alguém que não seja visto como veneno político e, o que é mais importante, que tenha reputação entre os diplomatas de carreira em outros países por ser confiável e manter a confidencialidade. Alguém que veja o Twitter, o Facebook e o Instagram como inimigos e que nunca devam ser usados. Em outras palavras, precisamos de um dinossauro amigável daqueles dias de outrora, quando olhar alguém nos olhos significava algo. Precisamos que esse dinossauro consulte o núcleo de confiança da estrutura diplomática de outros países e organizações importantes - fora das pressões criadas por posições anunciadas publicamente e pela mídia - e depois informe, em um nível muito alto e sensível, suas conclusões e recomendações."

Stuart continuou: "Além do óbvio - Ucrânia - ao qual precisamos dar atenção especial, quais são os problemas de maior preocupação? Qual é a sua importância? O que eles precisam ver de nós? Quais tratados podem ou devem ser corrigidos? O que faz sentido nesse sentido para os Estados Unidos e outros? Podemos salvar as alianças existentes e criar novas?

Além de atacar a pandemia contínua de coronavírus de forma ainda mais agressiva e combater a recessão, quais devem ser as prioridades? Já tivemos mais de um ano para entregar o plano de transição. Todos sabem onde estão os problemas, mas precisamos dar um passo à frente. Precisamos que você faça parte disso.

Nós lhe daríamos uma pequena lista de objetivos prioritários. Acreditamos que a consulta deve começar com o Reino Unido, mas, em grande parte, você controlaria sua própria agenda e prioridades, com relatórios regulares, conforme necessário, e de acordo com um cronograma.

Basicamente, o senhor seria seu próprio chefe e se reportaria diretamente ao presidente e a mim. Não haveria confirmação do Senado. Informaríamos os líderes dos principais comitês do Congresso sobre suas atividades, mas não seriam agendadas aparições públicas. Acreditamos que nossos membros do Congresso podem cumprir essa tarefa.

Você seria um solucionador de problemas e um especialista em reverter relações diplomáticas. Seria um grande desafio e um serviço incrivelmente importante para o país. Stuart fez uma pausa.

"Você só pode estar brincando", respondeu O Salt. "O que você está descrevendo não é uma missão impossível; é uma missão suicida. Não vai dar certo. E eu sou a pessoa errada para tentar. Sou praticamente anônimo. Isso é loucura. Você encontrou isso em um livro ruim ou em um filme pior? O que eu fiz para você merecer esse tipo de coisa? Vamos lá, cara!"

"Bem, diga-me o que você realmente pensa". Stuart suspirou. "E, a propósito, obrigado por não dizer não no meio daquela explosão. Pelo menos você entende o grau de dificuldade envolvido. Mas que grande ponto culminante para uma carreira isso poderia ser. Eu mesmo ficaria tentado a fazer isso, mas sou muito politizado. Por outro lado, você tem um perfil discreto e poderia fazer isso. Você ficaria surpreso com o número de vezes que reagimos positivamente ao mencionar seu nome em conversas com aliados sobre essa iniciativa. Vou ser sincero com você, as pessoas não chegam ao seu nome por causa de mas se você perguntar a eles sobre o O Salt Pepper, haverá uma reação positiva e eles se perguntarão em voz alta sobre o paradeiro dele".

O Salt rosnou: "Quer dizer que você esclareceu isso com outras pessoas antes de falar comigo? Que diabos, Stuart?

"Bem, O Salt", disse Stuart calmamente, "dificilmente poderíamos vender isso a eles e depois ter aliados importantes nos dizendo que não é uma opção. É verdade que alguns aliados estavam mais entusiasmados do que outros. E consideramos outros nomes além do seu. Alguns podem ter pensado que você era uma espécie de placebo, mas as reações foram neutras, na pior das hipóteses, e algumas foram entusiásticas. Em todo o mundo, há um desejo de que os EUA sejam racionais, confiáveis e dispostos a liderar. Você não terá problemas para marcar reuniões, mesmo com aqueles que eram ambivalentes.

"E como o maluco que assumir esse cargo conseguirá fazer as coisas em termos de suporte?", perguntou O Salt. "A maioria das pessoas como eu não tem infraestrutura. Não tenho um séquito e não quero ter um."

"É claro que daremos apoio", explicou Stuart. "Não vemos isso como uma grande equipe. Você já conheceu a Srta. Roseaux, cujo nome verdadeiro permanecerá em segredo por enquanto. Ela trabalhou na CIA em várias funções, fala francês, árabe e russo, sabe quem é quem na Agência e no Estado, e acredita nesta causa. Seus pais eram franceses e americanos.

Stuart continuou: "Acho que você precisa pensar um pouco mais sobre isso antes de ir em frente. É preciso reconhecer que esse não é o próximo passo óbvio na carreira de alguém na sua situação. Por que não deixamos isso para hoje e permitimos que vocês se encontrem nos próximos dias para discutir os próximos passos? Mas o tempo não está do nosso lado".

Como se surgisse do nada, a porta se abriu e a cabeça do Presidente apareceu parcialmente, cumprimentando a sala com um polegar para cima e seu sorriso patenteado. "Obrigado, O Salt, por pensar nisso. Precisamos de sua ajuda. E então o Presidente desapareceu antes que alguém pudesse se levantar ou dizer alguma coisa.

O Salt sabia que tinha que cortar o mal pela raiz. "Olhe, Stuart, isso pode parecer ingrato, mas não há nada em que pensar; acabei de me mudar para a borda de Blue Ridge, pelo amor de Deus."

Stuart não aceitou um "não" como resposta. "Tudo o que pedimos é que você e a Sra. Roseaux se encontrem e discutam o assunto. Tenho certeza de que ela ficaria muito feliz em visitá-lo. Se não conseguirmos persuadi-lo, pelo menos nos diga como faria isso ou algo assim. Obrigado, O Salt.

Stuart saiu abruptamente e fez um gesto com o polegar para cima ao sair. Quando O Salt saiu da Casa Branca, Louise lhe deu um número de telefone criptografado para usar em conexão com esse projeto e o número de telefone dela para "uso temporário". Ela lhe disse que ele poderia visitá-la em qualquer dia da semana. O Salt lhe disse que era quinta-feira e a avisou que sua fazenda parecia ter sido atingida por um tornado.

"Estarei lá à uma hora. Ela sorriu: "Não precisa comer".

Capítulo 13
Entrada Louise, saída do palco

[14 de janeiro de 2021] [14 de janeiro de 2021

O dia seguinte era quinta-feira, 14 de janeiro, e a campainha tocou exatamente às 13h01. Era Louise, vestida novamente com um terno preto, sorridente e claramente pronta para ir embora. Ela não estava usando máscara, mas sentou-se socialmente distante à mesa da cozinha e recusou a oferta de uma máscara. O Salt também lhe ofereceu café; ela preferia água. O Salt perguntou novamente se água de poço serviria. Ela respondeu balançando a cabeça. Não.

O Salt respondeu honestamente: "Desculpe-me, mas nunca comprei uma garrafa de água. Ele bebeu um copo de água do poço, sem perguntar se ela havia sido filtrada. O Salt concluiu que a tarde seria longa. Não havia motivo para ficar mais irritado do que o necessário.

Louise começou sua ladainha de perguntas. Isso lhe tomou a primeira hora e meia. O Salt não era bom com nomes e teve de concordar em dar informações sobre uma longa lista de cidadãos não americanos com os quais tivera contato ao longo dos anos, além de cidadãos americanos que poderiam atestar sua franca miopia. O Salt deve ter passado nessa parte do teste, pois não se levantou e foi embora no meio do caminho. Na verdade, O Salt era um cara bem direto.

Depois de preparar outro copo de água do poço, O Salt decidiu que era hora de preparar o terreno para uma conversa mais séria. "Agora que já passamos por tudo isso, do que se trata realmente? Ela não é burra, mas está se fazendo de burra. Ela não é tão boa em atuar. Ela está na Agência e em organizações relacionadas há muito tempo, por isso sabe como sobreviver em ambientes difíceis. Não é provável que ela queira ser babá de um aposentado. Diga-me quem você é e o que Stuart quer de mim".

"Perguntas justas", respondeu ele. "Vou contra todo o meu treinamento e confiarei em você e em sua discrição. Você parece ter alguma, e isso é mais do que se pode dizer de muitos homens. Já fiz muitas coisas, inclusive ser um agente de campo da CIA. Fui emprestado a Stuart para este projeto. Cresci nos EUA e na França, fiz meu curso de graduação na Sorbonne, em Paris, e depois fui recrutada pela CIA, em parte por causa de minhas habilidades linguísticas. Meu nome verdadeiro não é Louise, mas Marie Louise, mas a Agência acha que soa muito francês, então sou Louise. Passei por todo o treinamento da Agência, incluindo artes marciais e armas de fogo. Sou uma atiradora perfeita. Servi na Ásia, mas principalmente na Europa, especialmente na Europa Oriental. Usei armas de fogo em campo. Houve fatalidades, mas nenhuma inocente. Aqueles que morreram tiveram o que mereciam. Não sou uma mulher Jason Bourne, mas sou boa no que faço. Mas quero fazer mais, algo mais sutil do que minhas missões anteriores. Gostaria de estar ligada ao corpo diplomático em uma função importante, mas a maioria dessas funções parece ser destinada a homens brancos. Eu não sou homem e tenho origens raciais mistas. Preciso de um mentor e de alguma experiência que conte. Ninguém em sã consciência pensaria que me associar a você e a esse papel que Stuart está inventando faz sentido. Mas acho que pode haver mais em você do que aparenta. Estou disposto a experimentar e investir algum tempo e esforço nisso."

"OK", disse O Salt, respirando fundo e tentando assimilar tudo. "Você ganhou o concurso de franqueza, mas tenho mais algumas perguntas. Primeiro, o que você quer dizer com estar ligado a mim? Não preciso de um assistente ou guarda-costas."

"Errado", disse ela. "Foi o que pensei no início, mas se o esquema maluco de Stuart funcionar, ele estará sujeito a um certo nível de risco. Voltaremos ao que Stuart quer. Ainda assim, suponhamos que ele consiga acalmar parte da turbulência diplomática global. Nesse caso, ele será visto como uma pessoa incômoda e perigosa por aqueles que se beneficiam da desordem - e há muitos deles, tanto nos EUA quanto no exterior. Ele pode ser o pior de todos, mas precisa de alguém que o proteja".

O Salt ganhou vida. "Uau", disse ele. "Eu nunca teria acreditado que haveria tanto perigo. Não dá para inventar essas coisas.

"Não estou inventando isso", respondeu ele. "Se ela tiver um sucesso, mesmo que modesto, estará interrompendo os esforços de pessoas como os russos, os iranianos e os norte-coreanos. A Rússia organizou o envenenamento de ex-espiões no Reino Unido. Certamente você conhece as histórias do assassinato por envenenamento de Litvinenko em 2006 e as tentativas, uma década depois, de envenenar outros dois, Sergei Skripal e sua filha. Só Deus sabe o que os iranianos fizeram por meio do ISIS e de outros meios, e o líder supremo da Coreia do Norte contratou mulheres para levar membros da família no aeroporto de Cingapura. A boa notícia é que ele não se acha bom o suficiente para fazer isso e, se estiver certo, não tem com o que se preocupar."

O Salt pensou por um momento, esfregando o queixo para se livrar da energia nervosa. "Mesmo que ela esteja certa, ela não parece ser o tipo de pessoa que gostaria de me seguir como carregador de malas.

"Espere um pouco", ela quase gritou. "Não sou a porra de um carregador de malas. Sou mulher, o que me faz parecer menos perigosa para alguns, o que é uma vantagem tática. Mas sou plenamente capaz de ser igualmente capaz de ser olhos e ouvidos atentos em reuniões delicadas, e você precisará disso. Portanto, saiba disso e fique feliz por eu estar disposto a participar e ser o segundo violino. Você será o maestro, mas eu serei o concertino, e um bom concertino.

Lutando para sair dessa confusão, O Salt rebateu: "Você viu meu arquivo. Preciso ver a sua.

"Não há nada a objetar", disse ele.

"Não estou sugerindo, nem por um minuto, que tudo isso faça sentido", disse O Salt. "Mas, supondo que faça, isso envolveria muitas viagens, presumivelmente juntas. Nesta era da 'ferramenta eu', como um homem branco e velho como eu pode se sentir seguro de ser acusado de assédio ou algo do gênero?"

Ele riu: "Você realmente é um dinossauro. As chances de você conseguir me obrigar a fazer algo que eu não gostaria de fazer são zero. Menos que zero. Você pode acabar em uma cama, mas será em um hospital. Relaxe".

O Salt sentiu seu rosto corar.

"Parece um bom lugar para passar o dia", sugeriu O Salt.

"Ainda não", disse ela. "Tenho ordens de não voltar sem entender onde está a cabeça dele em tudo isso, mesmo que seja no traseiro. É uma citação direta de Stuart."

"Muito diplomático", comentou O Salt. "Primeiro você diz que pode me bater e agora diz que posso ficar com a cabeça enfiada na bunda. Sinto-me como se estivesse tendo um ataque de hemorróidas nucleares. Ele é sempre tão suave? Tem certeza de que quer ser um diplomata quando crescer?"

"Sinto muito", disse ela. "Achei que conseguiria lidar com alguém que fosse direto."

"Vou superar isso", respondeu O Salt. "Você foi sincero comigo, então - também contra meu bom senso - vou ser sincero com você. Estou muito confuso sobre o que quero fazer com minha vida depois da aposentadoria, depois do casamento, depois de tudo o que me importava. Duvido que alguém consiga fazer o que Stuart tem em mente, seja lá o que for. Mas fiquei impressionado com os debates recentes sobre até que ponto nosso jogo de ioiô diplomático bagunçou as coisas para muitas pessoas comuns em lugares comuns. Talvez valha a pena tentar, se houver 2% de chance de ajudar.

"Se você quiser fazer isso, terá que se decidir rapidamente; há outros candidatos, mas você é o candidato preferido no momento, e você é o único candidato com o qual tenho afinidade, portanto estou do seu lado. Além disso, você é o único candidato com o qual tenho afinidade, portanto, estou do seu lado. O que mais você precisa?".

"O próximo passo", respondeu O Salt, "é eu conseguir permissão para voar para o Canadá com meu níquel para me encontrar com René Marchand, conhecido como Ray nos EUA e em Toronto, e conversar com ele sobre isso. Ray é advogado de um grande escritório de advocacia canadense, tem muita experiência diplomática e é um bom amigo desde os tempos em que trabalhou no Ministério das Relações Exteriores do Canadá e na delegação da ONU, e eu trabalhei no Departamento de Estado. Confio nele e respeito seu julgamento. Quero ver o que ele pensa sobre o mundo em geral, sobre as relações entre os EUA e o Canadá, sobre a Europa e sobre a ideia maluca de Stuart. A missão impossível é obter permissão para contar ao Ray. Para ser claro, não estou dizendo que vou fazer nada, mas estou pensando nisso. Se Stuart disser não, tudo bem e é compreensível, mas minha resposta será "não, obrigado". A propósito, Quero usar o sapato-fone criptografado que ela me deu para entrar em contato com o Ray. E não, você não está convidado para essa reunião. Mais uma vez, só para deixar claro, pagarei minha própria passagem para lá se conseguirmos liberar a reunião. Sem compromisso.

"É justo", ele sibilou. "Voltarei amanhã ou sábado." Percebendo que a tarde já havia acabado, ele disse: "Tenho que voltar para DC, mas gostaria de comer alguma coisa antes. Alguma sugestão?"

"Eu também gostaria de comer alguma coisa", disse O Salt, "mas ainda não há nada nesta casa. Siga-me até a cidade e faremos uma refeição rápida no restaurante local."

Enquanto O Salt e Louise estavam esperando para comer no Helen's, Margie entrou com uma amiga. O Salt pensou na frase de *Casablanca* em que Bogart diz: "De todos os bares de gim do mundo, ela tinha que escolher este". Ele apresentou Louise como uma colega e ficou surpreso com o fato de ela ter corado novamente. Louise percebeu.

Capítulo 14

O que tira o sono dos líderes locais

[14 de janeiro de 2021] [14 de janeiro de 2021

Sexta-feira, 22 de janeiro, foi a data do jantar de Margie. Antes de tomar banho e encontrar um casaco esportivo para usar em sua coleção de caixas, Salt passou o dia pensando no encontro com "Alexander Hamilton", no que ele disse que queria, no que provavelmente realmente queria, no que provavelmente realmente precisava e até onde Salt estava disposto a ir. Em seguida, os pensamentos de Salt se voltaram para a reunião com Stuart. Não havia muito o que pensar. Independentemente do que Stuart quisesse, O Salt precisava entrar em detalhes e garantir que eles concordassem com o que quer que fosse. Stuart delineou os desafios e as oportunidades reais, mas O Salt não se via como o médico que estava pedindo. E ele estava cansado, tanto mental quanto fisicamente. Ele não havia se inscrito para isso. Agora que pensava nisso, ele não havia se inscrito para nada. Como isso havia acontecido?

Ele chegou à pequena casa unifamiliar de Margie dez minutos depois das seis horas da tarde. O Salt não foi o primeiro a chegar, mas também não foi o último. Margie atendeu a campainha, abriu a porta e o cumprimentou: "Estou feliz por você ter vindo, O Salt. É um prazer poder apresentá-lo a alguns amigos bons e interessantes". Ela então mediu a temperatura dele com um dos novos termômetros eletrônicos e confirmou que O Salt estava bem. Ela também comentou que eles não violariam a regra do máximo de dez pessoas e que fariam o possível para se distanciar socialmente. Margie também perguntou gentilmente se O Salt precisava ou queria uma máscara. Ele viu que os outros não estavam usando máscaras e não queria se parecer com o Lone Ranger, especialmente porque sua temperatura estava normal, por isso recusou.

Margie apresentou O Salt a Mary e George Anderson. Mary era presidente do maior banco local, o Carterville Community Bank. George, menos extrovertido, aparentemente era uma espécie de empresário que também era professor. George e Mary eram obviamente inteligentes. Eles tinham dois adolescentes que estavam se aproximando da idade universitária.

Também interessantes foram Alan Greene, presidente da Carterville University, e seu parceiro, Angelo. Nenhum filho foi mencionado. Apesar do nome, a universidade era essencialmente uma faculdade de artes liberais com boa reputação. A designação "universidade" vinha do fato de a escola oferecer cursos de pós-graduação em ensino. Tanto Alan quanto Angelo eram muito extrovertidos. O Salt ansiava pelo que Angelo fazia para ganhar a vida. Alan era negro e sua especialidade era história, com foco na era da Reconstrução pós-Guerra Civil. Ele tinha opiniões fascinantes sobre o movimento Black Lives Matter e questões relacionadas, como o progresso feito (e não feito) desde a Reconstrução.

Bob e Betty Reardon eram um pouco mais reservados do que os outros. Bob era dono da concessionária GM local ("Venha me ver se precisar de um bom negócio em um caminhão para usar na fazenda"), e Betty se mantinha muito ocupada com quatro filhos e com as atividades da igreja católica local.

Havia também alguns outros ligados ao clube do livro de Margie ou à igreja metodista que ela frequentava. Como nunca gostou de nomes, O Salt não registrou os deles e eles não estavam distribuindo cartões de visita.

Devido à posse em 6 de janeiro e ao impacto contínuo da recessão e do movimento Black Lives Matter, a discussão durante um saboroso e saudável jantar de salmão inevitavelmente se voltou para a política e assuntos relacionados. O diálogo foi naturalmente estranho, pois os outros convidados tentaram descobrir qual era a posição de Salt no espectro político e como ele votava, tudo sem perguntar diretamente. Ninguém queria provocar o equivalente a uma briga de família na mesa de Ação de Graças. Por fim, O Salt reconheceu: "Sei que todos se perguntam qual é a minha política, dada a minha experiência no que o Presidente Pope costumava chamar de 'o pântano'. Não é nada empolgante. Quando trabalhei nos Departamentos do Tesouro e de Estado, eu não votava.

Eu simplesmente achava que era melhor ser apolítico. Tenho certeza de que isso me prejudicou em alguns aspectos, mas também me salvou em outros. Essa última eleição foi a primeira eleição presidencial em que votei em muitos anos - desde que saí do governo - e votei no presidente Evans. Sou basicamente um centrista chato.

"É isso aí! Eu disse a você que eles não tirariam nada disso", exclamou Margie ao passar a salada. "Você realmente tem que espremer as coisas". Todos riram educadamente.

"Bem", disse Mary Anderson, que estava claramente pronta para descarregar em alguém, "como banqueira, estou curiosa para saber sua opinião sobre a recessão, os programas de empréstimos comerciais em massa iniciados há dois anos e a direção das taxas de juros. As ações dos bancos subiram por um tempo e agora estão oscilando por todos os lados. Nós, banqueiros, ficamos loucos com a volatilidade, que pode afetar os resultados financeiros. Isso não poderia durar sem que a inflação fosse às alturas; agora eles deram uma reviravolta e aumentaram as taxas de juros no final do ano passado como se não houvesse amanhã. E é o Fed ou o presidente que está fazendo essas mudanças, sério? Meu Deus. Tudo isso significa, em primeiro lugar, que não podemos ficar tranquilos com a independência do Fed; em segundo lugar, que resta muito pouco pó seco se precisarmos fazer mais do ponto de vista monetário; e, em terceiro lugar, que é difícil para os bancos ganharem dinheiro atualmente. Passamos de uma curva de rendimento invertida, ou quase invertida, para um ponto em que a curva de rendimento se tornou quase irrelevante e agora está tendendo para cima. Ufa. E, é claro, o déficit federal disparou graças ao primeiro corte de impostos do presidente Pope e aos pacotes maciços de alívio da COVID e da recessão. Agora eu lhes pergunto, e lamento ser tão direto - como sempre sou - alguém consegue superar essa coleção de porcaria fedorenta?", perguntou ele retoricamente.

"Fico feliz em compartilhar meus pensamentos sobre essas questões", disse O Salt, "mas são apenas minhas opiniões e não têm muito valor. E eu não sou economista. É claro que o Presidente Pope também não era. Não tenho ideia se os aumentos das taxas de juros e as outras medidas importantes que estão sendo implementadas pelo Fed e pelo Tesouro são a coisa certa a fazer. Algo precisava ser feito para tirar a economia da correção, isso é certo.

Mas ainda é muito cedo para dizer. O mercado de ações às vezes parece dar a entender que as coisas estão indo na direção certa novamente. O que eu sei é que criar dúvidas sobre a independência do

Fed é algo terrível. Isso diminui a reputação do Fed e faz com que seja muito mais difícil para as pessoas, aqui e no exterior, dar a ele o benefício da dúvida. Preocupa-me o fato de não estarmos mais em posição de liderar esforços internacionais interdependentes para estabilizar a economia global. Em vez de liderar, somos apenas parte do grupo.

"Posso lhe garantir que, apesar de tudo o que o governo tem feito, as pessoas comprarão carros se o preço for razoável e elas puderem adquirir o veículo que desejam", comentou Bob, o revendedor da GM. "Apesar da inflação, por causa da situação da cadeia de suprimentos de chips de computador na Ásia, nosso setor não consegue entregar os carros aos revendedores com rapidez suficiente para atender à demanda reprimida."

Durante o intervalo, Margie pegou os pratos de salada e serviu o salmão, o arroz selvagem e o feijão verde enquanto a conversa diminuía.

Em resposta a Bob, O Salt disse: "Acho que a única boa notícia é que você conseguiu fazer empréstimos a taxas muito baixas no banco da Mary, em parte por causa dos programas especiais de empréstimos para pequenas empresas que foram implementados em 2020". Ninguém se referiu aos excessos desses programas.

"Bem", disse Mary, "ainda temos o enorme - e sim, eu quero dizer enorme - você ouviu isso aqui primeiro - problema da inflação ser alta, alta, alta, alta, as taxas de juros estão vagando por todos os lados, uma recessão real está chegando... veja minhas palavras, e não me diga que eu não o avisei sobre tudo isso". OK - terminei e, por favor, passe o vinho em minha direção. Oh, espere um minuto, e aquela maldita guerra na Ucrânia? Meu Deus! Temos nossos problemas aqui - onde quer que seja - e agora estamos enviando um tesouro - um grande tesouro - e todos os nossos melhores equipamentos para lá. É difícil imaginar a audácia dessas pessoas. Nosso povo não pode comprar um carro novo, e os ucranianos não aceitam nossas armas usadas.

"Eu diria que é um desastre", disse Bob, "Nossos agricultores, mesmo os pequenos agricultores de Carterville, dependem de um mercado transfronteiriço que funcione.

O Papa e suas tarifas sobre a China, a reação contra nossos produtos agrícolas, a recessão e agora a Ucrânia não estão me ajudando a vender novos caminhões para fazendeiros com grãos para transportar, mas sem ter para onde levá-los. Isso está claro. Todos nós sentimos essa tensão em um momento em que vemos o grande R - recessão - entrando pela nossa porta da frente."

Isso levou a uma discussão sobre os desafios apresentados pelo fluxo de mercadorias que entram e saem da Ucrânia e de outros lugares da Europa Central e Oriental. Warren, o homem das ferragens, tomou a palavra. "Todos nós sabemos que a China é um desafio para nós. OK. Leite derramado. Mas agora temos problemas para retirar trigo e outros gêneros alimentícios e hardware da Ucrânia, devido ao que equivale a um bloqueio naval no Mar Negro. Quem diabos já ouviu falar da Ucrânia? E agora vamos dar a eles uma mão livre para se juntarem à OTAN. E então, digamos que a Ucrânia vença a guerra depois de mais cinco anos e alguém derrote o filho da puta do Putin.

Isso chamou a atenção de Angelo. "Merda em letras maiúsculas", disse Angelo, "eu nem tinha pensado nisso. Puta merda. Acostume-se com os martelos de US$ 35. Estamos realmente tratando-os melhor do que se eles fizessem parte dos EUA. O que está acontecendo?" Você realmente acha que o bom e velho Tio Sam reconstruiria nossas casas se fôssemos bombardeados? Não. Bem-vindo ao mundo real. Escolha entre este trailer ou um dos apartamentos de blocos de concreto de um quarto que temos certeza que começarão a ser construídos antes do final do ano."

"É verdade", disse Mary, "sem citar nomes, posso lhe dizer que mais de alguns fazendeiros daqui estão perdendo o sono para sobreviver a mais um ano. É triste, e seus banqueiros também estão estressados." Com isso, os convidados finalmente voltaram sua atenção para o prato principal.

"Então, você está dizendo que as coisas internacionais afetam diretamente os negócios e o humor de ecossistemas financeiros relativamente remotos, como a área de Carterville?", perguntou O Salt enquanto Margie e os outros pegavam as entradas para o jantar.

"Sem dúvida", disse Alan Greene, presidente da universidade. "Vou lhe dar mais exemplos. Em um momento em que as tendências demográficas claras reduzem o número de futuros estudantes universitários nos Estados Unidos, a recessão e a segunda recessão que se seguiu exacerbam os problemas de acessibilidade, e muitas pessoas das classes média e baixa estão questionando a custo e valor de uma educação universitária. Estamos ofendendo governos e famílias de fora dos EUA que nos enviaram seus alunos. Muitos deles não conseguem obter vistos. E estamos lutando para oferecer níveis mais altos de ajuda financeira aos alunos nacionais.

Toda essa conversa sobre universidade gratuita e perdão de empréstimos estudantis, que se tornou o refrão geral do progressismo durante a última campanha presidencial e agora está ganhando força novamente, nunca acontecerá, mas a conversa tem seu efeito. Às vezes, a percepção é a realidade, pelo menos por um tempo. Tudo isso se soma ao fato de o governo ter aprovado uma lei tributária em 2017 que pouco faz para ajudar os necessitados, mas prejudica o nível de contribuições de caridade porque elas não são dedutíveis por aqueles que as normalizam. Eu poderia continuar, mas você pode entender por que vemos as coisas como muito interdependentes. Não é preciso ser um economista para perceber isso, mas nós os temos na universidade, isso é certo".

"Como está indo o seu registro?", perguntou O Salt.

"Uau", respondeu o Dr. Greene. "A realidade é que não sabemos de um semestre para o outro. Os pais ainda estão preocupados com coisas como testes adequados de COVID-19, crianças que moram em dormitórios e comem em grandes refeitórios, e se teremos que voltar à virtualidade com essas novas cepas de COVID, e agora estamos olhando para a varíola do macaco. Estamos prendendo a respiração para ver quantos alunos realmente aparecerão no segundo semestre, que adiamos em algumas semanas para dar mais tempo para a doença diminuir. Reconheço que as vacinas têm sido milagrosas.

Margie salvou o dia com uma espécie de sobremesa fria de chocolate. "Talvez", comentou O Salt, "precisemos fazer uma pausa nessa discussão, para que essa grande sobremesa não derreta em pedaços! Ainda nem chegamos às sanções e às novas cepas de coronavírus e varíola dos macacos.

Todos concordaram e se envolveram em uma conversa mais leve, suavizada pelo consumo de sobremesa e mais vinho.

No final da noite, O Salt foi um dos últimos a sair. "Espero que você não tenha se ofendido por ter ficado na zona-alvo a noite toda", disse Margie.

"Não, eu me diverti muito", diz O Salt. "Todos eram educados e interessantes, e aprendi algumas coisas. Além disso, a comida estava ótima e foi bom ver como é uma casa organizada. Fico lhe devendo um jantar, mas teremos que sair. Eu não cozinho; você sabe que eu não desempacoto nem limpo."

"Eu adoraria". Margie sorriu: "Há algumas pousadas rurais muito boas na região, onde você pode jantar bem. E não vou ficar enchendo você de perguntas".

"Ótimo", respondeu O Salt. "Isso não acontecerá imediatamente, pois posso ter que viajar em meu futuro próximo, mas você tem uma alternativa que funciona."

Capítulo 15

A agricultura no novo normal

[25 de janeiro de 2021] [25 de janeiro de 2021

Alguns dias depois, O Salt acordou de bom humor, mas pensativo, e começou o dia com duas xícaras de café e sem nenhum noticiário na TV a cabo. Ele ficou surpreso com o nível de sofisticação entre os participantes do jantar de sexta-feira à noite e um pouco sobre a força de seu contínuo desconforto. As opiniões de pessoas reais fora do anel viário foram revigorantes e esclarecedoras. Os participantes do jantar e os clientes da barbearia Georgie's deixaram claro que as pessoas estavam insatisfeitas com seu governo, independentemente de sua posição política. Elas estavam menos interessadas em fogos de artifício do que em confiabilidade. Talvez os democratas estivessem certos em não deixar o partido se desviar muito para a esquerda. O Salt achava que a maioria das pessoas de Carterville que ele havia conhecido era ligeiramente de centro-direita. Eles não queriam votar no Presidente Pope novamente, mas certamente também não estavam procurando revolucionários.

Os pensamentos de Salt foram interrompidos por batidas na porta dos fundos. Ele agradeceu a Deus por estar vestido quando acordou.

Jack Davis, o novo fazendeiro arrendatário de Salt, estava na porta. Jack perguntou a Salt se ele poderia dispensar alguns minutos, e Salt ficou feliz em atender e serviu café para cada um deles, chegando a três xícaras.

"Desculpe incomodá-lo, O Salt", disse Jack, "mas estou em apuros e preciso ser direto com você, especialmente agora que está se mudando para cá e tudo mais."

"Lamento ouvir isso, Jack, mas como posso ajudar?", respondeu O Salt. "Rescinda nosso contrato de aluguel da fazenda."

O Salt ficou sentado em silêncio por alguns instantes, tentando não parecer tão atônito. "Bem, Jack. Nosso contrato de aluguel tem menos de um ano e eu tentei ser muito justo com você. Qual é o problema?"

Jack suspirou. "É complicado, mas a versão resumida é que a agricultura não é mais uma maneira de os pequenos agricultores ganharem a vida. Quando se perde dinheiro em cada alqueire de grãos que se cultiva, não é possível compensar isso em volume. Quando assinamos nosso contrato de arrendamento no final de 2019, achei que poderia fazer isso, na verdade, distribuindo meus custos fixos em um número maior de acres. Isso deveria ter funcionado, mas o mercado é péssimo. As coisas já estavam ruins antes da COVID-19, e agora estão ainda piores devido a camadas de fechamentos, recessão e uma guerra comercial que não entendo e, além disso, a Ucrânia. Não entendo como diabos a Ucrânia pode causar tantos danos. Eu nunca tinha ouvido falar daquele lugar esquecido por Deus até um ano atrás. O que eu entendo é que não posso continuar como estou. Tenho que cultivar os hectares que tenho, fazer o melhor que puder e encontrar outro emprego para compensar o déficit. Não terei tempo para cultivar seus 150 acres e, mesmo que tivesse, isso só pioraria as coisas, a menos, é claro, que você queira me pagar para cultivar suas terras."

Depois de pensar rapidamente, incluindo o fato de que ele precisava de alguém para cuidar do que quer que estivesse no celeiro, O Salt perguntou: "Suponha, para fins de argumentação, que o mercado de grãos melhore. Você gostaria de arrendar a fazenda de volta?"

"Dependendo do contrato e das condições do mercado, sim", diz Jack. Mas é um grande "sim".

O Salt se enrijeceu um pouco. "Sabe, Jack, não preciso deixá-lo sair do contrato de arrendamento. Eu ia receber uma parte dos lucros, e não é tão importante assim se não houver lucro. Mas se eu o liberasse, estaria lhe fazendo pelo menos um pequeno favor."

"Eu entendo", disse Jack, "e acredite, não gosto de vir pedir favores. Fiquei acordado a noite toda pensando sobre essa discussão. Sou um homem de palavra. Mas, ao mesmo tempo, ir à falência é uma estratégia um pouco maluca. E você sabe que é provável que seja uma proposta perdedora para nós dois."

"E eu também entendo isso", respondeu O Salt. "Esta é minha proposta. Suspenderemos o arrendamento da minha fazenda por uma temporada de cultivo, digamos até 31 de outubro de 2023. Nesse momento, reavaliaremos e estabeleceremos o arrendamento para 2023-

24, rescindiremos ou mudaremos o acordo de alguma forma. Você manterá o celeiro e os equipamentos em troca do meu acordo. Se você quiser plantar minha fazenda ou parte dela, e se precisar desembolsar dinheiro para isso, discutiremos o custo de cada item, e eu cobrirei o custo acordado. Por fim, manteremos essa conversa em sigilo.

"Isso é mais do que justo e estou de acordo com isso." Jack sorriu: "Precisamos de algo por escrito sobre isso?"

"Não me importo de apertarmos as mãos, tocarmos os cotovelos ou nos curvarmos um ao outro hoje", disse O Salt. "Se quiser procurar um advogado, tudo bem para mim, e talvez você devesse, já que sou advogado, mas prefiro que isso seja resolvido entre vizinhos. E mesmo que você esteja aqui violando nosso acordo, estou disposto a confiar em você."

"Para mim, funciona", confirmou Jack, que continuou: "O Salt, você é de Washington e advogado, pode me ajudar a entender como essas tarifas sobre as coisas que entram e saem de outros países devem funcionar? Mesmo esquecendo os efeitos da recessão, a batalha tarifária com os chineses está matando muitos fazendeiros neste país e, uma vez que esses mercados são prejudicados, é quase impossível tentar fazê-los funcionar novamente."

"Fico feliz em tentar, mas eles podem funcionar com muitas variações e não são totalmente diretos, e há a teoria e a realidade", disse O Salt.

O Salt continuou explicando: "Suponha que o país A tenha uma economia controlada pelo Estado e um excedente de determinados produtos de metal e decida despejá-los nos Estados Unidos, baixando o preço abaixo do custo de fabricação. Uma das abordagens daqueles nos EUA que são prejudicados por esse tipo de comportamento seria acusar o país A do que é chamado de "dumping", ou seja, trazer produtos de metal baratos para o mercado, o que prejudica os produtores de produtos de metal dos EUA, mas ajuda os compradores de produtos de metal dos EUA. Supondo que o país A faça parte de um acordo comercial com os Estados Unidos ou seja um dos 164 membros da Organização Mundial do Comércio (OMC), o que significa que o país A é um dos países mais importantes do mundo. Organização Mundial do Comércio, os Estados Unidos poderiam registrar uma reclamação de dumping na Organização Mundial do Comércio.

Ou os EUA poderiam decidir que isso levaria muito tempo e poderia ou não resultar em alívio do dumping. Em vez disso, os Estados Unidos poderiam invocar a exceção de "segurança nacional" nos procedimentos de solução de controvérsias do tratado comercial, tomar medidas e impor uma tarifa sobre os produtos de metal vendidos nos Estados Unidos pelo país A.

A tarifa, na verdade, aumenta o preço dos produtos de metal do país A vendidos nos Estados Unidos e, em teoria, nivela o campo de atuação em um esforço para persuadir o país A a parar de tentar vender os produtos de metal nos Estados Unidos a preços artificialmente baixos. Mas funciona como um imposto sobre os compradores dos produtos de metal dos EUA.

"De onde vem o grão?", perguntou Jack.

O Salt continuou: "Em resposta à tarifa dos EUA sobre produtos de metal, o país A poderia retribuir impondo uma tarifa sobre outras mercadorias, como grãos, vendidas por produtores dos EUA a compradores do país A. A tarifa nivela um pouco o campo de jogo ao compensar uma redução no volume de produtos de metal de baixo preço vendidos pelo país A com uma redução no volume de grãos adquiridos pelos compradores do país A. A tarifa nivela um pouco o campo de jogo ao compensar a redução no volume de vendas de produtos de metal de baixo preço pelo país A com uma redução no volume de grãos adquiridos pelos compradores do país A. O país A entende a relação.

"Portanto, as tarifas, na verdade, prejudicam os produtores e compradores de grãos dos EUA no País A, prejudicam os vendedores de produtos de metal do País A e alguns compradores de produtos de metal dos EUA, ajudam alguns produtores de produtos de metal dos EUA e podem levar a várias rodadas de tarifas recíprocas ou outras contramedidas."

"Ugh", comentou Jack. "Parece que há muitas consequências não intencionais aqui em casa, nos bons e velhos EUA."

"Você entendeu a situação", comentou O Salt. "Há vários problemas com isso. Primeiro, na prática, a tarifa sobre produtos de metal pode ou não impedir o país A de praticar dumping. Em segundo lugar, os compradores norte-americanos dos produtos de metal em nosso exemplo pagarão, de fato, pela tarifa imposta pelos EUA por meio de um aumento de preço, de modo que a tarifa parece um imposto. Terceiro, o país A pode decidir impor contra-tarifas sobre outros produtos dos EUA, como produtos agrícolas, dando origem ao que é amplamente chamado de "guerra comercial".

Por fim, o país A poderia decidir compensar as tarifas manipulando a taxa de câmbio de sua moeda em relação ao dólar americano, de modo que o preço dos produtos de metal em dólares americanos, de fato, caísse e compensasse a tarifa.

"Está bem", disse Jack. "Acho que entendo isso em termos gerais, mas é complicado e não tenho certeza do que está acontecendo aqui."

"É justo", disse O Salt. "Então vamos nos aproximar mais de casa. Suponhamos, por exemplo, que o país A compre muito trigo dos Estados Unidos, na verdade, de agricultores como você. O país A se envolve em atividades, como o roubo de propriedade intelectual dos EUA, que os Estados Unidos querem desencorajar. Os Estados Unidos decidem, então, tentar mudar o comportamento do país A impondo tarifas, aproximadamente equivalentes a uma taxa de licenciamento razoável, sobre determinados produtos do país A, como eletrônicos de consumo que são importados do país A para os Estados Unidos. A empresa B responde reciprocamente reduzindo suas compras de trigo dos EUA ou impondo uma combinação de tarifas e cotas sobre o trigo dos EUA, o que prejudica os Estados Unidos, mas mais diretamente os agricultores que se beneficiaram das vendas para o país A. O comportamento do país A pode ou não mudar. Mas é quase certo que os preços do trigo dos EUA cairão drasticamente, e você conhece o resto da história melhor do que eu."

"Cara, ah, cara, parece que deve haver uma maneira melhor", comentou Jack.

"Você disse isso", respondeu O Salt, "mas lembre-se de que, no início da década de 2020, os EUA e a China assinaram um acordo comercial que, em teoria, deveria resolver algumas dessas questões entre eles. Mas então veio a pandemia da COVID-19, que os EUA culparam a China. Isso complicou uma situação que já era muito complicada. Sinceramente, foi difícil avaliar se o acordo comercial com a China estava no caminho certo ou não. Somente o tempo dirá qual será o resultado do novo normal, se é que haverá algum resultado. Enquanto falava, O Salt pensou em como

Jack estava certo e nas discussões provocativas de Margie durante o jantar. Talvez não houvesse como escapar dessas coisas.

No final da discussão, Jack claramente tinha mais um tópico para discutir. queria discutir. "Tem mais alguma coisa em mente?", perguntou O Salt.

"Bem, eu estava pensando", respondeu Jack. "Se você realmente quer saber o que a classe média dos Estados Unidos pensa, converse com um pastor bom e realista, não com um dos evangelistas da TV. Não há nada de errado com eles, mas você quer ter um tipo diferente de conversa sobre a congregação. Depois, vá a uma grande feira municipal ou estadual. Vá e ouça a América, a América real, falar. Descubra como os outros se sentem. Mas, aconteça o que acontecer, não diga a eles que você é um advogado de Washington e que está aqui para ajudar". Os dois riram.

Capítulo 16

Comentários da feira

[27 de janeiro de 2021] [27 de janeiro de 2021

Por recomendação de Jack, O Salt decidiu ir à "feira" para saber mais. Ainda era muito cedo para a maioria dos lugares realizarem feiras, mas havia um evento semelhante em uma das cidades do Meio-Oeste, a uma curta distância de carro pelas montanhas da Virgínia, Pensilvânia e Virgínia Ocidental. Uma viagem agradável, mas não tão relaxante quando se tem de enfrentar caminhões e uma mistura de chuva e neblina.

Ao entrarem em Ohio, a paisagem gradualmente se transformou de montanhas em colinas e terras agrícolas planas. As geleiras devem ter sido muito poderosas para moldar a paisagem de forma tão espetacular. No geral, foi uma viagem agradável, mas a gasolina não ficou mais barata à medida que eu seguia para o oeste.

Durante a viagem, O Salt trabalhou em seu discurso para fazer com que os outros falassem. Ele conseguiu: "A ideia no momento parece ser que os fazendeiros e outras pessoas do setor poderiam jogar pelo seguro do ponto de vista da COVID, sair de casa e do celeiro e tomar um pouco de ar fresco, e talvez sobreviver com os pelos do queixo. (Portar uma arma, especialmente um rifle de assalto, era menos provável que fosse a principal preocupação. Quanto mais ele pensava no assunto, menos O Salt gostava. Então, como na maioria das ocasiões, ele decidiu improvisar.

O "plano/sem plano" funcionou bem para alguns. O evento era muito menor do que uma grande feira, é claro, mas era interessante do ponto de vista do que estava acontecendo no setor agrícola, e O Salt não estava procurando algodão-doce e rodas-gigantes. Não parecia estar vendendo rapidamente os gigantescos discos/rodas que tinham uma impressionante envergadura de cerca de 35 pés. O mesmo acontecia com as enormes e também impressionantes colheitadeiras. Mas, diabos, essas máquinas eram tão grandes que você precisaria ter uma fazenda enorme só para ter espaço para elas darem a volta.

O desenvolvimento de colheitadeiras autônomas com preços razoáveis levaria tempo, mas esse tempo estava chegando.

Em outro estande, as "super sementes" (nome dado por O Salt a elas) estavam em exibição, e os vendedores explicaram o que suas sementes poderiam fazer em uma estação de crescimento reduzida pela COVID. Essas sementes eram resistentes e produziam plantas com características consistentes. E nunca se sabe: elas podem ser plantadas duas vezes em um ano. As sementes exigiam uma peça extra para os tratores, mas como o gerente de vendas, Marty, disse: "Não se preocupe com isso; você não precisa pagar por isso até três meses após a colheita". Naturalmente, as sementes eram caras. Quando perguntados, eles reconheceram que não vendiam muito dessa qualidade e disseram que tinham algumas linhas de produtos que ainda não haviam sido testadas, mas que pareciam ser mais produtivas e resistentes nos climas mais quentes e secos. A maioria dos produtos de sementes tinha diversas variedades, como as variações de vinho, baseadas em diferentes cepas ou tipos de uvas. O uso de diferentes raças de sementes em diferentes condições de cultivo também proporcionou características diferentes. A oportunidade era grande no sentido de que você podia comprar agora, plantar bem cedo e pagar mais tarde, depois de vender as colheitas. E, na exposição, o agricultor também podia conhecer novas qualidades de equipamentos, sementes, fertilizantes etc., sem ter que ficar esperando o início da próxima temporada de plantio.

"Essas sementes são consideradas 'geneticamente modificadas'?", perguntou O Salt.

"Sim, mas essa é uma resposta técnica".

"Isso não significa que eles não podem ser vendidos na UE?

"Sim, mas isso é por enquanto. Não pode durar muito tempo. E você não leu sobre a guerra na Ucrânia? Uma grande parte das terras agrícolas da Europa está na zona de guerra, e as plantações estavam sendo impedidas de entrar e sair de lugares como Odessa, onde os homens de Putin podem atirar nelas. O momento é ideal para nós por todos os tipos de motivos. Para ganhar dinheiro, é preciso correr alguns riscos.

Em relação às sementes, outro visitante perguntou: "as culturas devem ser rotacionadas de forma mais agressiva?

"Bem, isso é recomendado porque dizem que o crescimento extra vigoroso extrai mais do solo. Voçêsabe o que dizem, 'sem dor, sem ganho'."

Eles começaram a conversar com outro fazendeiro, "Max". Ele e sua esposa ("Mimi") estavam lá para ver uma apresentação de maquinário de alta qualidade. Max estava autêntico: chapéu de caubói de palha, macacão, botas que ele chamava de "shit-kickers" e bigode. O Salt comprou café para todos e começou. O Salt se apresentou e perguntou: "Eu estava me perguntando, Max, qual o tamanho que uma fazenda familiar precisa ter para ser viável hoje em dia?"

interrompeu Mimi: "Espere! Você acabou de usar a palavra 'viável'. Se está tentando entrar em uma discussão sobre aborto, esqueça. É um assunto delicado.

"Oh, não, de forma alguma, senhora", garantiu O Salt. O Salt explicou que era jornalista freelancer em tempo parcial e estava tentando aprender mais sobre o negócio agrícola com tudo o que estava acontecendo no mundo. Ele começou com o tamanho da fazenda. "Qual é o tamanho que uma fazenda familiar precisa ter para sobreviver economicamente? Já ouvi falar de 500 acres.

Max tomou outro gole de café enquanto pensava na pergunta de Salt. Em seguida, começou a falar. Antes de responder às perguntas, ele estabeleceu suas "regras de engajamento". Isso significava que não haveria citações, gravações, nomes ou fotos. O Salt disse que concordava com as regras, eles apertaram as mãos e Max começou com outro conjunto de regras. "Regra número 1: não estrague seu piso. Ponto final. Uma grande safra não vale a pena ter que deixar seu solo descansar por um ano antes de usar outro plantio não natural. Regra número 2: a UE é muito rigorosa com relação à modificação genética. E por que não? Não podemos cultivar e vender coisas que prejudicam as pessoas. Número 3: nossas margens são muito, muito pequenas no momento. Não podemos nos dar a esse luxo. E, finalmente, essa história de sementes mágicas é pura besteira. Fiz experimentos com algumas dessas coisas em um pequeno lote na minha fazenda - a única diferença real é que elas custam mais. Elas podem se dar bem em uma estufa. No mundo real, nem tanto.

O Salt tentou responder à sua pergunta sobre o número de hectares necessários. "Não", disse Max. "Talvez há 30 anos, mas não hoje. Suponho que esteja perguntando sobre uma fazenda de gado, não uma fazenda de gado leiteiro, e isso você quer cultivar muita ração. Nesse caso, o valor é de 1.500 hoje e aumentará a partir daí por causa da inflação. Vacas leiteiras? Elas precisam de menos espaço. O número de hectares depende muito do tamanho do rebanho. Para um rebanho de tamanho decente, talvez 350 acres, mas isso depende de muitas coisas. Qual é o nível da terra? É aberta ou tem muitas áreas arborizadas?

Quanto maior a fazenda, mais vacas você tem, mais ração e mais terra você precisa, você entende. É um círculo. Certamente há algumas eficiências de escala, mas menos do que você pensa. Você sabe, 95% das fazendas nos EUA são familiares. Mas 5% provavelmente têm mais área total do que 95%. É isso que acontece aqui. E as pessoas se perguntam por que os agricultores estão nervosos. Eles deveriam estar, e é por isso que alguns deles estão envolvidos com alguns desses grupos de direita que apareceram em DC em 6 de janeiro.

Outro visitante na multidão continuou: "O que as pessoas veem nesses grupos de direita?

Max esfregou o queixo e pensou por um momento. "Essas pessoas são como 95% de nós. Tudo o que elas querem é justiça: igualdade de condições com os ricos, a chance de ganhar um salário justo por um dia de trabalho justo, segurança econômica e física e um governo que as ouça de vez em quando.

O Salt achou Max direto, mas confiável. Então, ele fez a pergunta aberta e trouxe outra xícara de café para todos. "Como está a agricultura hoje em dia, em geral?".

"Tudo bem se você gosta de trabalhar mais e mais por cada vez menos", disse Max sem hesitar. "Todo mundo conhece os problemas da mudança climática. É por isso que os golpistas tentam vender sementes que não precisam de água. Até mesmo as coisas internacionais nos afetam. Por exemplo, as tarifas sobre os grãos vendidos para a China. É como um imposto sobre vendas que temos de pagar. Nenhum de nós queria ser Secretário de Estado; é um trabalho difícil. Mas não mexa com nossos mercados. As taxas de juros subiram muito e não tenho certeza para onde o Fed está indo. Gostaria que Pope ainda estivesse lá para mantê-los na linha; todos nós teremos mais dívidas. As pessoas gostavam do Pope porque ele parecia nos ouvir, não mexia no bolso dos outros, falava o que pensava, se preocupava com as outras pessoas e era louco o suficiente para que as pessoas pensassem que ele poderia fazer coisas drásticas. Ele tem problemas, mas quem não tem?".

O Salt comentou: "Você disse isso, Max".

Max apenas sorriu. "Desculpe, qual era sua outra pergunta? Ah, sim, o tempo está louco lá fora. Nunca vi nada igual.

Sementes, equipamentos, fertilizantes e derivados de petróleo são muito mais caros hoje em dia. Especialmente os fertilizantes. É inacreditável. Portanto, temos problemas para plantar, cultivar, vender e transportar trigo suficiente, embora um terço do mundo esteja passando fome. Temos mais colheitas do que sabemos o que fazer com elas e não podemos vendê-las para as pessoas que precisam delas. Por quê? Tarifas para a China. Sanções à Rússia, seja ela qual for, e à Ucrânia. Muitas outras. Olá mundo, acorde, porra. Max se levantou e disse: "Obrigado pelo café e por me ouvir. Agora vá fazer alguma coisa e não compre nenhuma dessas malditas sementes nucleares".

O Salt conheceu outro homem que vendia todos os tipos de máquinas agrícolas e industriais novas e usadas e cuidava do financiamento. Ele era negro. O Salt lhe fez novamente a grande pergunta: "O que o senhor acha do governo hoje?

"Não sou inteligente o suficiente para responder a isso", disse ele. "Sei que não estou orgulhoso. Embora eu conheça algumas pessoas que foram a Washington em 6 de janeiro e se envolveram em coisas horríveis no final, não as culpo. Lembre-se daquele filme em que o apresentador de TV enlouquece, coloca a cabeça para fora da janela e grita: 'Já tive o suficiente e não vou mais aguentar isso'. É assim que me sinto, mas não sei o que fazer a respeito. Uma coisa tem que acontecer: temos que sentir que este país é melhor quando trabalhamos juntos. No momento, parece haver muito do que costumávamos chamar de "força centrífuga", mas para que nossa democracia funcione, precisamos pensar e agir juntos. Preciso pensar que estou melhor com todos os elementos deste país - inclusive policiais brancos - do que sem eles. Mas acho difícil acreditar que minha família esteja melhor vivendo em um país que vende fuzis de assalto para crianças com conteúdo racista na Internet. A questão do negro/branco, as armas, os terroristas domésticos... tudo isso é produto do atrito e de quem está fazendo isso e quem não está. Os homens negros estão cansados de ter que ter "a conversa" com seus filhos adolescentes. Não sabemos o que está acontecendo em Washington, além da política suja, mas nos sentimos esquecidos. Tenho certeza de que é assim que nos sentimos nas grandes cidades também. As pessoas falam em melhorar nossa democracia; não sei o que isso realmente significa. Mas sei como funciona uma parceria. É disso que precisamos neste país. Será que vivemos em estados diferentes, ou melhor, em países diferentes? Na maioria das vezes, eles parecem universos diferentes.

Capítulo 17
Reverendo Dr. Sherman

[31 de janeiro de 2021] [31 de janeiro de 2021

O Salt não tinha ido à igreja recentemente, e era embaraçoso ter de fazer muitas perguntas sobre igrejas - ou gerar muitas sugestões. Por fim, ele seguiu o conselho de Georgi sobre onde aprender mais sobre a comunidade. Pareceu a O Salt que suas regras para essas discussões tinham de ser honestas, mas não oferecer muito e permanecer no controle o tempo todo. Ele achava que poderia não entrar em nenhuma discussão se começasse com o fato de ter trabalhado para o governo por muito tempo.

Ele decidiu que sua história - em parte verdadeira - era que ele havia sido criado como um metodista ultraconservador, mas foi desencorajado por coisas como desencorajar as crianças a jogar cartas, ser negativo em geral sobre [insira a religião ou denominação de que você não gosta, mas não a sua], jogar cartas mesmo sem dinheiro ou com dinheiro falso (ele nunca entendeu como o Monopoly conseguiu uma isenção), dançar na igreja sem ser quadrilha, e o inferno e a condenação que certamente viriam para ele, não importa o que acontecesse. Ele achava que o livro do Apocalipse era o começo e o fim da Bíblia. Portanto, O Salt tinha uma formação metodista ultraconservadora de longa data. Pode não ter sido justo, mas estava lá.

Ele apareceu no que acabou sendo a igreja de Margie no domingo seguinte, 31 de janeiro, após a posse. Apesar de ter que ouvir os comentários sobre o dia 6 de janeiro, com bom humor e no final do culto, que parecia racional - e não muito longo - ele ficou por lá e se apresentou ao Reverendo Dr. Timothy Jefferson Sherman (também conhecido como "General Sherman", o cara que marchou com um exército pela Geórgia, um cara não muito popular no Sul depois da Guerra Civil). O nome do meio "Jefferson" ajudou.

Pelo menos até que nomes confederados como Jefferson Davis saíssem de moda, e alguns generais da União também fossem expulsos. O

Dr. Sherman claramente conhecia a área por dentro e por fora com base no sermão.

Na fila da recepção após o culto, Salt se apresentou como novo na área e perguntou se o General (como era chamado o Dr. Sherman) poderia arranjar um tempo para dar a O Salt uma visão geral da Igreja e da área. O General, que de perto tinha uma notável semelhança com Morgan Freeman em sua aparência física e voz estrondosa, disse que sim e que as terças-feiras geralmente estavam abertas à tarde. Estava combinado. O Dr. Sherman então perguntou a O Salt: "A propósito, você é o recém-chegado à área que Margie Hatcher mencionou para mim?

O Salt respondeu timidamente: "Quem sabe com certeza, já que ela não mencionou isso para mim. Mas ela é uma pessoa muito legal, já me apresentou a algumas pessoas e faz ótimos biscoitos.

"É ela", disse o Dr. Sherman, "vejo você na terça-feira à tarde".

O Salt foi até seu carro e, com certeza, viu Margie do outro lado do estacionamento. Eles se cumprimentaram, mas não se falaram.

O Salt pensou muito sobre a reunião de terça-feira e se deveria cancelá-la. O Dr. Sherman provavelmente pensaria que ele era uma espécie de ogro, um maluco, ou ambos. Era preciso tanta coragem para cancelar quanto para ir, então ele tomou o caminho de menor resistência imediata e não cancelou.

O Salt chegou às 14:00 em ponto, e o Dr. Sherman o fez esperar no escritório por alguns minutos enquanto ele terminava de falar com outro membro da congregação. Depois de algumas palavras educadas, O Salt ficou cada vez mais desconfortável com tudo aquilo. Ele desabafou: "Sinto muito, Dr. Sherman, mas consegui essa reunião sob falsos pretextos e garanto que não vou incomodá-lo novamente". Ele se levantou e foi em direção à porta.

O Dr. Sherman gritou com uma voz grave que parecia ter saído de uma sarça ardente em uma montanha: "Espere, irmão. Estou feliz que tenha vindo, pois Margie me disse há alguns dias que queria que eu o levasse para uma reunião de alguma forma. Ela não quer se intrometer, mas achar que você está tão apertado quanto uma cabeça de tambor e que pode explodir.

"A perda recente de um cônjuge amado, mudar-se muito rapidamente após a morte, chegar a uma área que você conhece mais ou menos, mas onde não conhece ninguém, uma época ruim do ano para se mudar, não poder usar sua nova churrasqueira, encontrar um emprego estranho etc.". Ela está certa. Não será sua culpa se você explodir de puro estresse. Portanto, vamos chamar essa reunião de "Margie", que não está manchada por sua trapaça. Relaxe, tome um pouco do meu chá especial, converse livremente e deixe de besteira. Que tal?".

"Eu tenho escolha?

"Na verdade, não, mas raramente faço reféns. E, a propósito, lembre-se de que eu não tenho a capacidade de cobrir esta discussão com o privilégio advogado-cliente, mas o privilégio padre-penitente ainda está vivo e bem e é usado, de uma forma ou de outra, na maioria dos lugares. Toda a nossa conversa deve estar sujeita a esse privilégio, a menos que concordemos de outra forma".

"Em todo caso, fale. Diga-me quem você é e por quê.

Para sua surpresa, O Salt começou a conversar e continuou por cerca de 45 minutos. O Dr. Sherman interrompeu algumas vezes para direcionar a conversa, mas o fez de forma leve.

Quando terminou seu relato honesto, O Salt olhou para o relógio e disse: "Jesus, comecei a falar e nunca mais me calei. Sinto muito mesmo. Estou falando há uma hora e desperdicei sua tarde inteira. Estou surpreso; isso foi um pouco como uma entrevista de segurança. Não creio que tenhamos entrado em questões delicadas, mas acho que devo perguntar se o senhor tem autorização, Dr. Sherman.

"Sim, mas é tudo o que posso dizer sobre isso". O Salt ficou surpreso, e visivelmente.

Eles se entreolharam em silêncio e, depois de um longo minuto nesse estado, o Dr. Sherman disse: "Minha história é bem simples. Cresci no centro da cidade, era conhecido por ser inteligente e sabichão, e era bom na quadra de basquete quando prestava atenção, talvez por ser alto e talvez porque algumas pessoas achavam que eu me parecia um pouco com Bill Russell (é claro que vocês, brancos, acham que todos os negros são iguais)", ele deu uma risada, "mas Bill Russell estava bem para mim.

Tive a sorte de ter como mentores sérios dois ministros que, por algum motivo, estavam dispostos a tentar me convencer a fazer algo por mim mesmo.

Consegui uma bolsa de estudos do Exército quando fui para a faculdade e entrei para os rangers ao mesmo tempo, passei seis anos no programa duplo e depois mais quatro anos em tempo integral com os rangers, e depois fui para o seminário porque minha cabeça ia explodir - como a sua agora - se eu não me estabelecesse de alguma forma. Depois do seminário, trabalhei como pastor assistente em várias igrejas e cheguei aqui, não exatamente no melhor lugar. Mas temos um ótimo coral, e isso faz com que as pessoas voltem.

"Muito bem", concluiu o Dr. Sherman, "isso é o suficiente por hoje. Pense sobre isso e nos encontraremos novamente em algumas semanas.

Mais uma dica: Margie é muito popular aqui.

Não o machuque. Ponto final.

"Entendi", respondeu ele, indo em direção a um drinque e um prato de hambúrguer no Helen's Place. Em homenagem a Margie, ele começou com uma salada.

Capítulo 18
Reunião noturna da igreja com a FL

[4 de fevereiro de 2021].

O Salt achou que deveria comparecer ao próximo culto da igreja à tarde, e assim o fez no dia 4 de fevereiro, uma quinta-feira. Ele não compareceu com ninguém, embora tenha cumprimentado Margie enquanto caminhava.

A congregação era modestamente diversificada em termos raciais, e os cultos estavam sempre moderadamente cheios. Era uma igreja antiga, construída há 75 anos, com os típicos tijolos vermelhos das congregações mais abastadas, muitos objetos antigos colocados por toda parte para mostrar a história da igreja, alguns vitrais, bancos de madeira bonitos e duros o suficiente (sem almofadas) para dificultar o sono e um ótimo órgão antigo. Do fundo da igreja, que era onde O Salt se sentava, como sempre, ele via principalmente cabelos brancos e grisalhos.

Na procissão de abertura, o coral e o Dr. Sherman caminharam do fundo do santuário até a frente e, quando chegaram à frente e se viraram, ficaram surpresos ao ver, no fundo do santuário, cerca de 15 homens com a cabeça coberta de azul, à maneira da Ku Klux Klan, mas claramente diferenciados da KKK, em uma fila na parte de trás dos bancos. Alguns carregavam armas pequenas, mas não se via nenhuma arma longa.

O Dr. Sherman pressentiu que poderia haver problemas, por isso, antes do início da procissão, pediu ao técnico do time de softball da igreja que levasse até o vestíbulo no centro da igreja algumas sacolas que eles usavam para carregar seus tacos de softball. Quando o rapaz se aproximou, ele estava carregando principalmente tacos de whiffle ball. O Dr. Sherman perguntou ao garoto se ele sabia quem era Teddy Roosevelt. "Sim, acho que sim. Ele foi presidente ou algo assim."

"Certo", disse o Dr. Sherman, "e você sabe o que ele disse sobre se envolver em brigas?"

"Não".

"Bem", disse o Dr. Sherman, "Roosevelt disse que, em situações como essa, é preciso falar baixo e carregar um grande bastão. Portanto, desça as escadas e me traga aquele taco de beisebol de madeira com o nome de Hank Aaron na ponta". O garoto recebeu a mensagem e o taco.

O Dr. Sherman confrontou os visitantes e disse que a Igreja sempre recebia visitantes e convidou o grupo a se sentar.

Seu líder respondeu: "Não estamos aqui para orar; estamos aqui para conversar.

"Bem", disse o Dr. Sherman, "isso também é bom, mas como muitas pessoas estão aqui para adorar, por favor, permita que aqueles que quiserem sair possam ir".

"Boa ideia", disse o líder, e disse ao líder do outro grupo, e ele e os outros se afastaram para permitir que cerca de dois terços do outro grupo saíssem. Margie e Salt permaneceram onde estavam, mas com Salt indo em direção aos sacos de morcegos. Enquanto isso, o Dr. Sherman tirou e colocou de lado o roupão, a capa e outras evidências de seu papel como ministro. Sem camisa e sem calças e segurando o bastão que havia pegado, o Dr. Sherman disse: "Bem, o que podemos fazer por você? Pode se sentar e orar conosco. Por favor." Nenhum dos visitantes se moveu, mas o líder deu um passo à frente.

"Obrigado", disse o Dr. Sherman, "declaro este culto concluído, sem qualquer interpretação de que o que se segue ocorre durante um culto da igreja ou a mando da igreja". Enquanto falava, ele se desfez de seu kit de ministro e pegou um taco; o Dr. Sherman deixou duas coisas claras: o culto havia terminado; estava em muito boa ordem. Então, o Dr. Sherman disse: "Olhe, se você realmente quer falar, tem que tirar as armas".

"Bem", disse o líder, "ficou muito claro para nós que vocês não querem realmente conversar. Vocês querem nos bater. Ouça, os Filhos da Liberdade não saem por aí batendo nas pessoas. Não gostamos de opressão. ('Claro que sim', disse o grupo quase em uníssono). E nossa reputação iria para o inferno se fizéssemos o que quiséssemos com um grupo de eclesiásticos que são, em média, 20 anos mais velhos do que nós ('Pode apostar'). Portanto, vamos fazer o seguinte.

Vamos libertá-lo porque acreditamos que não corremos mais perigo e lhe enviaremos uma lista de exigências ('muito boa ideia, OK')".

"OK", disse o Dr. Sherman, "mas o que será uma lista?

O líder do grupo pensou por um momento e disse: "Lá vem você de novo, causando problemas. Exigimos que você receba nossa lista". ('Droga').

"Tudo bem", disse o Dr. Sherman. "Se for esse o caso, vamos buscá-la. E mais uma coisa. Os jornais locais vão nos ligar para falar sobre essa reunião. Vamos dizer que tivemos uma reunião pacífica e concordamos em receber alguns documentos de vocês antes de outra reunião, se acharmos que seria útil." O Dr. Sherman então gritou: "Vocês ouviram isso? Se a imprensa ligar, é só isso que vamos dizer".

Os membros da igreja murmuraram: "OK", e o líder do grupo disse aos seus seguidores: "Encaminhe-me à imprensa, e eu direi apenas que tivemos uma reunião e conseguimos tudo o que pedimos". O grupo então saiu em silêncio.

O Salt se aproximou de Margie e sorriu: "Depois de um incidente como esse, eu gostaria de tomar um drinque e comer um pedaço de bolo de chocolate".

"Parece bom para mim", disse Margie. "Vim de carona até aqui e preciso de uma carona para casa."

"É um acordo", disse O Salt.

Eles foram até a casa de Helen para tomar um drinque de vinho da Virgínia e comer um bolo, e depois O Salt deixou Margie em casa. Não houve nenhuma conversa séria, a não ser sobre os Filhos da liberdade . E era difícil saber o que dizer sobre eles. O Salt só conseguiu juntar duas palavras no caminho para a casa de Helen: "Merda".

Capítulo 19
Verificação da realidade canadense

[8 de fevereiro de 2021].

Louise passou em seu primeiro teste com louvor ao obter aprovação para viajar ao Canadá, então O Salt ligou para se encontrar com Ray Marchand no Canadá. Ray dividia seu tempo entre os escritórios de seu escritório de advocacia em Montreal e Toronto. O Salt pediu duas ou três horas em uma das cidades para tratar de um assunto altamente confidencial que não envolveria nenhuma receita para o escritório. Como era de se esperar, Ray disse que poderia se desmarcar na segunda-feira à tarde em Toronto.

Na segunda-feira de manhã cedo, O Salt dirigiu até o aeroporto de Dulles, embarcou em um pequeno jato regional que estava em operação apesar do coronavírus e da recessão, aterrissou em Toronto, passou pela alfândega, pegou um táxi, percebeu que o motorista estava usando uma máscara, colocou a sua própria e, em seguida, enfrentou o inferno do trânsito que era a Gardiner Expressway do aeroporto até o centro de Toronto. Ele ficou feliz por ter reservado bastante tempo para o trânsito. Depois de comprar um sanduíche em uma loja no prédio de Ray e colocar a máscara novamente, ele pegou o elevador até o 43º andar e esperou. De repente, parecia uma ideia maluca novamente - como ele poderia explicá-la racionalmente e quem acreditaria que a ideia tinha alguma chance de sucesso? Ainda bem que ele havia escolhido um velho amigo para experimentar.

Ray entrou no saguão do escritório e o cumprimentou com uma voz estrondosa; mesmo através de sua máscara, seu prazer em ver O Salt era evidente. "Estava ansioso para vê-lo e compartilhar anedotas sobre a política americana. O que há?

"Não há nada que possamos discutir em sua área de recepção", alertou O Salt.

Eles foram para uma pequena sala de conferências.

Depois de se acomodarem em uma sala de conferências pequena, mas confortável, com uma excelente vista e tomarem uma xícara de café, O Salt e Ray Eles trocaram gracejos e, em geral, conversaram entre si.

O Salt perguntou sobre a opinião dos canadenses sobre seu jovem primeiro-ministro após o recente fracasso do Canadá em conquistar uma cadeira no Conselho de Segurança da ONU (perdendo para a Noruega e a Irlanda), se ele prevaleceria na próxima eleição, o que isso significava para as relações entre os EUA e o Canadá e como os canadenses reagiram aos primeiros dias do tratado USMCA que substituiu o NAFTA.

Quando terminaram de colocar a conversa em dia, Ray disse: "O Salt, antes de entrarmos nos detalhes do que quer que seja que você tem na agenda, preciso lhe fazer algumas perguntas. Primeiro, sobre algo que aconteceu há pouco mais de um ano, mas, considerando tudo o que está acontecendo, parece que foi há muito tempo. Estou me referindo ao movimento Black Lives Matter e ao que está acontecendo em seu país em termos de questões raciais e violência armada. O uso das forças armadas para limpar o Lafayette Park durante os tumultos de George Floyd no verão passado foi assustador: parecia mais a Rússia do que o outro lado da rua da Casa Branca. E então, no maior contraste possível, temos o dia 6 de janeiro. Meu Deus. Depois de fazer uma pausa, Ray continuou. Muitos de nós não conseguem entender como os Estados Unidos chegaram até aqui. No Canadá, nos sentimos um pouco como o irmão mais novo de um irmão mais velho que foi condenado por um crime. Não entendemos e estamos perdidos sem esse irmão mais velho.

"Bem", disse O Salt, "como um velho branco que provavelmente tem alguns ossos racistas em seu corpo, não sou o mais qualificado para falar sobre esse assunto, mas temos que reconhecê-lo e tratá-lo como a situação vergonhosa que é. Precisamos melhorar em todos os sentidos. Precisamos melhorar em todos os sentidos. Abordar a criação de perfis e a brutalidade policial é apenas um ponto de partida, e um ponto relativamente fácil. Ainda não fomos longe o suficiente nesse aspecto. Essas questões e nossas deficiências urgentes de infraestrutura podem significar que precisamos do que equivale a um Plano Marshall para os Estados Unidos.

O Salt continuou: "Quanto ao dia 6 de janeiro, não é realmente compreensível à primeira vista. Não sei mais do que você, pois não vi nada que não tenha aparecido na TV. Acho que o comitê especial do

Congresso fez um excelente trabalho de alto nível. Não vejo como o Departamento de Justiça pode se esquivar, mas o tempo dirá. É difícil ler o Procurador-Geral. Mas ele tem princípios; na verdade, continuo lamentando que não está na Suprema Corte, outra questão espinhosa que poderíamos discutir por horas em outro momento.

Voltando à questão racial, nunca tentei explicar dessa forma antes, mas vamos pensar em dois museus em Washington, o Museu do Holocausto e o Museu Nacional de História e Cultura Afro-Americana. Ambos são evidências de tratamento racial vergonhoso com enorme repercussão no mundo. Essas coisas fazem você se perguntar: como isso pode ter acontecido? Ir ao Museu Afro-Americano leva você a conhecer a experiência dos negros por mais de quatrocentos anos no que hoje são os Estados Unidos. A história nos ensina que, em grande parte, os Estados Unidos foram construídos sobre as costas dos negros. Mas, devido à nossa história, o compartilhamento das oportunidades representadas pelos frutos desse trabalho não tem sido justo.

"Houve muitas conquistas notáveis e reconhecidas dos negros nos EUA, mas a questão é que eles precisam superar não apenas a concorrência, mas um terrível histórico de preconceito que cria barreiras de todos os tipos. Há um preconceito racial sistemático nos Estados Unidos. E esse é o ponto. Todos nós precisamos entender isso. Isso provavelmente nunca será totalmente remediado, mas com seu arco-íris de apoiadores, o movimento Black Lives Matter pode forçar uma maior equidade. O movimento deve ser amplo, determinado e bem-sucedido. Isso é importante. Chegou a sua hora e, a longo prazo, esses manifestantes estão prestando um grande serviço aos Estados Unidos".

É interessante que você tenha levantado dois tipos de questões recíprocas: Black Lives Matter (Vidas Negras Importam) e 6 de janeiro, que poderia ser chamado de 'White Lives Matter' (Vidas Brancas Importam) ou várias variantes disso. Não posso me aprofundar muito sobre o dia 6 de janeiro, mas ele só acaba quando termina".

Depois de alguns momentos de silêncio, Ray respondeu. "Obrigado. Talvez essa seja uma maneira útil de começar a pensar sobre isso. Vamos mudar de marcha e passar para uma terceira questão: como, em nome de Deus, os EUA erraram tanto na resposta à COVID-19? Estamos aqui no início de 2021, essencialmente quinze meses após o início da pandemia, e os EUA ainda estão lutando contra o que equivale a uma terceira ou quarta onda da doença sem entender realmente o que está acontecendo, enquanto os países de segundo e terceiro escalão se saíram tão bem ou melhor. Os EUA têm os melhores epidemiologistas do mundo e investiram bilhões na doença sem conseguir controlá-la. E, além disso, há uma recessão maciça e perda de empregos. Como isso é possível? Todos nós esperamos que um ou mais desses as vacinas funcionarão, mas só o tempo dirá, eu acho".

O Salt foi rápido em responder. "Uma palavra: liderança. Talvez algumas outras, como política divisiva e falta de vontade das pessoas de fazer sacrifícios por um bem maior por mais de dois meses sem uma boa liderança." E talvez algo mais difícil de entender: um desejo profundo de dizer a alguém que ele pode se ferrar e que eu não vou receber nenhuma injeção para provar ao mundo que não preciso deles e que posso tomar minhas próprias decisões.

"Muito bem", disse Ray, "agora vem o grande dia, 6 de janeiro". O Salt se recostou e sorriu.

"Acho que eu deveria ter recebido um documento informativo sobre isso. Como eu disse antes, a verdade é que você sabe tanto quanto eu. Não tenho nada além de documentos informativos políticos. Os principais jornais dos EUA estão fazendo um bom trabalho sobre isso e, em algum momento, veremos o relatório do comitê especial. Tudo o que posso dizer é que parece que algumas pessoas da administração de Pope desempenharam algum tipo de papel, levará muito, muito tempo para descobrir, e será uma grande história. O fato de o vice-presidente ter concluído o processo do Colégio Eleitoral, que deveria ter sido feito em 6 de janeiro, é muito importante. Além disso, temos que ficar atentos.

"Bem", disse Ray, "o dia 6 de janeiro foi incrível para aqueles que o viram na TV aqui, o que é praticamente todo mundo, e a mídia conta tudo sobre ele. Entendo que você não está aqui para falar diretamente sobre nenhuma dessas questões, mas como amigo e no interesse da franqueza, tenho que dizer que as visões políticas racistas e anarquistas da direita e também as coisas malucas que saem da boca de alguns de seus ultraprogressistas são assustadoras. Os editorialistas daqui se perguntam o que está reservado para a democracia americana nos próximos anos - será que vamos acrescentar um impeachment americano ao nosso check-up médico anual e à colonoscopia? Essas coisas diminuem muito a capacidade dos Estados Unidos de recuperar seu papel de liderança no mundo. Os Estados Unidos estão diminuídos por essa história que você descreve e pelos eventos atuais relacionados. As pessoas estão apenas balançando a cabeça.

"Bem", respondeu O Salt, "você sabe que essas coisas não são fáceis de controlar. Temos o nosso Presidente Pope, que se foi, mas não se foi realmente, e você tem que lidar com o seu jovem PM. Portanto, a USMTC parece ter tido um bom começo. Veja, já estamos de acordo em alguma coisa.

Agora temos que passar para outros aspectos da política americana, que é sobre o que estou aqui para falar, mas com regras básicas importantes. Ray, odeio fazer isso, mas tenho de dizer desde já que, se você não aceitar as regras básicas, eu entenderei perfeitamente e poderemos ir direto ao ponto".

"Está bem, amigo, coloque-os", respondeu Ray.

O Salt começou, falando lentamente. "As regras básicas são, primeiro, que essa reunião nunca aconteceu e que você não vai escrevê-la; segundo, que nunca discutimos o assunto dessa reunião antes de ela se tornar pública, se é que isso aconteceu; e terceiro, que você não pode compartilhar o conteúdo da reunião com o governo canadense, onde sei que você tem muitos amigos bons e confiáveis, a menos que eu autorize. Você e o Canadá terão uma vantagem, mas não uma vantagem exclusiva. Em troca, seguirei as mesmas regras, exceto que posso compartilhar o conteúdo dessa reunião confidencialmente com Stuart Bacon, que sabe que estou aqui, com um colega da CIA com quem trabalharia e com o presidente Evans."

"Hmm", murmurou Ray. "Bem, você certamente despertou minha curiosidade. Agora que você diz que é do seu jeito ou de jeito nenhum, acho que não tenho escolha, mas é melhor que seja bom. Para equilibrar, preciso poder discutir o assunto geral, seja ele qual for, em sigilo com nosso ministro das Relações Exteriores. Sem detalhes e nada por escrito.

"Obrigado, Ray", respondeu O Salt, que, sem pensar, estendeu a mão para apertar a dele e depois a retirou rapidamente. Ambos sorriram com o gesto. O Salt então começou a repassar o esboço básico que Stuart Bacon havia compartilhado com ele. Em seguida, O Salt disse: "Tenho duas perguntas básicas para você, Ray: qual é a sua avaliação do status diplomático, da influência e da credibilidade dos Estados Unidos, e esse esquema maluco tem alguma chance de melhorar as coisas?

"Bem", disse Ray lentamente, "há muitas camadas nessa história. Portanto, vou fazer o que os americanos só fazem às vezes quando dizem que vão contar as coisas como elas são. Vou fazer isso de verdade.

"Em primeiro lugar, os Estados Unidos são considerados um tanto racistas e xenófobos. Já discutimos que o racismo e a natureza xenófoba de seus As políticas de imigração fazem com que a Estátua da Liberdade chore sob sua máscara. Não há mais conversa.

Em segundo lugar, há uma preocupação genuína com a estabilidade do governo. Até hoje, o ex-presidente Pope está dando seu selo de aprovação a determinados candidatos. Por que, em nome de Deus, alguém se preocuparia com o que sua mente distorcida pensa dos candidatos? Esse é um elemento do fator confiança. Você poderia pensar que a perda de Pope teria compensado grande parte da preocupação, mas então você tem Pope, que não está na cadeia e fazendo discursos políticos. Como pode haver um fator de confiança quando algumas pessoas e parte de sua mídia acham que Pope deveria estar na cadeia e outros o fariam presidente amanhã, e tudo isso quando você tem um presidente atual que é um bom sujeito, mas que pode não ser renomeado por seu próprio partido quando não há um sucessor óbvio: inacreditável.

Em terceiro lugar, o fator confiança. Se isso fosse um negócio, você diria: "não podemos negociar com essas pessoas". Embora haja confiança no presidente Evans, esses outros fatores significam que ninguém, e eu quero dizer ninguém, tem mais confiança de longo prazo nos Estados Unidos. Não temos confiança em sua palavra, não temos confiança em suas ações, não temos confiança em seus motivos, não temos confiança em suas políticas, não temos confiança em seu povo, não temos confiança em seu cumprimento. Vamos supor que o Presidente Evans seja mais ou menos o que pensamos que ele é: um homem decente, embora ingênuo, no meio do caminho. Uma boa administração não é suficiente para dissipar a dúvida. A confiança se dissolve muito mais rápido do que se forma. Se o presidente é digno de confiança, ele pode ser reeleito? Quem e o que virá depois? Como sua política é tão confusa e dividida, ninguém sabe. A política dividida resulta em um governo dividido, tanto na administração quanto no Congresso. E há muita fanfarronice e promessas que não poderiam ser cumpridas, mesmo que o promissor quisesse.

Pense por um momento se você fosse alemão ou húngaro. Se você fosse alemão, perderia o gás natural russo no inverno e teria filhos com frio por causa da guerra ucraniana. Se você fosse húngaro, poderia ou não. Então, em qualquer caso, você mantém um cobertor extra e o chama de Presidente Evans para que a criança se sinta mais segura? E quanto aos migrantes da Ucrânia que você acolhe? Por fim, temos os resultados da administração do Papa, que causou a redução do corpo diplomático. Ninguém sabe quem ficou e quem está estável. O corpo diplomático dos EUA parece uma sombra de seu antigo eu. É claro que restaram algumas pessoas muito boas e leais - e elas são muito boas - mas não o suficiente. Em algumas áreas, a infraestrutura diplomática precisa ser reconstruída quase do zero. Sem querer ofender, mas isso diz muito sobre o fato de Stuart ter decidido trazer você, que é apenas uma pessoa de fora, para começar a corrigir algumas coisas. Além disso, há o fato de que ninguém se sente confortável com a leitura atual que ele faz da situação, nem com a estabilidade dela. A última administração parecia limpar a casa de tempos em tempos para eliminar a dissidência. Como estarão as coisas daqui a um ano?"

Ray respirou fundo e continuou: "Pense em todas as coisas das quais os EUA desistiram, ameaçaram ou criticaram: o Acordo Climático de Paris; a Parceria Transpacífico; a OTAN; o acordo nuclear iraniano; as negociações da Organização Mundial da Saúde e da Organização Mundial do Comércio com a Rússia sobre o novo tratado de redução de armas nucleares START; até mesmo a UNESCO, pelo amor de Deus. Nada é seguro. Países de verdade não fazem esse tipo de coisa. Uma coisa é dizer que algumas coisas estão erradas e precisam ser consertadas. Outra coisa é tuitar insultos regularmente e abandonar tratados em um simples tuíte Inacreditável.

Aqueles de nós que estão fora dos Estados Unidos terão que mostrar que a liderança é diferente, que há apoiadores no eleitorado e no Congresso, sangue novo no corpo diplomático, estabilidade e credibilidade e um plano de sucessão. Até o momento, o apoio à guerra na Ucrânia é um sinal positivo. Esperemos que a Europa não se canse dessa guerra tão cedo.

Ray continuou na mesma linha por uma hora ou mais, incluindo detalhes sobre assuntos nos quais o Canadá tinha um interesse particular. O Salt interrompia de vez em quando com uma pergunta ou objeção cuidadosamente formulada. Seu pai havia lhe ensinado a não discutir com uma pessoa irritada, e Ray estava aproveitando a oportunidade para descarregar em O Salt.

"Bem, eu pedi", reconheceu O Salt. "E você me deu, embora eu tenha notado que você não reclamou da falta de acompanhamento dos EUA na compra da Groenlândia." Reconhecendo a A profundidade do problema é apenas o primeiro passo; como começamos a resolvê-lo?

Ray pensou por alguns minutos. "Como eu disse antes, não há atalhos aqui. Você pode começar, mas não haverá milagres. Comece desfazendo o máximo de danos desnecessários que puder. Seria útil se o NAFTA fosse refeito como o acordo comercial EUA-México-Canadá, ou USMCA, com algumas mudanças benéficas. Ele implora por um retorno ao tratado da Parceria Transpacífico e ao acordo climático de Paris e para deixar clara sua devoção à OTAN. E, a propósito, isso não significa que você tenha que comprar seu caminho para um lugar melhor; outros países devem pagar sua parte justa. Pense de forma criativa sobre o Irã, embora isso possa não ser recuperável. Parem de piorar as coisas em Jerusalém. E, sim, deixar a Groenlândia em paz é ótimo.

Em seguida, mostre ao mundo que está levando a sério a reconstrução da sua equipe e da sua imagem, começando a preencher os cargos de embaixadores importantes, membros fortes do corpo diplomático ou outras pessoas sérias. Pare de tentar transformar grandes doadores em embaixadores. Você não pode se dar a esse luxo neste momento, embora os grandes doadores não estivessem mais a salvo de serem eliminados durante o governo do presidente Pope.

Livre-se de todas as contas do Twitter. Ponto final.

Colocar ordem na imigração dos EUA. Sei que é muito difícil, mas, nos últimos anos, isso criou uma enorme mancha na imagem dos Estados Unidos, que eles não podem permitir.

Acostume-se com a ideia de que, em termos de economia, mudanças climáticas, terrorismo, segurança cibernética e muito mais, os Estados Unidos não são mais independentes, mas interdependentes. Um primeiro entre iguais cada vez mais próximos, por assim dizer. Os Estados Unidos não são mais uma ilha particular. Não podem mais realizar muito unilateralmente.

"Antes de entrar em um avião para ser o consertador diplomático secreto itinerante, certifique-se de saber até onde o Presidente Evans irá nesse sentido. A pior coisa para você seria prometer demais e entregar de menos para os países que encontrar. A única coisa que você tem a seu favor é que poucos se lembram de você, e os que se lembram ainda o veem como um atirador direto. Não perca isso. Peça ao presidente para confortá-lo nessas questões.

E, a propósito, meu amigo, você também pode deixar claro que não está disposto a fazer isso para sempre, porque esse é o tempo que levará.

"Então, isso vai funcionar? Não em curto prazo. Pode ajudar a longo prazo se eles não traírem você. Você não vai se livrar dos últimos quatro anos, isso vai levar muito tempo. Seria um começo, poderia ajudar e não faria mal."

No final de uma intensa discussão que acabou sendo mais bilateral, O Salt agradeceu a Ray e disse: "É por isso que eu precisava falar com você. Estou muito agradecido.

"O que mais posso fazer por você?", perguntou Ray.

O Salt hesitou por um momento e depois disse: "Há outra coisa que gostaria de perguntar: o que o Canadá acha da Organização Mundial da Saúde atualmente?

"Meu Deus", disse Ray. "Por que você pergunta sobre isso? É importante, mas você já tem uma longa lista de questões diplomáticas altamente visíveis para pensar. Mesmo com a COVID-19 ainda pairando sobre nós, eu não me envolveria com controvérsias da OMS como prioridade."

"Agradeço", respondeu O Salt calmamente. "É uma questão pessoal. Minha esposa, Meredith, era enfermeira e contraiu o vírus durante a pandemia. Se eu assumir esse outro assunto, devo a ela ver se os sistemas mundiais de resposta a ameaças à saúde podem ser melhorados."

Ray respondeu com cautela. "Não sei o suficiente para comentar, mas farei algumas ligações discretas. A OMS não se enalteceu com a COVID-19, mas não sei se foi a China, a OMS, o governo do Papa ou todos eles que erraram."

"Obrigado, Ray", disse O Salt em voz baixa. Eles terminaram com uma conversa muito mais normal e votos de felicidades.

O Salt tinha muito em que pensar no caminho de volta para casa. A última coisa que ele precisava era de mais aborrecimentos, mas a Gardiner Expressway para o aeroporto na hora do rush o fez lembrar do trânsito de Washington.

E, para piorar a situação, ele se esqueceu de que passaria pela alfândega dos EUA no aeroporto de Toronto, não da maneira correta, e teve que correr para não perder o voo. Ele ficou sentado em silêncio durante o curto voo, tentando digerir o que tinha ouvido de Ray e pensando nos próximos passos. Pouco depois de aterrissar no início da tarde, ele decidiu passar a noite em Tysons, Virgínia, perto de Langley. Ele ligaria para Louise e tentaria encontrá-la naquela noite em algum lugar tranquilo onde pudesse questioná-la e obter sua reação. Ele precisava conversar com alguém e, naquele momento, ela era a única pessoa na face da Terra com quem ele poderia fazer isso.

Capítulo 20
Técnica de abordagem

[8 de fevereiro de 2021].

Eles se reuniram em um canto tranquilo de um restaurante em McLean. A multidão da noite cinzenta estava diminuindo rapidamente, e eles podiam se sentar a uma distância social e evitar usar máscaras depois de sentados. O Salt estava muito cansado, mas precisava comer alguma coisa, relaxar e ter alguém com quem conversar. Louise chegou alguns minutos depois dele e pediu uma reunião. O Salt começou a falar, ajudado por um garçom mascarado que lhe trouxe um Manhattan, que Salt bebeu em um gole, e um copo grande de água, que ele engoliu.

O Salt começou perguntando a Louise se ela já havia assistido ao filme Get Smart e se entendia o significado da frase "cone do silêncio". Ela respondeu afirmativamente. "Ótimo", disse O Salt, "porque agora estamos em um cone de silêncio muito seguro. Isso não vai até Stuart, a menos que concordemos com isso, certo?" Ela concordou.

O Salt abriu a discussão fazendo um resumo de sua conversa com Ray. Ele então disse: "Louise, tenho que ser honesto. Não vejo como esse projeto vai funcionar. Há problemas sérios aqui que não podem ser resolvidos nem mesmo durante um mandato presidencial de quatro anos. No início, achei que isso poderia envolver um compromisso de quatro meses. Mas é muito mais do que isso. E seria necessário um apoio de alto nível para reuniões fora dos Estados Unidos e compromissos de mudança que pudessem ser cumpridos de forma confiável. Não tenho certeza se o Presidente Evans e Stuart podem cumprir. Posso acabar parecendo um idiota maior do que realmente sou.

Louise ficou quieta por um momento. Olhou para O Salt e percebeu que ele estava estressado e que o show estava sendo realizado com suporte de vida. Ela tentou ser reconfortante. "Vamos começar com o que podemos controlar. Não podemos controlar o fato de que isso vai exigir um esforço mais longo e contínuo do que você imaginava, se é que posso falar com confiança. É assim que as coisas são.

Para dar andamento ao esforço, você precisa de mais detalhes sobre a doutrina Evans - ou como queira chamar a política externa do presidente - do que sabe agora e, se houver sobreposição suficiente de pensamento, extrair algumas promessas. Vamos pensar no que você precisa.

Louise tirou um envelope da bolsa, pegou uma caneta e escreveu "Princípios Necessários" no topo. O garçom veio e eles pediram outra rodada de bebidas e alguns petiscos. Em seguida, começaram a trabalhar no envelope.

Começaram de forma ríspida, com O Salt pontificando sobre o que era necessário e Louise percebendo que ele precisava desabafar. À medida que a discussão avançava, ela se opunha com mais frequência e mais veemência. No final, eles decidiram limitar os Princípios Necessários de O Salt a dez, depois a onze e depois a doze. Não foi fácil.

Essa foi a primeira iteração da lista:

Princípios necessários

1. Stuart Bacon é o Secretário de Estado ou Diretor de Inteligência Nacional.

2. A Pepper não está nos organogramas, mas se reporta diretamente a Bacon e ao Presidente Evans, incluindo acesso direto razoável a Evans.

3. Diplomatas profissionais serão nomeados como embaixadores em lugares como Canadá, Reino Unido, França, Alemanha, Rússia, China, Austrália, Índia, Turquia, Japão, Israel e México, à medida que as atribuições existentes forem expirando.

4. Tentativas de boa fé para aderir novamente ao Acordo Climático de Paris.

5. Tentativas de boa fé para voltar a participar da Parceria Transpacífico (TPP).

6. Uso muito mais limitado de tarifas.

7. A Ucrânia - não tenho certeza se há um papel para o Salt - receberá muita atenção.

8. Apoio incondicional à OTAN.

9. Conversas sobre controle de armas com a Rússia (após a Ucrânia).

10. Uma abordagem nova e diferente para a Coreia do Norte, coordenada com a Coreia do Sul e o Japão.

11. Retomar as negociações de boa fé com o Irã e as partes do acordo nuclear (Plano de Ação Conjunto Abrangente).

12. Compromisso de restabelecer a equipe profissional de alto nível no Departamento de Estado.

"Bem", disse Louise, "isso certamente é uma reviravolta. E a ideia de que o Presidente pode cumprir todos os pontos não é fácil. Mas algumas coisas são fáceis. Por exemplo, a equipe do Departamento de Estado, por exemplo. Isso não é um problema. Mas as embaixadas, por outro lado, são outra história. Você sabe que muitas delas - não todas - já foram prometidas a grandes doadores. É difícil imaginar o Presidente Evans pegando o telefone e ligando para um grande doador - chame-o de "Jack" - que já se comprometeu com Londres e dizendo: "Jack, tenho boas e más notícias. Temos um cara de quem você nunca ouviu falar que está prestes a desperdiçar dois anos de sua vida em uma missão diplomática impossível. Temos que entrar no jogo, e ele diz que não aceitará a missão a menos que coloquemos um funcionário profissional no comando da embaixada em Londres. Como resultado, ele não precisa se mudar para Londres e conhecer a rainha e tudo o mais. Mas temos algumas oportunidades muito interessantes para você escolher. E se nos ajudar a reduzir a dívida da campanha, sempre há a Noruega ou o Caribe". O presidente vai dizer: "O Salt, você não conhece meu doador Jack e não sabe nada sobre a realidade dessas coisas". E esse será o fim desse exercício. Acho que a Ucrânia está fora dos limites, não há nada para fazer lá em silêncio, e talvez possamos pegar algumas bolas perdidas em outro lugar."

"Acho que esse é um bom resultado. O Salt acenou com a cabeça.

Louise respondeu: "Por via das dúvidas, vamos chamar o verso do envelope que estamos usando de 'Envelope A'. Começaremos um novo resumo nesse guardanapo de coquetel e o chamaremos de 'Guardanapo B'. Vamos ver onde pode estar a oferta. Eles começaram a examinar a lista e discutiram cada ponto, ponto por ponto.

Para surpresa de Salt, Louise tomou a iniciativa dessa vez.

Talvez tenha sido o álcool.

"Stuart precisa ser Secretário de Estado", disse ele. "Diretor de Inteligência Nacional é muito limitador. Você precisa de Stuart para ajudar a movimentar a burocracia do Departamento de Estado ou o que restou dela quando necessário. E você precisa ser capaz de entrar no Salão Oval quando necessário, portanto, o número dois está bom como está. Como já discutimos, o número três, a questão do embaixador, não vai a lugar algum."

"Mas isso poderia ser um forte sinal antecipado para os principais países, e é fácil de fazer do ponto de vista logístico", protestou O Salt. "Você provavelmente encontraria apoio bipartidário no Congresso."

"Supere isso", respondeu Louise. "Pense em outra coisa.

O Salt tomou outro gole de seu Manhattan e pensou por alguns minutos. "Vamos exigir que, no G7 e em outros países selecionados, haja uma pessoa sênior aceitável para mim, que será lida no projeto e se reportará diretamente a Stuart, não ao embaixador. Esse projeto estará fora dos limites para nomeações políticas".

"Vale a pena tentar", respondeu Louise. "Os pontos quatro, cinco, seis e onze devem ser aceitáveis em sua forma atual. Os pontos quatro, cinco e seis faziam parte da plataforma de Evans, e Stuart insistirá no ponto onze. Que tal o ponto sete e a OTAN?"

Bem", disse O Salt, "incondicional" é uma palavra forte. E se dissermos "forte apoio à OTAN, o que não significa que paremos de pressioná-los a pagar os gastos com defesa" ou algo assim? Louise deu um sinal de positivo, pois isso já estava sendo trabalhado. Não havia motivo para não ter algo na lista. Mas O Salt e Alexander sabiam de vários projetos importantes que não estavam indo a lugar algum. Será que algum deles poderia ser recuperado? Pepper e a equipe precisavam de coragem e disciplina para abandonar coisas que pareciam atraentes no início, mas que não estavam avançando com rapidez suficiente. Eles precisavam de vitórias antecipadas.

"Tudo bem", respondeu Louise. "E as negociações de controle de armas com a Rússia e a fixação pela Ucrânia?

"Importante, mas além do escopo deste trabalho e muito além de nossos meios", reconheceu O Salt.

"Feito", disse ele. "Agora, os mais fáceis, Coreia do Norte e Irã".

"Não sei", disse O Salt. "Estou muito cansado e bebi demais para enfrentá-los. Não há respostas. Apenas digo que o contato com esses países deve ser coordenado de perto com os aliados. Isso é tudo o que podemos dizer, mas essas questões terão destaque nas discussões com muitos países, especialmente aqueles que apoiaram sanções agressivas. Mas precisamos incluir na lista, quando apropriado, as negociações do Novo START com a Rússia".

"Vamos dar uma olhada no Guardanapo B agora", sugeriu Louise. E assim eles fizeram:

Princípios necessários - Guardanapo B

1. Stuart Bacon é Secretário de Estado.

2. Pepper não está no organograma, mas se reporta diretamente a Bacon e ao Presidente Evans, a quem tem acesso direto razoável.

3. No G-7 e em outros países selecionados, será estabelecido um contato direto com a embaixada, aceitável para a Pepper, que informará a Pepper e o Secretário de Estado sobre esse projeto; o projeto não será compartilhado com nomeados políticos.

4. A Pepper fica fora da Ucrânia, a menos que seja convidada para pequenas missões.

5. Tentativas de boa fé para aderir novamente ao Acordo Climático de Paris.

6. Tentativas de boa fé para voltar a participar do TPP.

7. Uso muito mais limitado e seletivo de tarifas (com exceção da Ucrânia).

8. Forte apoio à OTAN, sem excluir a pressão sobre os gastos com defesa dos países-membros. Favorável à ampliação da OTAN.

9. A abordagem à Coreia do Norte deve ser coordenada de perto com os aliados, especialmente a Coreia do Sul e o Japão.

10. O envolvimento com o Irã deve ser coordenado de perto com aliados e partes do acordo nuclear iraniano (Joint Comprehensive Plan of Action), do qual os EUA se retiraram, e ficar fora das guerras no Oriente Médio.

11. Compromisso de fortalecer a equipe de profissionais sênior no Departamento de Estado.

12. Reforma imigratória abrangente, significativa e racional.

13. Progresso rápido em direção à retomada das negociações do Novo START sem exigir a participação da China.

"Tudo bem, por enquanto", disse O Salt, "mas preciso dormir sobre o assunto. Ligarei para você pela manhã. Desculpe-me por perguntar, mas não tenho computador, você pode digitar e limpar um pouco? Duvido que o presidente se impressione com um guardanapo. A verdadeira questão agora é, supondo que ele ainda esteja disposto a tentar fazer alguma coisa, qual é o meu próximo passo? Reunir-me com Stuart?"

"Não", disse Louise sem rodeios. "Precisamos nos reunir com o presidente e Stuart o mais rápido possível e pessoalmente. Você precisa descarregá-los com as informações do Ray em Toronto, mostrar-lhes a lista do Napkin B e ver como eles reagem. E, se isso for para valer, precisa ser o quanto antes, com certeza. Agora, descanse um pouco e me ligue pela manhã".

Quando estavam saindo do restaurante, O Salt pediu que o lembrassem onde ficava o Marriott mais próximo e, ao se despedirem, acrescentou: "A propósito, faça-me um favor e não jogue esses guardanapos fora. Talvez eu queira emoldurá-los um dia... ou triturá-los".

Capítulo 21
Negociações de guardanapos

[9 de fevereiro de 2021].

No dia seguinte, O Salt ligou para Louise no que ele agora chamava de "telefone de sapato" e disse a ela que estava disposto a se encontrar com o Presidente e Stuart e avaliar a resposta deles ao seu relatório sobre o Canadá e o B Napkin. Ele perguntou se Louise poderia marcar a reunião. Sua resposta foi um pouco fria. "Não, é uma reunião que você precisa marcar. Me avise sobre o que você combinar".

"Desculpe-me", disse O Salt. "Achei que você insistiria em estar lá."

Louise estava fazendo uma queima lenta. "Sim, mas você tem de fazer isso acontecer sem que eu pareça o guardião de sua agenda. Isso é um teste. Não estrague tudo."

O Salt ligou para Stuart e deixou uma mensagem pedindo uma reunião com Stuart e o Presidente, da qual Louise também participaria. Stuart retornou a ligação várias horas depois, irritado com o fato de o Presidente ter um emprego diurno que não envolvia reservar tempo para O Salt quando lhe convinha. O Salt respondeu: "Sinto muito, mas achei que era uma prioridade. Ligue para mim quando houver uma vaga disponível. Enquanto isso, vou voltar para a fazenda e desempacotar algumas caixas.

"Não faça isso até que eu volte a falar com você", exigiu Stuart. "Sabe, vai ser difícil fazer isso funcionar se você mora a duas horas e meia de distância."

"Sim, a vida é uma droga, mas é a minha vida. E a maioria dos países com os quais você quer que eu fale não está em nosso fuso horário, e os voos sairão de Dulles, que fica mais perto da fazenda do que o Reagan National." Após a ligação, Salt decidiu dar um passeio pelo Tysons Mall, que ele não visitava há anos, enquanto aguardava a ligação de Stuart. Ele ficou surpreso com o fato de o shopping estar vazio, tanto de pessoas quanto de lojas. A pandemia de COVID-19 e a recessão tinham aprovou claramente uma lei de cobrança. Havia muitas placas dizendo "aluga-se".

O Salt não tinha certeza, mas com base nas poucas vitrines que viu, parecia remotamente possível que seu guarda-roupa estivesse desatualizado. Mas ele tinha várias roupas feitas em Hong Kong e decidiu que não iria se desfazer delas.

Stuart ligou de volta em algumas horas. Eles haviam combinado de se encontrar com o presidente às nove horas do dia seguinte. Stuart o aconselhou a ficar no hotel de McLean e, embora ele estivesse por perto, Stuart disse que eles deveriam se encontrar em um clube particular em DC naquela noite para que pudessem se preparar. "Terei que levar Louise", disse O Salt.

"Claro que sim", respondeu Stuart. Parecia que ele estava dentro.

Louise foi de carro e eles se encontraram com Stuart às 19h30 em um canto de uma sala de jantar pouco movimentada. Cada um deles pediu algo leve e começaram com uma garrafa de pinot noir. O Salt começou contando sobre seu encontro com Ray em Toronto. Stuart não pareceu surpreso, reconhecendo que diplomatas de outros países haviam lhe dado palestras semelhantes, embora menos contundentes. Mas a versão de Salt sobre o Canadá foi outro alerta. Stuart estava em modo de vendas.

"Porra, se achássemos que era fácil, não teríamos pedido a você", comentou Stuart.

"E se eu achasse que era fácil, não estaria fazendo essas exigências", disse O Salt calmamente.

Stuart voltou à vida. "Uau. O que você está pedindo?

"Olhe, Stuart", disse O Salt, "antes de ficar com raiva, veja as coisas do meu ponto de vista e do ponto de vista de outros países. Não posso me colocar em uma situação em que represento a posição dos EUA sobre a questão X como a solução A, quando a solução A não é viável nos Estados Unidos. Se isso acontecer, serei um homem morto. Além disso, preciso conhecer a posição dos EUA sobre as principais questões antes de decidir se vou tentar fazer algo de bom aqui. Preciso me proteger de antemão. E as mesmas preocupações são compartilhadas por Louise".

"Mostre-me a maldita lista", rosnou Stuart.

Louise lhe entregou a versão datilografada do Guardanapo B. Stuart começou a ler e começou a se inquietar.

Stuart olhou para Louise. "Louise, você acredita nessa lista ou O Salt está esfregando sal em feridas abertas - sem trocadilhos?

"Eu concordo", disse ele.

"Eu tinha medo disso. Eu poderia me queixar e reclamar, mas isso não seria produtivo. É preciso olhar para isso em dois níveis. Francamente, o presidente provavelmente concorda com a maior parte do que foi dito. Portanto, o presidente e eu podemos apoiá-lo em um nível. Mas há um segundo nível que é uma realidade. O presidente não pode agir - ou parecer agir - unilateralmente em várias dessas questões. Há o apoio do Departamento de Estado - a propósito, obrigado por votar em mim como Secretário - mas tenho certeza de que você não tem direito a voto. E há também o Congresso disfuncional. Podemos conversar com o Presidente sobre suas principais políticas, e eu lhe direi o que penso, mas não podemos permitir que você divulgue a posição do Presidente sobre essas coisas antes que ele tome uma posição pública. Também temos que protegê-lo, pelo amor de Deus".

Em seguida, examinaram a lista ponto a ponto e discutiram as questões, as nuances e os problemas práticos. Ficou claro que, entre os fatores importantes para todos na mesa e para o Presidente, estavam (1) com quem O Salt e Louise interagiriam, (2) se essas pessoas tinham a boca solta e (3) com que intensidade O Salt e Louise articulariam a posição do Presidente em várias questões. Além disso, havia os fatores X, Y e Z: como isso aconteceria nas eleições de meio de mandato, a mais de um ano de distância, se essa operação provavelmente viria à tona durante as eleições de meio de mandato (sim) e, em caso afirmativo, como o Congresso, seus aliados e seus eleitores reagiriam, e se eles precisavam que alguém da equipe fosse responsabilizado e, em caso afirmativo, quem. Essa é provavelmente uma questão em aberto: quem está disposto a assumir uma responsabilidade pela equipe se tiver de haver um sacrifício?

"Puxa vida", disse Louise, "acho que você precisa melhorar seu discurso de recrutamento, Stuart".

Todos na mesa sabiam que O Salt, como um forasteiro semi-aposentado que não era conhecido por muitos entre a intelligentsia diplomática, seria um candidato brutal.

"Isso é muito desagradável", disse Louise ao grupo. O Salt apenas levantou a mão docilmente. "É melhor do que um pelotão de fuzilamento, suponho."

Quando estavam terminando, Stuart simplesmente disse: "Obrigado. Vou me encontrar com o presidente do conselho às nove horas e o verei às nove e quinze. O máximo que teremos é 9:45".

Louise deixou O Salt no Tysons Marriott. Não havia muito a dizer. Além disso, O Salt não estava a fim de dar a ela a chance de comentar sobre o guarda-roupa dele. No fundo, ele já sabia o que ela pensava.

Capítulo 22
Entrada da ala oeste

[10 de fevereiro de 2021].

O Salt foi buscar Louise pela manhã e eles chegaram à Casa Branca às nove horas. Depois de medir a temperatura, esperar quinze minutos e colocar as máscaras, elas foram conduzidas ao Salão Oval. Aquele escritório, por si só, era intimidador. Era óbvio que o Presidente Evans não havia terminado de entrar, mas isso não diminuiu o espanto. O Salão Oval era o Salão Oval, afinal de contas, e era muito parecido com o que aparecia na televisão. O Salt se perguntou como diabos ele havia chegado lá. Stuart estava lá, e o Presidente era jovial e acolhedor. Talvez o Presidente fosse uma pessoa matinal. Eles trocaram gracejos, mas o Presidente não estava muito interessado em conversa fiada hoje.

"Vamos direto ao ponto, pessoal. Agradeço por ter conversado com seu colega do Canadá, O Salt, e pelas ideias descritas em seu artigo sobre o Plano B. E entendo por que você precisa que eu o apoie, caso contrário, acabaremos com sua credibilidade, que é o que você traz para a festa, O Salt. Então, veja, três coisas. Primeiro, eu seria louco se fizesse algo que destruísse a missão. Em segundo lugar, dei uma olhada em seu artigo e concordo com o que está descrito. Acho que temos que deixar a questão da imigração de lado por enquanto porque ninguém sabe ainda o que é uma reforma abrangente da imigração, portanto, não faz sentido. Em terceiro lugar, não posso tornar públicas minhas posições sobre essas outras questões agora. Essa é uma realidade política. Você se concentra, com razão, nas questões internacionais. Eu entendo isso. Mas somente os cidadãos americanos votam em nossas eleições, e temos muitas questões domésticas que simplesmente caíram em nosso colo, incluindo a COVID-19, a recessão, o déficit e o Black Lives Matter. Isso me lembra a antiga música de Johnny Cash, "fifteen tons and what do you get, another day older and deeper in debt" (quinze toneladas e o que você ganha, outro dia mais velho e mais endividado). Não dizemos mais "América em primeiro lugar", mas a realidade é que as questões domésticas, como a saúde, o fim da recessão e o movimento Black Lives Matter, precisam vir em primeiro lugar.

Olhe, você pode representar honestamente a minha posição de modo que ela seja consistente com o seu esquema, mas se alguém a vazar, talvez eu tenha que negá-la. Negação plausível". "Sim", disse o presidente, olhando para O Salt e suspirando, "não precisamos gostar disso, mas estamos aqui para o bem maior. Isso significa que temos de ter muito cuidado com quem falamos e o que dizemos a quem. Por fim", concluiu o Presidente, "sou totalmente a favor de tentar manter essa equipe fora da Ucrânia. Ela já está engolindo pessoas. Isso é tudo", finalizou. "Preciso saber amanhã ao meio-dia se você está disposto a assumir essa missão. Se não, tudo bem. Se sim, precisamos ir em frente. A propósito, entendo o fato de ter acesso direto a mim. Tudo bem, mas a realidade é que Stuart e eu pensamos da mesma forma. Seu primeiro ponto de contato deve ser o Stuart, mas se precisar falar comigo, nós o colocaremos em contato, como fizemos hoje. Além disso, quero receber atualizações regulares. Tenha um bom dia.

Ficou claro que eles estavam sendo dispensados. Mas O Salt ainda não havia terminado.

"Há mais uma coisa, Presidente Evans", injetou O Salt. "Que outra coisa?", perguntou o presidente.

O Salt olhou pela janela de modo que seu rosto não ficasse visível para os outros e disse: "Tenho que acrescentar mais um item à agenda do Plano B.

Stuart e Louise engoliram. O Presidente fez uma cara de interrogação.

Com os olhos úmidos, O Salt voltou-se para o Presidente. "Minha esposa, Meredith, morreu no ano passado de coronavírus enquanto trabalhava como enfermeira em um grande hospital no norte da Virgínia. Ela foi enfermeira por muitos anos, mas há mais alguns anos conseguiu entrar em um consultório médico para ter mais horas regulares. Quando a pandemia atingiu fortemente essa área, ela se ofereceu para trabalhar na sala de emergência de um grande hospital, contraiu o vírus e morreu. Se eu for assumir essa tarefa, devo a ela analisar como lidaremos com as ameaças globais à saúde, mesmo que a Organização Mundial da Saúde precise de atenção. Sinto muito, mas isso deve fazer parte do pacote. Tenha certeza de que não tenho interesse em participar de um jogo de culpas sobre esse assunto.

A sala ficou em silêncio. Depois de alguns instantes, o presidente respondeu. "Duas coisas. Sinto muito por sua esposa. Mas palavras como essa não fazem sentido, na verdade. Eu entendo. Se quiser explorar o pântano da saúde global, tudo bem, e nós lhe forneceremos pessoal e outros tipos de apoio. Mas isso não pode atrapalhar o restante da agenda. Não vamos deixar a OMS desmoronar tão cedo.

O presidente se levantou e fez continência. O aperto de mão estava fora de questão. Não havia mais nada a dizer, e O Salt e Louise saíram. Stuart o seguiu alguns segundos depois.

"Tudo correu tão bem quanto poderia ter corrido até o final", comentou Stuart. "Gostaria que tivesse me avisado sobre isso, O Salt."

"Sinto muito, Stuart", respondeu O Salt. "Isso me pegou um pouco de surpresa, na verdade. Você tem o direito de ficar chateado.

Stuart fez uma pausa por um momento, analisando a resposta de O Salt, e depois disse: "Seria ótimo se vocês pudessem decidir hoje o que vão fazer. Se for o caso, tentaremos agendar reuniões informativas para você a partir de amanhã à tarde. Gostaríamos de começar com reuniões - provavelmente no Reino Unido - na próxima semana. E, Salt, sinto muito. Eu não sabia como a Meredith tinha morrido.

Salt e Louise saíram de carro, entraram no Volvo sujo de dez anos de idade de Salt e atravessaram a ponte para a Virgínia. O que elas precisavam era de uma cafeteria tranquila com rosquinhas com glacê e croissants de chocolate. Elas encontraram uma, compraram o que precisavam para se abastecer de cafeína e açúcar e se sentaram em uma área socialmente distante.

Louise quebrou o silêncio. "Bem, conseguimos a maior parte do que pedimos.

"Desculpe-me pela surpresa, Louise, mas meu novo pedido foi, na verdade, bastante espontâneo", explicou O Salt. "Depois que eu o fiz, ele se tornou uma grande coisa." O Salt fez uma pausa e depois mudou de assunto. "Vou dizer uma coisa: nenhum de nós jamais esteve, nem estará novamente, em uma reunião como essa. Que droga."

"Então, o que vamos fazer?", perguntou ele.

"Acho que não tenho coragem de dizer não", admitiu O Salt. "Se eu disser não, me vejo acordando de manhã todos os dias, me olhando no espelho e pensando como fui covarde por ter dito não. Mas isso não significa que você tenha que ter os mesmos complexos - onde está sua cabeça?"

Louise fez uma pausa por um momento. "Você tem razão. E, embora eu não goste de ser o segundo violino nesse conjunto, estou dentro. E ser o segundo violino significa que tenho uma negação plausível como presidente."

O Salt sorriu um pouco. "Isso me lembra de quando eu jogava basquete no ensino médio. Eu ficava sentado no fim do banco, a menos que precisassem de alguém para entrar e dar uma surra em um jogo que estávamos perdendo de goleada. Não havia esperança.

Louise disse: "Mas, apesar das adversidades, vocês entraram no jogo e não desistiram".

"É verdade", reconheceu O Salt.

"Então", disse Louise, "conte-me mais sobre esse elemento de saúde global do programa.

O Salt parecia intrigado. "Bem, para ser sincero, não sei. Ainda não pensei sobre isso. Temos muito mais lição de casa para fazer sobre isso, e você pode passar adiante esse elemento do programa. Você não se inscreveu para isso em nenhum dos guardanapos."

Com certo espanto, Louise se inclinou para a frente e perguntou: "Você está pensando em enfrentar a Organização Mundial da Saúde e as Nações Unidas? Talvez seu nome verdadeiro seja Don Quixote.

O Salt respondeu: "A Organização Mundial da Saúde é essencialmente a Organização das Nações Unidas. Se um país pertence às Nações Unidas, ele pode ser membro da OMS. Há quase 200 membros. Correndo o risco de simplificar demais as coisas, a OMS deve impedir ou pelo menos tentar impedir coisas como o coronavírus. Isso não aconteceu em relação à COVID-19. Tenho a sensação de que, assim como nosso governo, a OMS poderia ter feito melhor, mas minha opinião é que a OMS é essencial e que a maior parte da culpa está em outro lugar. Mas não tenho interesse em retroceder para investigar e tentar atribuir a culpa. Isso não deixaria a mente de Meredith tranquila.

A história só me interessa na medida em que lança luz sobre o que precisa ser feito para corrigir as coisas. Estou interessado em velocidade e eficiência. Certamente faz sentido ter algo como a OMS, mas talvez precisemos ter algo mais. Talvez uma combinação do Serviço de Inteligência de Epidemias dos Centros de Controle e Prevenção de Doenças e pequenas equipes de especialistas dos sonhos possam atuar como unidades de forças especiais de pandemia, entrar em países que consentem, fazer o que precisa ser feito e depois pedir perdão em vez de esperar pela permissão. Talvez isso já exista, mas eu preciso saber. É preciso pensar muito mais sobre isso do que eu já pensei, e já há muitas pesquisas em andamento. Duas coisas que sabemos com certeza agora é que as pandemias não são apenas anomalias históricas, mas coisas sérias.

Louise pensou por alguns minutos e depois disse: "Bem, é admirável e provavelmente necessário, mas tenho que me acostumar com a ideia. Nesse meio tempo, temos que pular para a primeira fase se quisermos concordar em ir em frente. Acho que você precisa ligar para o Stuart.

O Salt ligou para Stuart e lhe deu a notícia.

"Ótimo", disse Stuart. "Apresente-se ao Departamento de Estado amanhã ao meio-dia para o início de um dia e meio de reuniões informativas. Leve cinco fotos de passaporte e pense em comprar um terno decente. Os ternos ainda são usados no exterior. Você será um consultor do Departamento de Estado e negociaremos uma compensação justa para alimentação e despesas nos próximos dias. Você não ficará rico fazendo isso, mas você já sabia disso. Deixe-me falar com Louise.

O Salt passou o sapato-fone para Louise, que ficou ouvindo e, de vez em quando, dizia: "Umjum, umjum". Quando a ligação terminou, ela lhe devolveu o telefone e disse: "Tenho que ir para casa fazer as malas e também pegar um monte de coisas na agência, então, por favor, leve-me ao meu apartamento. Você precisa fazer compras. Amanhã eu o pegarei no Marriott às onze horas em ponto".

"Tudo bem, chefé, respondeu O Salt, "mas farei minhas compras comprando produtos americanos em Carterville."

Louise balançou a cabeça e revirou os olhos.

Capítulo 23

Cidade pequena, problemas de empresas pequenas

[12 de fevereiro de 2021].

Quando voltaram ao Marriott, já era tarde o suficiente para que O Salt decidisse tomar um drinque e jantar lá à noite.

Na manhã seguinte, ele se lembrou de que devia a Margie Hatcher jantar. Ele criou coragem e ligou para ela depois do café da manhã, antes de seguir seu caminho. "Peço desculpas antecipadamente por tê-la avisado com tão pouca antecedência, mas devo-lhe um jantar em retribuição por ter me convidado para o seu jantar. Sei que o avisei muito em cima da hora, mas queria saber se você teria tempo hoje à noite. Estou saindo do país a negócios e, se eu não pagar agora, pode demorar um pouco.

"Seria ótimo se você tiver tempo", disse Margie. "Apesar de minha agenda social lotada, estou livre."

"Ótimo", disse O Salt. "Para onde você gostaria de ir? O único lugar que conheço é o Helen's Place, que é bom, mas deve haver outro lugar."

"Provavelmente posso nos arranjar um jantar em uma pousada rural agradável a cerca de oito milhas da cidade, se não se importar. A comida é boa e o lugar é tranquilo", disse ele.

"Por mim, tudo bem", disse O Salt. "E obrigado por estar disposto a fazer as reservas. Avise-me a que horas posso buscá-lo."

"Se não tiver notícias minhas, me busque às cinco e meia para uma reserva às seis horas".

"Eu vou", respondeu O Salt. Ele ficou surpreso com a alegria que sentiu com isso.

Quando O Salt voltou para a fazenda na quinta-feira de manhã, começou a pensar no que precisava fazer para se preparar para a viagem.

Ele precisava de um terno novo e de um corte de cabelo, e talvez precisasse de uma camisa country casual nova para o jantar da noite. Em vez de ir para a fazenda, ele dirigiu até Carterville e estacionou perto da loja do senhor Roy, que havia conhecido na barbearia. Ele entrou e viu Roy, aparentemente o único ser humano na loja, embora fosse uma manhã de dia de semana.

O Salt o cumprimentou dizendo: "Olá, Roy. Talvez você não se lembre de mim, mas nos conhecemos na barbearia há algum tempo. Preciso de um terno e espero que você possa me ajudar. Mas preciso dele para hoje. Você pode fazê-lo para mim hoje, se precisar de alterações, para que sirva?"

"Sou o proprietário, o vendedor e o alfaiate", diz Roy, "portanto, isso não será um problema. E nesta época do ano, estou competindo com o basquete universitário por clientes. Se tivermos algo de que você goste, posso encaixá-lo. Que tamanho você veste e o que está procurando?"

O Salt respondeu: "Algo muito chato, como um terno azul com uma camisa branca nova e uma gravata de qualquer cor, menos vermelha, e não muito longa. Meu tamanho provavelmente é entre 38 e 40, mas não compro um terno há muito tempo. Antigamente, quando eu costumava viajar para Hong Kong, eu mandava fazer alguns ternos lá. Mas, por vários motivos, não voltarei lá tão cedo".

"Bem, vejamos, um 40 normal deve servir", disse Roy. "Você sabe que as pessoas estão usando cada vez menos ternos, por isso não temos muitos, e os que temos são em sua maioria simples, como o que você está procurando."

Enquanto Roy olhava as prateleiras, O Salt lhe perguntou: "Como estão os negócios hoje em dia, a tendência do business casual está lhe prejudicando?

"Bem", respondeu Roy, "honestamente, estamos nos segurando com as unhas. Há uma série de fatores. O mais recente foi o fechamento da COVID-19, que foi letal em muitos aspectos, e tivemos que demitir todos, menos eu e mais um colega. A recuperação tem sido lenta. A geração do milênio não faz compras em lojas como essa em cidades pequenas e quer tudo casual. De fato, eles não fazem compras em lojas. Eles fazem compras on-line e, às vezes, alugam suas roupas em vez de pagar por elas. Não sei o que está acontecendo.

Quando vão a uma loja, primeiro vão à Target ou ao Walmart e, em seguida, veem o que restou da Macy's ou algo semelhante em um shopping onde há outras coisas para fazer. As crianças da sua idade vêm, mas a maioria é aposentada e não gasta muito com roupas novas ou ainda trabalha e tem medo de perder o emprego na fábrica para um imigrante barato ou como resultado da recessão. Ou são fazendeiros que não têm dinheiro para comprar roupas, mas me trocariam vários alqueires de grãos por uma camisa nova. De qualquer forma, a única coisa que eles compram são ternos de uma peça só. E ainda há o preço. Eu vendo principalmente produtos fabricados nos bons e velhos EUA. Esses outros lugares compram seus produtos da China, Bangladesh, Sudeste Asiático, México, o que for. A concorrência de preços é acirrada, e você não consegue compensar isso com volume.

Mas chega disso: você tem três opções: um terno azul-marinho simples ou um terno de risca de giz. Quer experimentar um?"

"Vamos começar com o azul", disse O Salt. Ela funcionaria com algumas pequenas alterações para encurtar as mangas e enfiar o peito. Roy o ajudou a encontrar uma camisa branca e uma gravata conservadora, não vermelha e não muito longa. Roy pediu a O Salt que vestisse o novo terno no quarto dos fundos. Em seguida, Roy colocou a máscara novamente e começou a marcar o terno para as alterações.

"A propósito", perguntou O Salt, "qual é o código de vestimenta para jantar em uma pousada rural por aqui?

"Não há códigos de vestimenta hoje em dia", diz Roy. "As pessoas usam as coisas mais estranhas. Mas uma pessoa urbana da sua idade precisa de um paletó esportivo." Roy vestiu um paletó de tweed, uma camisa e uma calça. Felizmente, o paletó e a calça não precisavam de alterações e O Salt os levou. "Volte para pegar o terno às quatro e meia", gritou Roy quando O Salt saiu da loja.

Capítulo 24

Relatório Global 101
do Departamento de Estado

[12 de fevereiro de 2021].

No dia seguinte, sexta-feira, eles chegaram pontualmente ao meio-dia no Departamento de Estado, tiveram sua temperatura medida na entrada, foram colocados em máscaras e conduzidos a uma sala de conferências luxuosa com um almoço leve e cinco pessoas esperando por eles. Nenhum deles se conhecia e parecia improvável que fossem políticos. Eles eram inteligentes e estavam claramente se perguntando o que diabos estava acontecendo, mas também eram inteligentes o suficiente para não perguntar. Havia o inevitável projetor de PowerPoint, mas nenhum livro de instruções. Stuart entrou cinco minutos depois, após as apresentações habituais e as pessoas terem começado a comer seus sanduíches.

Stuart pegou um sanduíche e deu início à reunião, falando por meio de sua máscara. "Louise e O Salt, um grupo de especialistas sênior em assuntos geográficos e específicos se juntou a nós para lhes dar uma atualização geral sobre uma ampla gama de questões hoje e amanhã. Essa equipe de briefing foi informada de que eu provavelmente serei nomeado Secretário de Estado e que o Presidente e eu pedimos que eles participassem de algumas reuniões altamente confidenciais no exterior que exigirão que eles tenham um nível sólido de conhecimento geral, mas não que estejam na vanguarda da política, que, de qualquer forma, está em processo de formulação. Sua tarefa será mais de coleta de informações do que de negociação ou defesa de políticas. Esses briefings estão programados para hoje e amanhã, já que estamos indo para o Reino Unido na segunda-feira de manhã. Você notará que não há livros de briefing aqui. Pretendemos que os senhores saiam daqui sem nenhum documento além de suas anotações, que, acreditamos, serão bem limitadas.

Antes de partirem amanhã, vocês terão passaportes diplomáticos especiais que, apesar das proibições que não permitem que os americanos viajem para o Reino Unido e a UE por causa da Covid-19, permitirão que vocês entrem nessas regiões, portanto, entreguem suas fotos para Eric aqui".

O Salt limpou a garganta docilmente e disse: "Ops. Mau começo. Não tenho nenhuma foto de passaporte comigo.

Stuart suspirou. "Já esperávamos isso; Eric vai resolver o problema e fazer o teste de COVID-19 durante um de seus intervalos. Alguma outra pergunta? "E quanto à Ucrânia?", perguntou O Salt. "Melhor pergunta", respondeu Stuart. "Há um sentido em que a Ucrânia muda tudo. Há muito mais em jogo, e a amplitude e a profundidade do impacto no comércio internacional não são comparáveis a esses outros compromissos. A iminente invasão ucraniana pela Rússia, programada para qualquer dia (na verdade, foi em 24 de fevereiro), afeta não apenas a Ucrânia e a Rússia, mas também outros países do antigo bloco soviético na região, as vendas de grãos e gás ucranianos, o efeito de sanções e contra-sanções e muitos outros. A situação pode afetar outras, como a visão da China sobre Taiwan, a migração para as economias dos países, os suprimentos de aço, os suprimentos críticos de alimentos na região, as partes da África atingidas pela fome etc. Procuramos intencionalmente isolá-los da Ucrânia. Temos nosso melhor pessoal trabalhando nisso, o que pode ser uma versão inicial da Terceira Guerra Mundial, mas também precisamos manter o foco nessa importante missão, embora com pouco pessoal. Com isso, Stuart se despediu.

Os briefings começaram com a situação atual em várias regiões e países e ofereceram alguns comentários úteis sobre pessoas e problemas. As sessões da tarde abordaram a Europa em geral e os países maiores: o Reino Unido, sua política incerta e o acordo comercial pós-Brexit recém-concluído e de última hora com a UE; o risco de um desmembramento do Reino Unido após o Brexit; a União Europeia, incluindo o declínio da estabilidade da UE, do euro, da libra e dos bancos europeus; questões relacionadas ao aumento da ajuda estatal a empresas como as companhias aéreas; a relevância contínua do G7 e do G20; e, em seguida, Rússia, Ucrânia, Turquia, Irã, Síria, Arábia Saudita, Iêmen, Iraque e Israel; e o tratado AUKUS que prevê o acesso da Austrália à tecnologia de submarinos dos EUA.

A tendência de fragmentação da economia mundial e suas implicações incertas, incluindo o risco de que os chineses tentem atacar o status do dólar americano como moeda de reserva mundial, também foram discutidas durante essas discussões. Também houve um enfoque na COVID e suas variantes, na seca, inclusive nos EUA, na varíola do macaco e em outras doenças semelhantes, todas potencialmente muito graves. A reunião foi interrompida às 20 horas e retomada às 9 horas da manhã seguinte. O foco geográfico continuou com o restante do Oriente Médio, África, China, Coreia do Norte e do Sul, Japão, Índia, Austrália, países da ASEAN, América do Sul, México e Canadá.

As discussões temáticas se concentraram nos efeitos das sanções e tarifas impostas pelos e contra os Estados Unidos (as questões em andamento incluíam a saída dos EUA da Parceria Transpacífica e os efeitos da retirada dos EUA; o fim prematuro do acordo comercial EUA-China (desde que o Presidente Evans o reverteu); os acontecimentos em Hong Kong; os primeiros dias do USMCA; o Acordo Climático de Paris e o Acordo Climático de Paris; e os efeitos da retirada dos EUA na economia dos EUA).O fim precoce do acordo comercial entre os EUA e a China (revertido pelo presidente Evans); os acontecimentos em Hong Kong; os primeiros dias do USMCA; o Acordo Climático de Paris e os efeitos da retirada dos EUA; a OTAN e os efeitos da indiferença dos EUA; e os efeitos da retirada dos EUA, incluindo a surpresa, agora revertida, da retração dos EUA (reforçada desde o início da guerra na Ucrânia); as recentes reuniões do G7 e do G20 e o impacto contínuo dos insultos dos EUA; o surgimento de governos autocráticos em lugares como Hungria, Polônia, Turquia e Camboja (sem mencionar a Rússia e a China); problemas na cadeia de suprimentos; e, finalmente, os efeitos do acesso direto de líderes de nações hostis ao presidente Pope e a falta de registros do que foi dito e acordado.

Mais uma vez, cada um dos briefings incluiu uma discussão sobre quem é quem dos principais atores dos países envolvidos na questão. Essas apresentações foram tão animadas quanto importantes.

Salt e Louise fizeram várias perguntas, e Salt logo percebeu que Louise estava pelo menos tão atualizada quanto ele, provavelmente mais. No início da semana, ele a havia considerado um incômodo; agora, estava grato por sua participação.

As instruções duraram o dia e meio prometido, até a tarde de sábado. Na sexta-feira à noite, no final das sessões, Eric apareceu com envelopes para O Salt e Louise.

Os envelopes incluíam passaportes diplomáticos - vários deles com nomes diferentes - bem como material de identificação falso. Todos receberam certificados de aprovação em testes de COVID-19 muito recentes que seriam tão necessários quanto um passaporte. O envelope de Louise incluía documentos destinados a permitir que ela portasse uma pistola escondida em vários países. O Salt não disse nada, mas se perguntou do que se tratava. Havia uma nota de Stuart dizendo que Peter Banks, do Ministério das Relações Exteriores e do Commonwealth britânico, que Salt conhecia dos velhos tempos e respeitava, havia bloqueado seu dia para se encontrar com O Salt e Louise na terça-feira seguinte. Por fim, havia passagens aéreas comerciais de classe econômica para o voo das nove horas da manhã de segunda-feira de Dulles para o Aeroporto de Heathrow, com uma observação de que Stuart tentaria obtê-las com status governamental no futuro. A boa notícia é que eles não estavam nos assentos do meio, dado o baixo volume de viagens associado ao coronavírus. Mas ninguém estava. O pacote os hospedou em um Marriott perto da antiga embaixada dos EUA em Londres.

Louise deixou O Salt no Virginia Marriott para que ele pudesse pegar o carro e o mínimo de bagagem. "Quanto tempo você acha que ficaremos fora do país?", perguntou Louise.

"Não sei", respondeu O Salt. "Não há passagem de volta no envelope, então acho que vou fazer as malas para uma semana. A propósito, você está realmente planejando levar uma pistola?"

"Sim, eu sempre faço isso quando estou em campo", disse ele. "Mas não se preocupe. Vou passar algum tempo no campo de treinamento da Agência neste fim de semana. Vejo você na segunda-feira de manhã." As sobrancelhas de O Salt se arquearam, mas ele se foi antes que eu pudesse dizer qualquer coisa.

Capítulo 25
O Salt e a Margie dão um tempo
[13 de fevereiro de 2021].

O Salt teve que se apressar para chegar à casa de Margie a tempo para o jantar. Ele estava usando seu novo casaco esportivo e calça quando foi buscar Margie para o jantar. Sob seu casaco de inverno, Margie estava usando um vestido e moletom atraentes, provavelmente um pouco mais elegantes do que o novo traje de O Salt, mas ele não era um juiz dessas coisas.

Margie guiou O Salt por cerca de oito milhas de estradas secundárias na escuridão da noite de inverno até uma pousada que também tinha um restaurante. Durante o trajeto, Margie teve que se concentrar em dar as instruções de direção, para que não precisasse se preocupar com pausas incômodas na conversa. Quando chegaram, a sala de jantar lembrava O Salt da pousada em Little Washington, mas menos luxuosa. Tinha a aparência de uma cabana de madeira, mas, como todo mundo, eles tiveram que dividir as mesas para cumprir as regras de distanciamento social. O restaurante não estava lotado e havia poucas máscaras.

Margie quebrou o gelo depois que eles se sentaram em lados opostos da mesa e se acomodaram com uma garrafa de vinho branco. "Bem, este não é um primeiro encontro, mas parece um pouco com um. Obrigado por me pagar o jantar; espero que goste daqui. Aqui não é DC ou o Little Washington Inn."

"De nada, respondeu O Salt. "Faz muito tempo que não janto com alguém que não seja um cliente, um colega ou alguém com uma agenda. Além disso, sou introvertido, a menos que tenha que entregar mensagens. E tenho certeza de que a comida aqui será boa. Fico feliz que seja tranquilo.

"Bem", disse Margie, "introvertido está ótimo, pois compartilho essa característica e sou capaz de suportar o silêncio. Só espero que você não esteja entregando mensagens esta noite."

"Não há mensagens, mas tenho algumas perguntas".

"OK, você vai primeiro, mas depois é a minha vez. Mas antes de entrarmos em perguntas e respostas, talvez devêssemos dar uma olhada no cardápio. Os frutos do mar aqui costumam ser muito bons".

O Salt começou as perguntas e respostas antes que eles pudessem perguntar. "Então, vocês estão aqui e eu estive fora, em cada caso por cerca de uma vida inteira. Sou o equivalente funcional de um recém-chegado. O que move esta cidade, ela sobrevive e que tipo de pessoas estão aqui agora e por que elas ficam?

"Uau", disse Margie. "São meia dúzia de perguntas, e perguntas difíceis. Vamos começar com algo fácil: a população está em torno de trinta mil habitantes e é bastante estável. Há áreas boas e áreas não tão boas, mas nenhuma delas é feia. É necessário algum investimento no centro, e é preocupante o fato de que há cada vez mais lojas vazias e casas que correm o risco de cair em desuso. Não sei se algum dia realmente nos recuperaremos da COVID-19 e desta recessão. Não há nenhum movimento perceptível da área de DC para Carterville. As pessoas ainda estavam se mudando para os arredores da cidade quando podiam, e depois mudavam o local onde gastavam dinheiro no dia a dia. Mas pouquíssimas pessoas estão se mudando atualmente.

"Esta cidade é muito diversificada em muitos aspectos, inclusive racialmente", explicou Margie. "As pessoas são fazendeiros, pequenos empresários, trabalhadores de algumas empresas de manufatura leve, a maioria das quais está em algum lugar da cadeia de suprimentos de manufatura automotiva e se preocupa com isso, e algumas instalações de distribuição gigantescas na Interstate 81, pessoas que trabalham na Target e no Walmart nos arredores da cidade e pessoas que trabalham em uma ampla gama de empregos na universidade e no hospital. A universidade e o hospital são, de longe, os maiores empregadores. O Dr. Greene me disse durante o jantar que a universidade está preocupada com as matrículas de curto prazo, não porque a universidade não seja boa, mas por causa das tendências demográficas. Mas o hospital parece sólido. Talvez seja porque todos nós estamos envelhecendo. Temos sorte de ter um bom hospital comunitário e uma universidade. Eles fornecem uma boa base e atraem cidadãos sólidos.

Margie fez uma pausa para tomar um gole de vinho e continuou. "Isso não é o lugar mais sofisticado do mundo, mas muitas das pessoas aqui se preocupam com a comunidade e têm valores importantes.

Eles cuidam uns dos outros. As escolas não são excelentes, mas são sólidas. O número de membros da igreja está diminuindo à medida que os baby boomers diminuem, mas provavelmente é melhor do que na maioria dos lugares, e as igrejas são ativas. Em resumo, é um bom lugar para se viver. Muitas pessoas valorizam a diversidade, outras a toleram e a maioria não conseguiria algo muito melhor se se mudasse. É um ecossistema funcional, pelo menos por enquanto.

"A propósito", Margie inseriu cuidadosamente, "por falar em igrejas, você seria mais do que bem-vindo na nossa. Não é da minha conta, mas, citando o presidente George W. Bush em uma conversa com o jornalista David Gregory: 'Como está a sua fé?

"Hmm", respondeu O Salt, "essa é uma pergunta maluca. Eu realmente não pensei sobre isso. É algo que tenho que pensar e descobrir por mim mesmo. Se Deus existe, ele não estava com minha esposa quando ela estava morrendo, e minha esposa era uma pessoa muito boa. Ela era uma cristã em todos os sentidos da palavra. Ainda não superei isso, e não tenho certeza se vou superar.

"Bem", disse Margie, "desculpe-me por ter tocado no assunto, mas se você quiser falar sobre isso, há pessoas aqui que ficarão felizes em conversar sobre o assunto. Mas chega de falar sobre esse assunto.

O Salt pensou por um momento e decidiu mudar de assunto. "Voltando ao hospital local, fiquei interessado em ouvir no seu jantar que o hospital local parece estar prosperando. Isso é um bom sinal, além de ser positivo. Ele foi atingido por overdoses de opioides ou a comunidade conseguiu evitar essa crise? E como ele resistiu ao estresse do coronavírus?"

"Sinceramente, não sei a resposta para a pergunta sobre opioides, e acho que o hospital não fala muito sobre esse tipo de coisa. Gostaria muito de apresentá-lo ao presidente do hospital, mas ele é muito reservado.

Ou você poderia conversar com o editor do jornal local, que agora só sai três dias por semana. A editora é muito inteligente e curiosa; é quase certo que você acabaria contando mais a ela. do que você obteria com ele.

"Não importa. Vou adiar a reunião com o editor", disse O Salt, "embora eu não tenha muito sobre mim que possa interessar à mídia. Como o hospital se saiu durante o desafio do coronavírus?"

"Tivemos muita sorte", diz Margie. "No ano passado, tivemos cerca de setenta e cinco casos hospitalizados e cerca de dezoito mortes. O hospital conseguiu lidar com a carga, embora eu tenha ouvido dizer que eles ainda estão esperando o dinheiro federal prometido para as internações não pagas que tiveram. Nossa equipe de saúde foi excelente.

"A diversidade dessa área se estende às opiniões políticas, como você pode ter visto em suas visitas à barbearia", acrescenta Margie. "Provavelmente, houve um grande contingente de pessoas que seguraram o nariz e votaram no Presidente Pope na última eleição. No fundo, a maioria é politicamente moderada e se sentiu ofendida por candidatos que pareciam questionar a importância das pessoas normais. Seria difícil caracterizar esta região como um país de passagem, mas não nos consideramos membros da elite da Costa Leste nem do que alguns chamaram em 2016 de "os deploráveis". Acreditamos que ninguém é deplorável - exceto o ex-presidente Pope para alguns de nós."

O Salt perguntou: "O que as pessoas estão achando do novo presidente?"

"A maioria de nós acha que o júri ainda não se pronunciou sobre Evans", respondeu Margie. "Em questões domésticas, o presidente parece, sente e age como um socialista disfarçado de moderado. Você conhece a frase: se parece um pato, anda como um pato e grasna como um pato, é um pato." Evans disse o que era necessário para ser eleito. Mas a taxa de inflação tem sido arrasadora, a guerra na Ucrânia parece que pode durar para sempre, e a incapacidade de fazer com que as coisas passem pela cadeia de suprimentos dos EUA se transformou em uma cadeia de suprimentos desnecessária, pois as pessoas pararam de comprar. A política externa não é algo em que eu tenha pensado muito. Mas a maioria de nós quer trazer nossas tropas para casa e consertar as pontes aqui, não no Oriente Médio.

Margie acrescentou: "Sinto muito se a ofendi de alguma forma, mas você me pediu. Não costumo falar assim. Está na hora de eu tomar uma taça de vinho e me calar. Mas primeiro temos que fazer o pedido.

O garçom mascarado apareceu, e cada um deles pediu o aperitivo de molho de caranguejo, uma pequena salada Caesar e o prato especial da casa, carne de veado, para a noite. O Salt pensou por alguns segundos em como essa refeição se compararia à que ele faria em Londres em alguns dias, mas não entrou na discussão.

"Concordo com você sobre o clima político local", disse O Salt. Ele então descreveu seu experimento não científico de um jogo de futebol político na barbearia de Georgie. Ele se perguntou em voz alta se o jogo era justo, já que era um jogo em que as regras determinavam o resultado.

"Eu lhe dou crédito por sequer pensar em tentar", disse Margie. "Você tinha que estar preparado para o abuso verbal; isso exigia coragem."

"O tempo dirá, mas lutar pela moderação e pela colaboração é uma causa para mim. Agora, fale-me sobre os agricultores daqui. As coisas parecem estar apertadas.

Margie respondeu entre uma mordida e outra do aperitivo. "Sim, as coisas estão apertadas desde que o Presidente Pope criou um caos nos mercados de grãos com as tarifas sobre a China, e a recessão só piorou as coisas. Como você sabe, não sou agricultor, mas conheço muitas dessas pessoas e, pelo que ouvi, muitos dos agricultores locais estavam com problemas quando as tarifas foram impostas, e as coisas pioraram quando a China, em particular, impôs seu próprio sistema de tarifas e cotas de grãos e parou de comprar tantos grãos americanos, e então veio o coronavírus. O governo concede alguns subsídios, mas ninguém quer esmolas. E ninguém acredita que o novo normal seja tão bom quanto o anterior à gripe suína. Quando você muda os padrões de compra, eles mudam".

O Salt insistiu. "E quanto ao setor de manufatura? Há algum impacto das coisas internacionais? A manufatura doméstica dos EUA está em uma leve recessão desde algum momento de 2019."

Margie respondeu: "Eu realmente não sei. Minha impressão é que a incerteza criada pelos problemas comerciais com a China e, por um tempo, o processo de substituição do NAFTA pelo acordo comercial entre os EUA, o México e o Canadá, deixou as coisas fora de controle, por assim dizer, e, é claro, a situação piorou muito em 2020.

Sim, a incerteza certamente tem um custo. Mas as greves que ocorreram com vários sindicatos de trabalhadores do setor automotivo há um ano e meio também tiveram um impacto aqui na forma de perda de receita. Parece que nossa política comercial deve se concentrar no aumento do que vendemos no exterior e na criação de empregos e segurança. Não foi isso que o Papa pregou quando foi eleito? Às vezes me pergunto como ele definiu um bom negócio. Mas talvez isso seja apenas impressão minha.

"Agora", disse ele. "Já lhe disse que não sei nada sobre política externa e não me importo muito com isso. No entanto, aqui estamos, e é sua vez de falar e parar de fazer perguntas. O que está fazendo de novo? Na festa em minha casa, várias pessoas saíram pensando que você tinha respondido àquela pergunta, mas depois pensaram melhor e perceberam que você não tinha dito nada."

"Culpado." O Salt riu. "A realidade é que eu não sei o que faço. Como acho que já lhe disse, passei os últimos cinco anos advogando, principalmente na área comercial. Nada incomum ou empolgante, mas estávamos tentando nos livrar de bloqueios inúteis onde podíamos ou abrir portas para novos negócios em outros casos. Antes disso, estive no Departamento de Estado e no Tesouro e trabalhei nas mesmas questões que quando estava advogando, mas de uma perspectiva diferente. Quando me mudei para cá, imaginei que me aposentaria, certamente da advocacia e provavelmente de tudo o mais. Um velho amigo do governo me ligou na semana passada e pediu que eu aceitasse um trabalho de consultoria de curto prazo, e acho que aceitarei, embora os parâmetros ainda não estejam definidos, exceto o fato de que não posso falar muito mais sobre isso. Isso envolverá algumas viagens, e hoje à tarde tive que ir à loja masculina do Roy para reformar um pouco o guarda-roupa. Espero ficar fora por mais ou menos uma semana. Tenho Jack Davis cuidando das coisas na fazenda enquanto eu estiver fora."

"Fico feliz que você e Jack estejam se dando bem", disse Margie. "Não é da minha conta, mas, pelo que ouvi, ele precisará de ajuda para se reerguer financeiramente. Ele é um bom sujeito, portanto, obrigada. Mas agora, voltemos a você. Você acabou de criar tantas perguntas quanto respostas, mas não vou incomodá-lo com mais perguntas sobre o que você vai fazer. Parece que seria uma perda de tempo. Mas o que você acha? Você é o guru político local agora, o que acha do novo presidente e de como tudo isso vai funcionar?"

O Salt respondeu: "Não sou um guru. E não tenho certeza de como o novo presidente trabalhará. Sou mais moderado do que o presidente parece ser, pelo menos com base na retórica dos debates da campanha e no que ele disse. Estou no centro na maioria das questões. Estou preocupado com o novo governo em várias frentes. Mas o presidente também precisa fazer com que as coisas passem pelo Congresso, o que até recentemente envolvia muitos compromissos. Acho que estou tão interessado no que pode ser feito com o novo governo e o Congresso quanto na posição do presidente em questões teóricas. Portanto, acho que estou esperançoso, mas cauteloso. Tenho certeza de que estarei praticamente de acordo com o novo governo nas relações exteriores. Minha maior preocupação é o que acontecerá no âmbito doméstico.

Naquele momento, o garçom indicou que o prato principal estava quase pronto, então eles terminaram o aperitivo e passaram para o vinho tinto para acompanhar a carne de veado.

"As relações exteriores parecem bastante exóticas para nós que estamos aqui no campo", disse Margie. "E complicadas."

"Sim e não", disse O Salt. "É menos complicado do que você imagina. No final das contas, as pessoas de todo o mundo querem o melhor para suas famílias e seus países e, na maioria dos casos, trocariam de lugar com um americano em um segundo.

Devemos nos lembrar de como somos afortunados e que, com algumas exceções, a natureza humana tende a favorecer os mesmos objetivos básicos em todos os lugares. Muitos fatores complicadores atrapalham, como a ganância e o desejo de poder, mas, em minha experiência, essas doenças não infectam todo mundo.

"Nesse sentido esperançoso", disse Margie, "vamos pedir a sobremesa mais cedo para que você possa chegar em casa em uma hora decente e desempacotar mais algumas caixas amanhã antes de começar a arrumar sua mala".

"Boa ideiá, disse O Salt, grato por não ter que responder a mais perguntas.

No caminho de volta para a casa de Margie, tudo estava calmo no carro até que ela falou. "Isso é muito estranho", disse ela, "mas, por enquanto, acho que devemos continuar amigos e não pensar em ir mais longe. Parece que nos damos muito bem, mas viemos de universos diferentes e não tenho certeza para qual universo você está indo."

O Salt ficou surpreso com o que ele disse, mas sabia que ele provavelmente estava certo. Ele não tinha muita certeza de como organizar seus planos para o futuro, então respondeu de forma hesitante: "Bem, não pensei nisso tão profundamente quanto você, mas provavelmente você está certo. Mas espero que isso não signifique que não possamos ser amigos e ver o que acontece com o tempo. Sejamos francos, não há muitas pessoas compatíveis com a nossa idade por aqui, e eu não vou entrar em um concurso de namoro."

"Ah, é claro", disse Margie. "Na verdade, quando voltarmos para minha casa, por que não entra para tomar um drinque? Podemos brindar à amizade, à falta de compromisso e à falta de constrangimento."

O Salt suspirou e começou a respirar novamente. "Parece ótimo, e obrigado, Margie."

Quando voltaram para a casa de Margie, ela serviu bebidas e disse: "Com licença, eu já volto". O Salt andou pela sala de estar e olhou para o que Margie tinha nas paredes. Às vezes, isso pode lhe dizer muita coisa. Então, ele viu o reflexo de Margie em um espelho na parede. Ele não tinha certeza se acreditava naquilo. Ao se virar, ele confirmou que ela havia soltado os cabelos e estava usando uma camisola preta.

Margie disse uma palavra: "Amigos?" Elas caíram nos braços uma da outra e tomaram um drinque à noite. A amizade é uma coisa boa.

Capítulo 26
Reunião informativa na barbearia

[21 de fevereiro de 2021] [21 de fevereiro de 2021

O Salt não precisava cortar o cabelo, mas ele poderia estar uma bagunça quando voltasse de Londres se não o cortasse. Ele parou no Georgie's para ver quanto tempo havia de espera. Então se lembrou de que era domingo. Não havia jogos de futebol americano universitário ou bons jogos de basquete naquela tarde, então o Georgie's estava aberto por algumas horas. Todos os barbeiros estavam ocupados e levaria mais ou menos uma hora até que seu número aparecesse, então ele disse a si mesmo que Salt deveria pegar um número e voltar mais tarde, depois do almoço. Ele notou que a TV na parede estava exibindo "College Basketball Today", com comentaristas focados nos jogos de ontem e da próxima semana, chamando bastante atenção. As cadeiras extras ainda estavam empilhadas no canto, então havia espaço para o distanciamento social. Na verdade, a barbearia parecia ter quase tantos assentos cheios quanto o estádio onde a partida estava sendo disputada. "A que horas você sugere que eu me apresente?", perguntou O Salt.

"É melhor aparecer quando o show estiver terminando, portanto, tente chegar à uma e meia da manhã," disse Georgie.

Quando O Salt voltou depois do almoço, Max era o primeiro barbeiro disponível, então ele se sentou em sua cadeira e pediu para cortar o cabelo. O local estava cheio de clientes que haviam cortado o cabelo (ou não) e estavam lá para assistir aos comentários, como se a barbearia fosse uma filial do Buffalo Wild Wings que exigia o uso de máscaras. Não havia muito interesse nos jogos da semana seguinte, então a conversa se voltou para o jogo de ontem e o quanto ele foi ruim; o que era mais corrupto, Duke ou Carolina do Norte; por que eles não haviam demitido o técnico de basquete do ensino médio ("eles não têm um técnico decente desde Matt Hatcher"); o impacto insano do distanciamento social no atletismo universitário; e depois, é claro, política.

O consenso sobre o novo presidente foi "esperar para ver". Os participantes reconheceram, a contragosto, que o presidente havia se posicionado como centrista. Ainda assim, as pessoas eram perspicazes e reconheciam que os presidentes pareciam passar por pelo menos quatro estágios políticos: (1) o que era necessário para sobreviver às primárias e conseguir a indicação; (2) o que era necessário para vencer a eleição geral; (3) o que surgia durante os primeiros cem dias, quando a realidade se impunha; e (4) o que era necessário para ser reeleito. Homer era da opinião de que o país tinha que dar uma chance a Evans, mas Homer estava um pouco mais à esquerda do que a opinião geral. Georgie concordou com ele. Don, o membro aposentado da NRA que O Salt havia conhecido em sua última visita à casa de Georgie e que claramente estava lá para assistir à TV de tela grande, não era fã do novo presidente. "Eu simplesmente não confio no presidente Evans", explicou Don, "Essa nova equipe vai querer tirar nossas armas. Pelo menos podíamos confiar no Pope e em sua equipe."

Georgie riu: "Don, diga-me o nome de um único político em quem você tenha confiado.

Don sorriu: "Bem, Georgie, você acertou em cheio."

"Então, Sr. Deep State", disse Georgie, voltando-se para O Salt, "o que você acha do novo presidente - você votou em Evans?"

"Não deixe que ele a engane e a faça falar demais", disse Ellen, a terceira cabeleireira. "Não é da conta dele. Ele vai pegá-la se você não for cuidadosa. Ele se aproveita dos recém-chegados."

"Pela primeira vez em muitos anos, votei para presidente", disse O Salt. "Como muitos funcionários públicos, eu propositalmente não votava em cargos públicos quando estava na folha de pagamento. Segui essa prática no escritório de advocacia até a última eleição. Na minha opinião, não havia realmente nenhuma alternativa na última eleição presidencial, mas fiz isso em parte porque acredito que o Presidente é mais moderado do que a maioria das pessoas pensa, e aposto que a maioria de seus clientes é mais moderada do que eles pensam que são. É preciso analisar a questão de forma holística.

"O que isso significa?", perguntou Don, o caçador.

O Salt respondeu com certo receio. "Bem, por exemplo, aposto que a maioria das pessoas aqui acha que o governo gasta demais e está preocupada com a dívida nacional, especialmente depois das enormes quantias que gastamos e continuamos gastando em relação à COVID-19 e à Ucrânia".

"Tudo bem", disse Don.

"Exatamente", disse O Salt. "É um pensamento conservador compartilhado por muitos moderados. Agora, vamos à sua preocupação com o fato de o presidente tirar suas armas. Você acha que a Segunda Emenda lhe dá o direito de ter um tanque?"

"Não", disse Don, sem ter que pensar muito sobre isso.

"Que tal um lançador de mísseis térmicos montado no ombro?". "Hmm", disse Don, "é uma decisão mais difícil, mas provavelmente não".

"OK", disse O Salt. "Que tal uma bazuca?". "Não."

"Pistola Colt .45?"

"Absolutamente protegido," disse Don.

"Concordo com você, Don," anunciou O Salt, "e eu colocaria seu rifle de caça Remington e sua espingarda na mesma categoria. O que provavelmente nos desagrada são os rifles de assalto."

"Certo", comentou Don.

O Salt decidiu insistir um pouco. "Mas veja, nós concordamos tanto ou mais com o que discordamos. E aposto que sua preocupação não é tanto com os fuzis de assalto, mas com sua falta de confiança. Você acha que se eles conseguirem proibir os fuzis de assalto, não vão parar por aí e vão atrás da sua espingarda."

"Não estou dizendo," disse Don com firmeza.

"O que quero dizer é que a maioria de nós concorda em vez de discordar sobre as grandes questões. Aqueles de nós que não podem dizer isso são extremistas", comentou O Salt. Ele então perguntou: "Georgie, posso tirar esses folhetos do seu quadro de avisos?"

"Tudo bem, acho que sim, Sr. Estado Profundo. De qualquer forma, metade delas é sobre eventos que aconteceram semanas atrás."

"Obrigado", disse O Salt. Ele interrompeu o corte de cabelo, levantou-se da cadeira e foi até um quadro de avisos de cortiça com cerca de 36 centímetros de largura e 20 centímetros de altura. Depois de retirar os folhetos do quadro, ele pegou um alfinete de desenho e o colocou no centro. "Vamos imaginar que esse quadro de avisos seja um campo de futebol no qual colocamos os jogadores de acordo com o quanto estão à esquerda ou à direita em termos políticos. No geral, ou seja, levando em conta toda uma série de questões, eu me coloco bem na linha de cinquenta jardas. Bem, que seja a linha de quarenta e cinco jardas ou cinco jardas à esquerda. Eu fico no meio na maioria das questões. Aposto que se você pedir aos seus clientes para ficarem neste campo com um alfinete de desenho quando ninguém estiver olhando, a maioria deles ficará entre as linhas de trinta e cinco jardas. Nem todos, mas a maioria. Por que não tentar isso por um mês? Chame isso de uma nova forma de futebol político". Ele voltou para a cadeira do barbeiro.

"Vou pensar sobre isso", disse Georgie. "Mas você precisa nos dizer quem você é. Quanto mais eu ouço sua conversa mansa, acho que você deve ser um agente da Comissão Trilateral ou talvez algo pior."

"Houve muitas teorias da conspiração sobre a Comissão Trilateral ao longo dos anos", sorriu Salt. O Salt sorriu: "Se quiser se preocupar com organizações com influência perigosa, concentre-se nos grupos de ação política incrivelmente bem financiados - tanto de direita quanto de esquerda - financiados pelos muito ricos e que hoje arrecadam milhões na esteira da decisão Citizens United da Suprema Corte."

"Acho que você evitou minha pergunta", disse Georgie.

"Sinto muito", disse O Salt. "A verdade não é muito empolgante. Sou um advogado que acabou de se aposentar de um escritório de advocacia em Washington e que já trabalhou algum tempo no governo. Você pode me procurar no Google, mas não encontrará muito mais do que isso."

Homer terminou de falar com Salt, e O Salt se levantou da cadeira. "Desculpe-me por ter que ir embora, mas gostei da conversa. Experimente o quadro de avisos. Acho que seria interessante. Mas seja justo em sua explicação."

Ellen disse: "Vamos nos certificar de que seja justo com o jogo de futebol político."

Quando estava saindo, O Salt acrescentou, olhando para Homer: "A propósito, Homer, esse é um bom sinal que você tem aí no canto. Que bom para você. Homer não disse nada, mas sorriu e acenou com a cabeça para O Salt.

O Salt então perguntou a Georgie: "A propósito, como está indo o Hair-i-Care?

"Talvez haja um novo aplicativo Hair-i-Care na próxima vez que você vier, mas você ainda não atenderá aos requisitos." Georgie sorriu enquanto O Salt se apressava para pegar seu novo terno com Roy, que havia concordado em terminar os ternos hoje e encontrar O Salt na loja de artigos masculinos. Ele também tinha que limpar seu carro.

Don saiu do Georgie's logo depois de Salt e ligou para o mesmo número que havia ligado depois de seu primeiro encontro com Salt na barbearia. A outra parte perguntou: "O que está acontecendo?

Don respondeu: "O novo ex-delegado federal estava no Georgie's hoje, falando sobre controle de armas, fanáticos de esquerda e todos os tipos de outras coisas. Ele está tentando parecer inofensivo, mas não está me enganando. Acho que esse cara pode ser um problema no futuro. Ainda duvido que ele seja um agente disfarçado do FBI, mas é difícil ter certeza.

"OK, obrigado", disse a outra parte. "Vou fazer algumas perguntas sobre ele e lhe darei notícias. Mas fique longe dele e não crie problemas até decidirmos quem e o que realmente é esse cara. Talvez seja um alarme falso. Qual é o nome dele?".

Don ficou pensativo por um momento. "Ele atende pelo nome de 'O Salt Pepper', mas acho que seu primeiro nome verdadeiro é Staunton ou Stan ou algo assim. Lembre-se, ele era advogado no pântano de DC."

"OK, obrigado", disse o outro lado, "mas me conte mais sobre a discussão". Depois de ouvir Don, o outro lado disse: "Parece-me que esse cara é apenas um liberal de merda que fugiu de Washington. Ele não vai nos impedir de nos manifestarmos contra mais lockdowns por causa da COVID-19 ou outras coisas de que ouvimos falar. Fique quieto até ouvir de mim."

Capítulo 27
Pensamentos em trânsito em Londres

[22 de fevereiro de 2021].

O Salt passou o domingo desempacotando mais caixas, aumentando sua pilha de presentes e pensando no que levar para Londres. Houve uma época em que ele viajava tanto que até as viagens internacionais se tornaram rotina. Mas isso foi há muitos anos. E algumas coisas haviam mudado.

O Salt começou bem a manhã de segunda-feira - enquanto ainda estava escuro - para que pudesse pegar facilmente o voo matinal da Dulles International para o aeroporto de Heathrow, em Londres. O sofrimento que ele teria se perdesse o voo seria inimaginável, começando (mas não terminando) com Louise. Ainda bem que ela começou cedo, porque a Interstate 66 estava uma bagunça com o que na área de Washington eles chamavam de "mistura de inverno", o que no mundo real não significava nada. No entanto, na área de Washington DC, isso significava grandes problemas de trânsito e, é claro, Louise chegou antes dele à sala VIP no saguão C, mesmo com seu bom começo.

Ela zombou do fato de ele ser mais atrasado do que ela, mas, felizmente, nem Louise nem O Salt acordavam cedo, então eles se contentaram em ler o jornal e a última edição da revista Economist enquanto esperavam para embarcar. E, é claro, não havia muito o que conversar durante o voo. Os assentos da classe econômica (não da classe executiva, é claro) estavam em uma configuração de dois, três e dois, com sete assentos por fileira e dois corredores. O Salt e a Louise estavam em um dos pares de dois assentos perto da janela, mas mesmo em um avião vazio, sem assentos intermediários ocupados, não havia privacidade suficiente para permitir uma discussão substantiva, especialmente porque era preciso gritar com a máscara para ser ouvido. Tanto os comissários de bordo quanto os passageiros receberam máscaras e tiveram de usá-las durante o voo.

O Salt passou grande parte das sete horas de voo tentando entender a ideia de que ele estava no voo e como as discussões com Peter Banks, do British Foreign and Commonwealth Office, deveriam ser iniciadas. O Salt decidiu, provisoriamente, usar alguns dos conceitos da discussão do Napkin B com Stuart.

Louise também estava se concentrando na reunião com Peter Banks, mas, até certo ponto, ela estava se divertindo tentando decifrar novamente O Salt. Ele parecia simples em alguns níveis, mas também era complicado. Quanto à reunião com os britânicos, ela estava preparada para usar uma variação do esquema B do guardanapo.

Depois de aterrissar em Londres e pegar sua bagagem - por volta das 22:00, horário de Londres - O Salt perguntou por meio de sua máscara se Louise queria pegar um Uber para o hotel.

Louise respondeu sem rodeios: "Nunca deixe um rastro desnecessário quando viajar. Os táxis são os mais anônimos, o trem Heathrow Express é o próximo, e o Uber deixa um rastro eletrônico muito grande. E saiba que há câmeras em todos os lugares, especialmente em Londres".

Eles se dirigiram ao trem Heathrow Express no nível inferior do terminal e tiveram a sorte de não ter que esperar muito antes de embarcar. O Salt gostou muito de Londres, mas a viagem de trem relativamente curta até a estação Paddington, em Londres, no escuro, não foi nada pitoresca. Quando chegaram a Paddington, no final da tarde, a estação estava quase vazia, o que foi bom, pois a fila para um táxi não era muito longa. Eles entraram na fila de um táxi preto de Londres, observaram o uso quase uniforme de máscaras na estação e, depois de chegarem à frente da fila, percorreram as ruas quase vazias de Londres sem incidentes. Finalmente (pouco depois das 23:00), chegaram ao Marriott em Grosvenor Square, perto da antiga embaixada dos EUA. Felizmente, Louise estava encarregada de fazer o check-in, pois sabia quais nomes e cartões de crédito eles usariam para os dois quartos.

Felizmente, o bar do hotel ainda estava aberto - o que nem sempre acontece em Londres - e eles puderam conversar por alguns minutos na tranquilidade, embora Louise tenha lembrado O Salt de que as paredes de um bar tão perto da antiga embaixada dos Estados Unidos ainda podiam ter ouvidos, e eles deveriam ter cuidadoso .

Ela comentou que estava surpresa com o fato de Stuart gastar tanto em um hotel para eles, especialmente um que poderia vazar. O Salt não conseguia decidir se achava que Louise era louca ou cautelosa. Não importava, pois eles seguiriam as regras dela. O motivo da escolha do hotel por Stuart ficou claro quando um sujeito chamado Ed Jordan, que ocupava um cargo indefinido na embaixada dos Estados Unidos, juntou-se à mesa deles a uma certa distância social e sugeriu outra rodada.

Louise conhecia Jordan de um encontro anterior, mas O Salt não sabia nada sobre ele. Jordan explicou: "Sei muito pouco sobre quem você é, O Salt. Não sei o que você está fazendo aqui, por quanto tempo vai ficar fazendo isso, como Louise está envolvida ou se alguma coisa que você está fazendo faz sentido. Minhas ordens são para fazer a ligação com você, ajudar quando solicitado, se for um pedido razoável, não mencioná-lo a ninguém em Londres e ficar fora do caminho e de problemas.

"Prazer em conhecê-lo, Ed", disse O Salt, "e vamos nos dar bem, porque eu sei um pouco mais sobre o que fazemos aqui do que você". Jordan sabia que aquele comentário significava que Salt e Louise não iriam conversar, então a conversa se tornou social e durou pouco. Elas trocaram informações de contato e se separaram. Louise e O Salt se prepararam para lidar com o jet lag tentando dormir um pouco. Pelo menos havia notícias da BBC na TV.

Capítulo 28
Dia de Londres - Inauguração

Ambos dormiram bem e chegaram ao restaurante às oito horas da manhã seguinte. Não havia muitas pessoas, o que foi bom porque os assentos estavam espalhados. Cada um deles tomou um café da manhã inglês com muito café em vez de chá. O Salt perguntou a Louise o que ela sabia sobre Ed Jordan. A resposta foi praticamente nada. Eles decidiram minimizar o contato com ele. Em seguida, trocaram opiniões sobre como a reunião com os britânicos deveria ocorrer e partiram para a reunião em um táxi preto anônimo.

Era hora do rush em Londres, mas mesmo no Reino Unido, que havia desenvolvido maior controle sobre a COVID-19 do que os EUA, os efeitos persistentes da pandemia ainda eram evidentes. Isso era visível no tráfego de carros e pedestres, nas inúmeras máscaras faciais e na distância social entre os pedestres. O Salt não se importava muito com o trânsito lento. Ele gostava da aparência, da sensação e da história de Londres e estava desapontado com o fato de os arranha-céus estarem começando a dominar o horizonte das áreas chamadas City e Canary Wharf em particular. O Salt, que era um tradicionalista, preferia edifícios mais baixos e menos envidraçados. Ele gostava especialmente das áreas de Whitehall e Westminster. Mas ele sabia que seu tradicionalismo teria que ceder às vantagens econômicas dos edifícios mais altos; ele teria que superá-lo. Ele disse a Louise que era grato pelas restrições de altura que ainda existiam no Distrito de Colúmbia.

Mesmo com o trânsito reduzido, o ritmo era lento enquanto o táxi se arrastava do hotel até o British Foreign and Commonwealth Office na King Charles Street, perto do St. James Park e do Churchill War Rooms. James Park e o Churchill War Rooms. James Park e Churchill War Rooms. Eles chegaram no horário (ou seja, dez minutos antes), mediram a temperatura, receberam novas máscaras faciais e foram conduzidos a uma sala de conferências bonita e muito formal, que sem dúvida tinha uma história extraordinária.

Se ao menos aquelas paredes cobertas de seda pudessem falar. Peter Banks e três de seus colegas se juntaram a eles em poucos minutos: um grupo diversificado de millennials.

Peter era muito educado, perfeitamente britânico. Ele também era exatamente como você imaginaria a aparência de um diplomata britânico experiente: saído diretamente do elenco central. Ele devia ter 1,80 m, era magro, de cabelos pretos e vestia um terno azul-escuro impecável com uma gravata tradicional. Sem dúvida, ele havia estudado nas escolas certas. Após as apresentações de praxe, um pouco mais condensadas do que o normal, Peter se abriu e foi direto ao ponto: "Espero que não se importem com o fato de alguns de meus colegas terem se juntado a nós. Stuart não nos deu uma visão perfeitamente clara de sua missão, por isso foi difícil saber quem deveria estar em nossa reunião. No entanto, posso garantir que nenhum dos lábios nesta sala está solto e que eles são algumas de nossas pessoas mais atenciosas".

"Obrigado, Peter", respondeu O Salt. "Isso é perfeito, porque não sabemos muito bem como descrever nossa missão. Salvar a ordem mundial' soaria um pouco grandioso, mas não está longe disso.

O Salt continuou. "Entendendo que somos todos colegas na arte das relações exteriores e que operamos sob o proverbial cone do silêncio, vou ser direto. Alguns membros do novo governo dos EUA, incluindo o Presidente, estão dolorosamente cientes de que a ordem mundial se deteriorou em grande parte devido à falta de atenção e respeito pelos Estados Unidos. Todos nós reconhecemos que a ordem mundial criada por figuras como Churchill e FDR durante e após a Segunda Guerra Mundial não poderia sobreviver sem mudanças e, ao longo dos anos, muitas mudanças foram acomodadas. No entanto, a pressão por uma acomodação realista às vezes diluiu a preocupação com o bem comum em favor de tentativas de usar indevidamente ou contornar instituições multilaterais que nos serviram bem. Em parte, isso se deve ao ego, em parte à ignorância que leva a erros previsíveis, em parte às prioridades orçamentárias e em parte à má-fé. Não precisamos categorizar tudo isso para nossos propósitos.

Reconhecemos que, dependendo da política de cada um, esses desenvolvimentos podem ser vistos como incluindo coisas como a União Europeia e o Tratado de Lisboa A recente tendência nacionalista dos EUA de atacar a OTAN e a saída problemática do Reino Unido da UE.

Peter respondeu: "Com ou sem razão, acreditamos que, embora os Estados Unidos tenham sido parte da solução em sua maior parte após a Segunda Guerra Mundial, eles se tornaram parte do problema nos últimos anos. Cada um de nós tem seus fardos a carregar, um ex-presidente que se deu bem demais com nosso primeiro-ministro e, é claro, com a Ucrânia. Entendo que a Ucrânia está fora de cogitação, exceto, talvez, para uma conversa de coquetel, que é sempre a forma mais sagrada e, ao mesmo tempo, a mais sem sentido de conversa. De qualquer forma, acreditamos que os Estados Unidos podem - com o tempo e com bons trabalhos comprovados - retomar um papel de liderança construtiva no mundo.

O Salt respondeu: "Não presumimos que o papel desempenhado pelos Estados Unidos durante a Guerra Fria possa ser restaurado, nem que possa ser vendido nos Estados Unidos. Mas acreditamos que é do interesse da maior parte do mundo que os EUA voltem a se envolver de forma mais construtiva. Precisamos mudar do isolacionismo para o que alguns chamam de multilateralismo inclusivo. Buscamos as opiniões de aliados cuidadosamente selecionados sobre qual papel faz sentido para os Estados Unidos, quais são as barreiras e se esses aliados podem estar dispostos - com o tempo - a nos apoiar abertamente.

"Nosso novo presidente pretende restaurar alguns elementos da ordem mundial democrática, mas ele está dolorosamente ciente do comportamento recente dos EUA e, na verdade, dos eventos de 6 de janeiro. Ele entende que é bem conhecido e respeitado como senador, mas que é um ator novo e não testado no cenário mundial. Considerando as coisas extraordinárias que estão acontecendo no mundo atualmente, o Presidente não está em posição de ir muito longe nessa questão. Em outras palavras, o presidente está disposto a assumir o risco da liderança se os outros apoiarem os Estados Unidos nesse papel, mas não o risco de ser apunhalado pelas costas ou acusado de insensatez. E, é claro, isso não pode ser visto como uma tomada de poder dos EUA, porque não é isso, mesmo que muitos se recusem a aceitar.

Em outras palavras, estamos aqui em uma primeira reunião desse tipo para descobrir se há preocupações compartilhadas pelo Reino Unido e - se houver interesse em unir esforços para reconstruir um multilateralismo genuíno - como priorizar esforços e questões e qual papel os EUA devem desempenhar ao longo do tempo.

Não quero exagerar, mas se não conseguirmos identificar as preocupações compartilhadas e a disposição de nos envolvermos entre os EUA e o Reino Unido, não há muito sentido em buscar isso com os outros. Não se trata de pressionar indevidamente o Reino Unido, mas precisamos saber se os outros pensam que somos loucos por tentar juntar Humpty Dumpty de volta quando sabemos que ajudamos a empurrar o pobre Humpty contra a parede."

O Salt fez uma pausa. Peter Banks sorriu. Todos ficaram em silêncio por alguns instantes. Peter finalmente quebrou o silêncio. "Bem, eu não tinha certeza do que esperar, mas não era isso. A proposta é incomum, para dizer o mínimo, e a coisa toda está mais do que um pouco acima do nosso nível de remuneração. Em termos militares, é algo que deve ser discutido com generais, e nós somos soldados rasos. Acho que seria errado respondermos neste momento. Temos esse grupo à nossa disposição até amanhã. Em vez de formular uma resposta imediata, sugiro que façamos uma pausa e permitamos que nossos grupos conversem entre si e talvez com outros. Poderíamos nos reunir novamente pela manhã para elaborar uma primeira resposta e decidir o que mais faz sentido, se é que faz, neste momento. Talvez não consigamos abordar essa questão em um prazo tão curto. O que você delineou não é pouco ambicioso, para dizer o mínimo. De qualquer forma, esperamos que possa se juntar a alguns de nós para um jantar privado hoje à noite aqui em Whitehall."

"Isso é mais do que razoável", disse O Salt. "Mas estou um pouco preocupado com o fato de não termos apresentado nosso caso totalmente ou muito bem."

"Acho que já temos o suficiente", disse Peter. "Foi mais do que eloquente. Além disso, esse é o tipo de assunto sobre o qual você fala inicialmente por quarenta minutos ou quarenta horas. Não temos tempo para a versão de quarenta horas."

"Quando devemos voltar?

"Vamos marcar para as 16h30, caso tenhamos alguma dúvida, mas jantaremos, o que me disseram que será às 18h, após o coquetel."

Capítulo 29

Londres: outras reflexões

Quando Salt e Louise estavam saindo, descendo os degraus em frente ao Ministério das Relações Exteriores e da Comunidade Britânica, O Salt foi sincero e disse, rindo: "Tenho certeza de que acabamos de ser expulsos, mas não sei se ficaram horrorizados ou se estavam rindo. Como vou explicar isso ao presidente e a Stuart Bacon?"

"Não se preocupe com o que você tem a dizer ao Presidente", disse Louise. "Se isso não der em nada, Stuart o culpará à revelia e você não terá a chance de explicar nada ao presidente. Mas não tenho certeza de que os britânicos não farão experiências, pelo menos um pouco. Embora eles provavelmente queiram isso em pequenas porções e possam manter uma negação plausível o tempo todo."

Na hora marcada, O Salt e Louise voltaram ao Foreign and Commonwealth Office e se reuniram novamente com Peter Banks e sua equipe. Eles estavam todos muito quietos e difíceis de ler.

Após os cumprimentos, Peter Banks abriu o debate. "Antes de mais nada", disse Banks, "apreciamos muito sua visita e o interessante conceito por trás da discussão. Como você deve entender, no momento não estamos em um nível suficientemente alto na cadeia alimentar para fazer mais do que ouvir e reagir, e este grupo não poderia se inscrever em nada. Além de envolver outras pessoas, é preciso que haja mais conteúdo. No entanto, em princípio, estamos apoiando até certo ponto indefinido e, sujeito a algumas condições razoáveis, estamos dispostos a continuar as conversas".

"Bem," disse O Salt, rindo, "essa tem de ser uma das finalistas do prêmio de 'maior advertência de todos os tempos'. Quer acrescentar mais alguma?".

Banks também riu baixinho, dizendo: "Eu sabia que pegaria o mensagem".

"OK", disse O Salt, "quais são as condições? "Peter respondeu: "Em nenhuma ordem específica:

Até que sejamos informados do contrário, não se pode dizer que o Reino Unido está envolvido, muito menos que o apoiamos. Para ser franco, sua administração anterior nos queimou mais de uma vez, e levará tempo para reconstruir a confiança, se é que ela pode ser reconstruída. Isso requer experiência. Falar não é suficiente.

Você pode divulgar discretamente a uma lista pré-aprovada de governos que discutimos a questão e que estamos dispostos a pensar sobre ela, mas não mais do que isso.

Precisamos chegar a um acordo sobre alguns elementos fundamentais que darão mais substância ao debate. Isso é essencial. Estaremos fora se não conseguirmos identificar objetivos compartilhados desde o início.

Precisamos estar cientes das conversas com outras pessoas. Não queremos ter poder de veto sobre com quem eles conversam ou sobre as atualizações diárias, mas queremos ter poder de veto sobre com quem eles conversam sobre nosso possível envolvimento e como.

Temos o direito de nos retirar das negociações a qualquer momento e por qualquer motivo.

O Salt olhou para Louise em busca de um aceno silencioso e recebeu um, então ela respondeu. "Isso tudo é justo e aceitável", disse O Salt. "Também compartilho os problemas de confiança. Em resposta à sua necessidade de mais substância, deixe-me resumir alguns dos pontos que discutimos com o Presidente e Stuart Bacon. Devo enfatizar que eles são parciais e preliminares." Nesse ponto, O Salt transformou grande parte do conteúdo do Guardanapo B em princípios e objetivos orientadores, lendo lentamente sua lista para que os britânicos pudessem fazer anotações:

- Tentativas de boa fé para que os Estados Unidos voltem a participar do Acordo Climático de Paris.

- Tentativas de boa fé para que os Estados Unidos voltem a participar da Parceria Transpacífica.

- Um uso muito mais limitado e direcionado de tarifas e sanções econômicas unilaterais.

- Apoio forte e cooperativo à OTAN, o que não impede que haja mais pressão sobre os gastos com defesa dos países-membros.

- A abordagem à Coreia do Norte deve ser coordenada de perto com os aliados, especialmente a Coreia do Sul e o Japão.

- Uma nova abordagem em relação ao Irã que se coordene estreitamente com os aliados, em especial as partes do Plano de Ação Conjunto Global para o Irã que nosso presidente anterior abandonou.

- Uma abordagem reflexiva e colaborativa para os desafios da Ucrânia.

- Os Estados Unidos não estão envolvidos no Brexit e em questões relacionadas (exceto nas discussões sobre o acordo comercial entre os EUA e o Reino Unido), que devem ser resolvidas pelo Reino Unido e pela UE.

~*~*~*~

Em seguida, Salt enfatizou que a administração Evans estava eliminando ações prioritárias que estavam na lista de problemas de O Salt/Louise. Por exemplo:

- Os Estados Unidos voltam a participar do Tratado Climático de Paris.

- Os EUA ainda não aderiram à Parceria Transpacífico, mas o tratado de submarinos entre EUA, Reino Unido e UE está em vigor.

- A OTAN está mais forte do que nunca. Os Estados Unidos estão desempenhando um papel de liderança na Ucrânia.

O Salt concluiu dizendo que várias outras questões não estavam nessa pequena lista, mas eram importantes. Entre elas, o relacionamento dos EUA com a OMC e a OMS. Ele também enfatizou que os EUA estavam dispostos a ouvir as sugestões do Reino Unido.

"Uma lista interessante", disse Peter. "Mas vamos voltar à questão de por que o senhor está aqui, em vez de seu secretário de Estado, e por que eu e minha equipe, em vez de nosso secretário de Relações Exteriores.

O Salt respirou fundo e respondeu: "De certa forma, faço a mesma pergunta a mim mesmo. Como discutimos esta manhã, devemos reconhecer que os Estados Unidos sofreram uma perda significativa de credibilidade em todo o mundo, seja em relação a amigos ou inimigos. Somos vistos como voláteis, xenófobos, isolacionistas, não confiáveis e indignos de confiança. A falta de confiabilidade é um problema profundo e sério. Relutantemente, chegamos à conclusão de que as pessoas vistas como nomeados políticos ou aliados próximos do novo governo não serão tão eficazes quanto foram no passado, independentemente de quem sejam. O que elas disserem a outras pessoas no mundo será tratado como mais blá, blá, blá. E o que eles disserem só será válido enquanto essa pessoa estiver por perto, na melhor das hipóteses. O objetivo é colocar essas questões mais nas mãos de diplomatas de carreira sênior, inteligentes, confiáveis e apolíticos, que possam trabalhar em segundo plano sem serem forçados a revelar prematuramente a natureza e o status do projeto. Nós nos reportamos a Stuart Bacon e ao Presidente.

Quanto ao motivo pelo qual você e sua equipe", continuou O Salt, "entendo que Stuart e seu ministro das Relações Exteriores concordaram com a composição das equipes. Não sei quais foram os detalhes específicos.

"Bem, sua franqueza é apreciada, se é disso que se trata", respondeu Peter. "Precisamos ter mais tempo para discutir isso entre nós esta tarde. Por favor, volte hoje à noite para jantar e, ouso dizer, tomar um gim-tônica ou dois. Não creio que possamos discutir muito mais esta noite, mas talvez possamos traçar os próximos passos."

Quando Peter acompanhou O Salt e Louise até a saída, ele os chamou de lado e falou com eles em voz baixa. "Não quero exagerar, mas vocês precisam entender que, pelo fato de terem passado pela porta da frente hoje, provavelmente foram identificados como uma pessoa de possível interesse para a inteligência russa. Não é algo para se orgulhar, pois acreditamos que esse rótulo se aplica a quase todos que passam pela porta da frente até que provou não ser de muito interesse."

Peter lembrou a eles que o Reino Unido tinha experiência recente em lidar com a Rússia agindo de forma secreta e agressiva dentro das fronteiras do país. Em 2018, a inteligência militar russa envenenou um ex-espião russo que morava em uma pequena cidade inglesa e sua filha com o agente nervoso Novick. Se o que Salt e Louise estavam propondo ganhasse força, seria do interesse dos russos, enfatizou Peter, e Salt e Louise deveriam ser cuidadosos.

"Obrigada, eu acho", disse Louise. "E eu estava esperando que nosso alimento para reflexão viesse hoje à noite."

Quando Salt e Louise saíram do prédio, Salt olhou para ela e perguntou: "Isso foi de verdade?

"O tempo dirá", disse O Salt. "Se você não se importa, preciso dar uma caminhada tranquila e pensar nas coisas. Por que não me encontra no lobby do hotel por volta das quatro e meia da tarde?"

"Por mim, tudo bem", disse Louise.

Era um típico dia cinzento e úmido de inverno em Londres, mas não estava chovendo. O Salt fez uma longa caminhada pelas áreas próximas de Londres. Como estavam na vizinhança, ele passou lentamente pela Abadia de Westminster e pelo Parlamento, e chegou quase até o Palácio de Buckingham. Enquanto caminhava, decidiu que poderia ser otimista e pensar no que diria ao British Foreign and Commonwealth Office sobre as próximas etapas. Tirou do bolso do terno a versão amassada do guardanapo B de sua conversa com Stuart e o Presidente. Ele o leu novamente:

- Stuart Bacon é Secretário de Estado.

- A Pepper se reporta diretamente à Bacon e ao Presidente Evans, e tem acesso direto razoável a Evans.

- No G-7 e em outros países selecionados, será estabelecido um contato direto na embaixada dos EUA, aceitável para a Pepper, que se reportará exclusivamente à Pepper e ao Secretário de Estado sobre esse projeto; o projeto não será compartilhado com nomeados políticos.

- Tentativas de boa fé para aderir novamente ao Acordo Climático de Paris.

- Tentativas de boa fé para voltar a participar do TPP.

- Um uso muito mais limitado e seletivo de tarifas, exceto quando acordado pelo G-7 ou por outros grupos de interesse semelhantes.

- Forte apoio à OTAN, a fim de manter a pressão sobre os gastos com defesa dos Estados membros.

- A abordagem à Coreia do Norte deve ser coordenada de perto com os aliados, especialmente a Coreia do Sul e o Japão.

- A reaproximação com o Irã deve ser coordenada de perto com as partes aliadas do acordo nuclear iraniano do qual os EUA se retiraram (Joint Comprehensive Plan of Action) e ficar fora das guerras no Oriente Médio.

- Compromisso de fortalecer o quadro de profissionais sênior no Departamento de Estado.

- Progresso rápido em direção à retomada das negociações do Novo START sem exigir a participação da China.

- Ucrânia.

Ele acrescentou mentalmente a OMS e questões de saúde global à sua versão da lista. Ele também percebeu que havia incluído novamente o tratado New START e a Ucrânia.

Ele lembrou que o Presidente havia dito que a lista era para discussão e não para ser compartilhada. Ele também disse que o novo governo ainda não poderia viver com uma reforma abrangente da imigração. Depois de pensar um pouco mais, ele decidiu que conversaria com Louise sobre a possibilidade de explicar oralmente os pontos apropriados aos britânicos, caso eles tivessem algum interesse.

Capítulo 30
Londres: noite com os britânicos

[23 de fevereiro de 2021].

Quando chegaram ao hotel, foram ao bar. Dessa vez, beberam água. Louise disse que havia conversado sobre a segurança do bar com Ed Jordan, da embaixada, que achava que era bastante seguro até o bar abrir. Eles tinham motivos para acreditar que alguém os estava observando.

"Bem, o que você acha?", perguntou O Salt.

Louise respondeu: "Acho que é mais ou menos o que deveríamos esperar em um caso otimista, com base na reação que você teve do seu amigo canadense. Acho que temos que começar por algum lugar, e o Reino Unido é o lugar certo para isso. Peter Banks parece ser um sujeito bastante decente e direto. E, é claro, os britânicos têm seus próprios problemas, portanto, há um limite para a quantidade de críticas que eles podem nos dar. Temos que pensar nas próximas etapas. Parece-me que temos que escolher uma ou duas questões para nos concentrarmos e, com sorte, começarmos a ganhar credibilidade.

"Tudo bem," disse O Salt. "Vamos pensar nisso enquanto nos arrumamos para o jantar."

Quando se encontraram no saguão do hotel, Louise parecia uma pessoa diferente. Até então, O Salt só tinha visto Louise com um terninho preto e uma blusa branca. Agora ela estava usando um vestido chamativo, não exatamente o que O Salt chamaria de vestido de coquetel, mas muito elegante e colorido. E ela havia arrumado o cabelo. "Não tenho certeza de quais são os padrões hoje em dia", disse Salt, "mas espero não ofendê-la se disser que está linda. Minha única dúvida é se sua arma cabe nessa bolsinha."

"Sem ofensa, e obrigada", disse Louise, "e a arma me cai bem". E ela continuou: "Espero não ofendê-lo, O Salt, mas essa é a mesma camisa e gravata que você estava usando hoje à tarde?"

"Sim," disse O Salt. "O que há com isso?"

Louise franziu a testa e perguntou: "Você tem uma camisa limpa no seu quarto?

"Sim", disse O Salt novamente.

"Tudo bem", disse Louise. "Suba as escadas e vista a camisa branca mais limpa e engomada que tiver. Enquanto faz isso, vou até a loja de um senhor que vi hoje à tarde e comprarei uma gravata nova para você. Você tem cinco minutos. Vá em frente.

Oito minutos depois, Louise estava ajudando O Salt com sua nova gravata, mais sofisticada. "Aí está", disse ela a ele. "Agora você parece alguém que já esteve em Londres antes."

"Obrigado", murmurou O Salt enquanto entravam em um táxi. "Agora, o que você acha do estado das coisas?

Louise respondeu: "Você tem razão; precisamos ter uma lista muito curta de metas. Tem que ser algo que atraia a atenção do Reino Unido por outros motivos. E tem que ser algo que achamos que podemos avançar rapidamente. Precisamos de uma vitória rápida, se possível.

"Concordo plenamente", disse O Salt. "Vamos ver o que eles vão fazer.

Eles chegaram ao Foreign and Commonwealth Office e foram recebidos pelo jovem assistente de Peter Banks, que era a essência da propriedade e do cuidado ao medir a temperatura deles. Ele seguiu cuidadosamente todos os protocolos relevantes. Eles foram conduzidos a outra sala de reuniões muito formal e ornamentada, com revestimentos de seda nas paredes e enormes lustres de cristal. A equipe de Relações Exteriores e da Commonwealth se reuniu e tomou seu tradicional gim-tônica, mantendo a distância social e dispensando as máscaras. A conversa foi leve e permaneceu assim durante o tradicional jantar britânico de cordeiro ou linguado de Dover, cobrindo tópicos como a realeza, a COVID-19 e o fracasso de ambos os países em administrá-la bem, a política estadual e local dos EUA, comparações entre a Câmara dos Comuns e o Congresso dos EUA, desenvolvimentos em Hong Kong e em outros lugares da Ásia, o fato de que um Brexit sem acordo foi evitado no último segundo com a conclusão da Rodada de Doha no final de dezembro de 2009, do acordo comercial entre o Reino Unido e a União Europeia e o movimento Black Lives Matter nos EUA e no Reino Unido, incluindo as grandes manifestações em Londres. Durante a sobremesa, o café e o chá, eles debateram se Winston Churchill era racista. Essa discussão continuou mais tarde e exigiu uma conversa cordial após o jantar.

Peter se dirigiu aos britânicos após a sobremesa, chamando a atenção para si mesmo ao se levantar e bater cuidadosamente em seu copo vazio. "O Salt e Louise, estivemos pensando sobre nossa discussão anterior. Não retiramos o que dissemos, mas temos a honra de enfatizar o quanto isso será difícil. É possível destruir a reputação de um país em um período muito curto de tempo com base em algumas questões. É muito mais difícil restaurar a confiança mútua, e os esforços de restauração devem se concentrar em questões que são importantes para ambos. Fazer progresso em questões insignificantes não ajudará em nada. Quanto mais pensamos sobre isso, mais acreditamos que esse esforço é o que os ianques chamam de "trabalho pesado", que levará muito tempo. Se avançarmos, teremos de administrar as expectativas de nossos respectivos líderes.

Louise tomou a palavra, concordando com a visão geral de Peter. Continuando, ela explicou: "Peter, achamos que precisamos identificar uma ou duas questões que sejam importantes o suficiente para gerar o nível de atenção necessário, que estejam no campo da viabilidade e que não sejam tão complicadas a ponto de levar anos para desenvolver a confiança em torno delas.

"Você tem algo em mente?", perguntou Peter.

"Temos algumas coisas para lhe dizer", respondeu Louise.

O Salt ficou feliz pelo fato de Louise ter dado um passo à frente e tomado a iniciativa, e ele, impressionado, manteve a boca fechada.

Louise continuou. "As negociações comerciais pós-Brexit entre os EUA e o Reino Unido estão paralisadas em várias frentes. Vamos escolher duas dessas questões para o nosso grupo de trabalho se concentrar. Além disso, vamos nos concentrar em um ou dois elementos do relacionamento com a Ucrânia. Agora que os Estados Unidos têm um novo governo que acredita que a Ucrânia deve ser reconhecida e que ainda não surgiram novas complicações, deve ser mais fácil avançar entre nossos países e depois com a OTAN e, em última análise, é Rússia.

"Desculpe-me por interromper," disse Peter, "mas isso é importante. Vamos refletir sobre essa lista, que, à primeira vista, parece razoável. As negociações comerciais entre os EUA e o Reino Unido estão em primeiro plano. Para ser sincero, estamos preocupados com os EUA na frente comercial. Estamos todos concentrados na persistente crise da COVID-19, se as duas vacinas nas quais eles estão se concentrando funcionarão, com que rapidez e os efeitos da recessão contínua. Nossos economistas acreditam que a manufatura dos EUA está com problemas. E os EUA não têm muitas ferramentas domésticas para lidar com esses problemas. O país já usou a maior parte de sua pólvora seca na forma de estímulo monetário e fiscal, e pode ser tentador culpar o Brexit e a Europa e impor mais tarifas. A Europa e nós veríamos isso como uma forma de guerra econômica. Alguns de nós também temem que as lições da cadeia de suprimentos da experiência com a COVID-19 e a sobrevivência de alguns dos temas "América em primeiro lugar" façam com que o setor privado dos EUA adote o quase offshoring e invista pesadamente em novas instalações. Isso pode significar o uso da robótica e da inteligência artificial para isolar a produção dos custos de mão de obra e tornar financeiramente viável a transferência de mais produção para os EUA.

"É justo", respondeu O Salt. "Mas não vamos nos esquecer do papel do Reino Unido e do Brexit em termos de fragmentação do comércio e quebra de alianças. Também estamos um pouco preocupados com sua política, incluindo seu primeiro-ministro, que não parece ter o temperamento certo para governar um país, e o líder do movimento pró-Brexit. Não sabemos muito sobre o novo líder de seu Partido Trabalhista. É um cozido bastante denso e imprevisível que está sendo preparado tanto no Reino Unido quanto nos EUA."

Louise se inclinou em direção a ele. "Todos nós envolvidos nesse processo teremos que avaliar se acreditamos que a União Europeia sobreviverá ao efeito combinado do Brexit, da COVID-19, da recessão e da ascensão da direita em todo o mundo.

Peter concordou. "Infelizmente, tudo isso tem que estar em nosso radar". Sorrindo, ele acrescentou: "Acho que os ianques conhecem um líder não qualificado para dirigir um país quando o veem.

Quem poderia esquecer o show de julho de 2018 em Helsinque?

Peter continuou: "Voltando à sua lista, gostaríamos de acrescentar o restabelecimento do Acordo Climático de Paris e o acordo JCPOA com o Irã e outros, mas achamos que eles são ambiciosos demais em todos os sentidos. E os EUA não estão em posição de assumir um papel de liderança neles. De qualquer forma, precisamos definir com mais detalhes os parâmetros de nossas questões-alvo e garantir que compartilhemos a ideia do que constituiria uma vitória mútua nessas questões para o nosso grupo de trabalho. Vamos ver se conseguimos chegar a essa definição na próxima semana.

"Obrigado, Peter", disse O Salt. "Ouvimos o que você tem a dizer sobre as questões de mira. Teremos que conversar sobre isso com Stuart amanhã e, sem dúvida, ele terá que fazer uma consulta, mas faremos isso e entraremos em contato com você. Esperamos que possamos chegar a um entendimento mútuo em breve e também concordar sobre quem deve estar envolvido. Outro tópico que poderíamos colocar na pequena lista é o gerenciamento de pandemias globais, o papel da OMS, o papel da China em relação à OMS e o que mais pode ser necessário para apoiar a OMS. De qualquer forma, obrigado por seu tempo e suas reflexões de hoje, sem falar no jantar".

"De nada, O Salt e Louise. Informe-nos sobre a reação de Stuart ao que discutimos e quando você acha que poderemos dar andamento às coisas. Acho que temos algumas das mesmas atitudes e desafios domésticos em relação a essas questões. Nesse sentido, a história pode ser interessante e esclarecedora, e verifiquei novamente algumas coisas no final desta tarde. Em 30 de agosto de 2013, nossa Câmara dos Comuns se recusou a apoiar o pedido do nosso primeiro-ministro de autoridade para intervir na guerra civil da Síria para responder, entre outras coisas, ao uso de armas químicas. Essa recusa foi algo inédito e surpreendente. Duas semanas mais tarde, os esforços do Presidente Obama para obter a aprovação do Congresso dos EUA para tal esforço tiveram o mesmo destino. Entretanto, um acordo com a Rússia salvou um esforço conjunto para eliminar as armas químicas. Quase três anos depois, em 23 de junho de 2016, o povo britânico aprovou o Brexit e, de fato, um maior isolamento. Mais tarde, no mesmo ano, os cidadãos dos Estados Unidos elegeram o Presidente Pope, que se tornou um fã do Brexit e dos tipos de coisas que ele representava, incluindo "América em primeiro lugar," o que na verdade significava sempre se colocar em último lugar.

Portanto, até certo ponto, o povo britânico e o Parlamento britânico podem ser indicadores do que os Estados Unidos farão, uma espécie de barômetro. Devemos aprender com esse fenômeno.

A propósito, lembre-se também de ficar atento quando sair hoje à noite. Duvido que você já tenha atraído muita atenção externa indesejada, mas vale a pena ser cauteloso. Peter então sorriu e acrescentou: "A propósito, se, como americanos, vocês puderem desenvolver uma resposta para resolver um problema como o do Príncipe Harry, isso seria uma vantagem. De fato, nós gostamos muito do jovem e de sua esposa.

O Salt e Louise intencionalmente começaram a caminhar de volta para o hotel em vez de procurar um táxi. Após cerca de dez minutos, Louise perguntou a O Salt: "Você tem a sensação de que alguém está nos seguindo?

Estava escuro, é claro, mas eles estavam na bem iluminada área de Whitehall, em Londres. O Salt olhou em volta e disse: "Não estou vendo nada de anormal.

Louise riu baixinho. "É muito improvável que você veja alguém em uma situação como essa. Qualquer pessoa que seja boa ficaria fora do campo de visão. Você quase precisa senti-los."

"Então você acha que há algo errado?" perguntou O Salt.

"Não tenho certeza", disse Louise. "Mas tenho a sensação de que há alguém lá fora nos observando. Talvez o que Peter disse esteja me dando arrepios. Vamos pegar o táxi. E assim eles fizeram.

Depois de chegarem ao hotel, foram para o quarto de O Salt e enviaram uma mensagem criptografada para Stuart, pedindo um tempo para conversar no dia seguinte. Eles tomaram uma bebida do frigobar e conversaram por alguns minutos.

O Salt parecia pensativo e comentou: "Obrigado por sua ajuda hoje. Você foi muito bem-sucedido e eficaz. Muito bem. E então, se me permite dizer, além de chamar a atenção deles com o que você disse, você quase destruiu o nível de concentração deles com seu olhar chocante. Como eles diriam: 'Droga! E lembre-me de quanto lhe devo pela gravata nova."

"Obrigada, O Salt," disse Louise. "Acho que podemos formar uma boa equipe se trabalharmos para isso."

E eles foram para a cama.

Capítulo 31
Desvio para o Oriente Médio

[24 de fevereiro de 2021].

O Salt saiu da cama por volta das 6h30 da manhã de quarta-feira e verificou se havia e-mails dos Estados Unidos no sapato-fone. Ainda nada. Apesar de ser uma noite inteira em Washington, ele esperava obter alguma orientação sobre a lista de candidatos a propor a Peter e sua equipe antes de desperdiçar mais um dia. Ele se vestiu e foi tomar o café da manhã na cafeteria do saguão. Louise estava lá, novamente com seu terno preto. "Espero que você tenha dormido bem ontem à noite," disse ela.

O Salt respondeu: "Tive um pouco de dificuldade no início, mas depois adormeci rapidamente. Acho que já superei meu jet lag, como você dormiu?

"Bem, obrigado, embora, como você, eu tenha demorado um pouco para pegar no sono. Muitas coisas em minha mente.

Em seguida, eles consideraram uma pequena lista de questões comerciais pós-Brexit entre os EUA e o Reino Unido nas quais poderiam se concentrar com os britânicos como um caso de teste para o exercício de construção de relacionamento. Havia tantas - praticamente todas as questões comerciais possíveis entre as duas nações - que eles decidiram que fazia mais sentido delegar a Peter e Stuart e suas equipes; eles estavam mais bem posicionados para identificar as questões que eram urgentes e importantes para o Reino Unido e teriam uma ideia melhor do que seria relativamente fácil de resolver. Essas conversas não começaram sem uma troca prévia. Talvez fosse necessário obter uma pequena lista dos britânicos e depois consultar as prioridades com os interlocutores apropriados nos Estados Unidos.

Louise então ressaltou que, embora a equipe ainda não tivesse alcançado uma longa lista de realizações, os Estados Unidos como um todo estavam tirando coisas da lista do grupo antes mesmo de começar.

O Salt pegou o que precisava na padaria e, antes que se esquecesse e para complicar ainda mais as coisas, ao voltar para a mesa, perguntou a Louise se eles poderiam jantar tranquilamente na área de DC no domingo à noite, para que tivessem tempo de se preparar para a reunião de segunda-feira à tarde com Stuart e a equipe que havia sido confirmada para eles. Louise disse que o jantar de domingo seria bom.

Eles também discutiram uma pequena lista de questões ucranianas e decidiram que proporiam algumas coisas a Stuart. Eles não discutiram nem comentaram a adição tardia de O Salt sobre o gerenciamento de problemas de saúde globais. Louise não quis tocar nesse ponto.

Em seguida, eles consideraram brevemente qual deveria ser o próximo alvo geográfico: França? Alemanha? Algum lugar mais exótico?

Quando terminaram o café da manhã, O Salt e Louise receberam e-mails em seus telefones dizendo para irem para um lugar seguro onde pudessem falar em um telefone fixo com viva-voz. E quanto mais cedo, melhor. Elas ligaram para Ed Jordan na embaixada e tomaram as providências necessárias. Pegaram um táxi e chegaram à embaixada dos EUA às 10h30, horário de Londres, ou 5h30 em Washington. Ed Jordan os acomodou em uma sala de conferências segura na embaixada e depois saiu educadamente.

Às 10h45, horário de Londres, o telefone tocou. Era Stuart e um grupo de cerca de cinco outras pessoas reunidas em torno de um telefone. Descobriu-se que o grupo nos Estados Unidos estava na Sala de Crise, no porão da Casa Branca.

Stuart abriu a chamada. "Estamos muito ansiosos para saber como as coisas correram em Londres, mas temos que mudar de marcha para dar atenção a uma prioridade ainda maior."

Ambos estão cientes do acordo JCPOA com o Irã e outros países. E nós lhe daremos um relatório completo mais tarde. Como devem se lembrar, o tratado foi assinado em Viena em julho de 2015 pelos cinco membros permanentes do Conselho de Segurança da ONU (China, França, Rússia, Reino Unido e Estados Unidos), Alemanha, União Europeia e Irã. O presidente Pope retirou os Estados Unidos do tratado em maio. 2018. O tratado se arrastou até 2020, quando as coisas se deterioraram, incluindo a eclosão de hostilidades em vários níveis entre o Irã, o Iraque, os EUA e outros. Além de escaramuças relativamente pequenas e da contínua turbulência, nada de significativo aconteceu durante o balanço de 2020 e o processo eleitoral dos EUA. Mas o Irã teve um sério surto de coronavírus e culpou os EUA e seu regime de sanções pelo fato de o Irã não ter recebido mais ajuda e assistência para lidar com a pandemia.

O Presidente Evans fez campanha com base no fato de que algo como o JCPOA deveria ser ressuscitado. Agora que o presidente Evans está no cargo, o Irã acaba de ir à Alemanha para dizer que está disposto a conversar, mas que isso deve ser rápido e seguro, não público. Entendemos que isso está além de sua competência, mas gostaríamos que ele ajudasse a dar andamento ao assunto. E em breve.

"Quanto tempo é pouco?", perguntou Louise.

"Amanhã," disse Stuart.

O Salt protestou: "Mas somos novos aqui e relativamente desinformados sobre as pessoas e os detalhes de como chegamos aqui. No primeiro dia, estaríamos em apuros. E o mais importante é que há pessoas muito boas disponíveis no estado e em outros lugares que poderiam nos superar."

"Você terá que correr rápido", reconheceu Stuart, "mas você pode fazer isso. E este é apenas o primeiro passo. Temos que manter isso em segredo, portanto, primeiro temos que reunir uma equipe muito pequena e minimamente reconhecível. Serão vocês dois mais Gretchen Grant, do Departamento de Estado, que esteve envolvida nos detalhes do JCPOA, mas não de forma muito visível. Talvez um ou dois alemães a conheçam. Gretchen embarcará em um voo para Berlim nesta tarde e chegará pela manhã. O primeiro passo é reunir-se em Berlim com os alemães, que talvez tenham tido o melhor relacionamento com o Irã. Gostaríamos que fosse amanhã, mas, no mundo real, terá de ser na sexta-feira. Prevemos uma primeira reunião com os iranianos na próxima semana, em datas e locais a serem determinados. Você está dentro?

"O que faremos com os britânicos se começarmos a nos concentrar nisso em vez de nos concentrarmos no que discutimos com eles?", perguntou O Salt.

Stuart foi direto. "Nós lhes dizemos a verdade. Dizemos a eles que foram desviados por alguns dias e que, enquanto isso, nós, em Washington, estamos estudando os resultados de suas discussões em

Londres para que possamos voltar a eles em breve. Não podemos e não vamos deixá-los na mão. Esse esforço é muito importante.

"Merda, Stuart." O Salt suspirou. "Você sabe que não nos inscrevemos para isso."

"Eu admito", disse Stuart, "mas a vida às vezes apresenta desafios imprevistos e significativos".

"Certo, vamos direto ao ponto e não vamos perder tempo", disse Louise, entrando na briga. "Supondo que nos misturemos bem com os alemães e com a Gretchen, vamos ajudar a fazer a coisa andar."

A boca de O Salt se abriu. Ele estava obviamente ficando agitado, e o maníaco por controle que havia nele veio à tona. "Que porra é essa, meninos e meninas, vocês estão todos loucos? Jesus Cristo, o que está acontecendo aqui?

Stuart começou a responder, mas Louise o interrompeu. "Olhe, O Salt, você é um escoteiro com tendências patrióticas e inteligência. Você vai acabar concordando em fazer isso, então vamos economizar quinze minutos de histrionismo e começar a aprender sobre esse grupo. Isso tem quase a mesma chance de sucesso que a porcaria mal feita que jogamos nos britânicos ontem. Na sua idade, um ou dois bons fracassos não prejudicarão seu currículo. Minha carreira diplomática/inteligência, por outro lado, se transformará em um mingau. Em outras palavras, supere isso.

Seguiram-se alguns momentos de silêncio. O Salt franziu a testa e disse: "Entendo.

"Ótimo", respondeu Stuart. "Vou passar para Walter Williams, que tem andado de um lado para o outro entre o Estado e a CIA nos últimos anos, mas manteve o foco em questões relacionadas ao JCPOA e ao Irã. Assim como Gretchen, ele é um dos nossos melhores e mais bem informados. Obrigado a todos vocês.

Stuart atendeu a chamada e Walter se sentou e se apresentou. Ao contrário de Louise, Walter não tinha experiência nas ruas, mas era obviamente muito inteligente e bem informado.

Walter sugeriu: "Vamos começar do início." E assim ele fez.

Capítulo 32

Contexto iraniano I; pegadas na neve

[24-25 de fevereiro de 2021] [24-25 de fevereiro de 2021

Como Walter explicou, a rica história da Pérsia remonta essencialmente ao início dos tempos. Nos anos 600, começou o cisma entre as seitas muçulmanas xiitas e sunitas no que hoje é o Império Otomano. A Síria se desenvolveu, aparentemente, por causa de visões diferentes sobre quem poderia interpretar o Alcorão, os descendentes de Maomé ou um grupo mais amplo. A Pérsia (chamada de "Irã" em 1935) é mais xiita, com uma visão limitada de quem pode interpretar o Alcorão. O que hoje é o Iraque abrigava ambas as convicções, embora Saddam Hussein fosse sunita. Alguns dos países maiores e ricos em petróleo da região do Golfo também são mais sunitas. Não é preciso ter um diploma em história do Oriente Médio para concluir que o cisma xiita/sunita é profundo e provavelmente eterno, e deve ser respeitado. Ele não desaparecerá em nossa época.

Até mesmo essas observações introdutórias geraram perguntas, que Walter respondeu com agilidade e paciência. A relação xiita-sunita e qual ramo da fé muçulmana dominava o local eram de particular interesse.

Após as perguntas e respostas, Walter habilmente avançou vários séculos e muitos eventos importantes. O Irã foi neutro na Segunda Guerra Mundial, mas foi ocupado pelo Reino Unido e pela Rússia. Em 1953, um golpe militar apoiado pelos EUA e pelo Reino Unido derrubou um governo antiocidental. Isso levou o Xá do Irã ao poder, e ele e sua família permaneceram no controle por muitos anos. Mas, em 1979, ocorreu a revolução iraniana, o Xá foi derrubado e o aiatolá Khomeini instalou um forte regime xiita na forma da República Islâmica. O ano de 1979 também foi marcado pela crise dos reféns entre os EUA e o Irã, que durou 444 dias e terminou em 1981, no dia em que os reféns americanos e iranianos foram feitos reféns. da posse de Ronald Reagan.

Walter lembrou a eles que, pelo menos desde 1980, o regime de Assad na Síria e o Hezbollah no Líbano, ambos xiitas, têm sido apoiados pelo Irã.

O apoio iraniano a Assad tem sido particularmente forte desde 2011. A violenta guerra Irã-Iraque ocorreu de 1980 a 1988, começando com uma invasão iraquiana ao Irã em 1980.

O Irã permaneceu em grande parte à margem durante o auge da Guerra do Golfo (Operação Escudo do Deserto) entre 1990 e o início de 1991, após a invasão do Kuwait pelo Iraque e a subsequente invasão do Iraque liderada pelos EUA (Operação Tempestade no Deserto) em 1991.

Depois de responder a várias perguntas, Walter respirou fundo e continuou: "O Irã esteve diretamente envolvido em muitos conflitos com os Estados Unidos, de intensidade variável, na última década. Houve uma série de incidentes envolvendo os EUA e o Iraque e, em menor escala, Israel. Também houve agitação interna no Irã de tempos em tempos, pois a população iraniana não apoia uniformemente o que equivale a uma teocracia atormentada por acusações de fraude e corrupção. Em 2009 e 2010, houve uma agitação interna significativa no Irã. Em 2014, o Irã interveio na guerra civil do Iêmen, que ainda está em andamento.

Walter lembrou a eles que a situação entre os EUA e o Irã ficou mais tensa em 2019, com o Irã lançando ataques periódicos com foguetes contra o Iraque, um ataque à embaixada dos EUA em Bagdá em janeiro de 2020, e o que alguns chamam de "assassinato" pelos EUA do proeminente líder militar iraniano e herói popular General Qassim Soleimani, comandante das Forças Iranianas (incluindo a Força Quds do Corpo de Guardas Revolucionários Islâmicos), em um ataque de drone perto do aeroporto de Bagdá em 3 de janeiro de 2020. Para concluir", Walter explicou: "Desde esse evento, é justo dizer que o Irã, o Iraque e os Estados Unidos têm tido um relacionamento ainda mais turbulento. No final do primeiro trimestre de 2020, ficou claro que o Irã não se moveria na direção de conversas sérias com os Estados Unidos ou seus aliados até que a eleição presidencial dos EUA tivesse ocorrido.

Desde então, não houve desenvolvimentos significativos. A pandemia do coronavírus exacerbou muito os problemas internos do Irã e a agitação popular."

Depois de responder a várias perguntas, Walter pediu um tempo e disse: "Acho que era isso que eu precisava discutir hoje. Achamos que seria útil que você se encontrasse com Gretchen Grant em Berlim amanhã e que nós tentássemos marcar uma reunião com os alemães na sexta-feira. Esperávamos que fosse na quinta-feira, mas Gretchen estará com jetlag, e achamos que faz sentido que vocês dois e Gretchen passem algum tempo juntos em Berlim amanhã à noite antes de se encontrarem com os alemães na sexta-feira".

"A propósito," acrescentou Walter, "Gretchen é uma jogadora séria aqui. Ela sabe o que está fazendo. Ela não teve destaque durante as discussões com o Irã em 2014-2015, mas estava lá e tem acompanhado o Irã de perto desde então. E ela é muito respeitada pelos alemães".

"Obrigado, Walter", disse O Salt. "Você sabe, uma ajuda razoável da história é uma coisa boa. Eu costumava trabalhar com um homem muito sábio que dizia que, quando se trata de avaliar pessoas, é importante seguir as "pegadas na neve." Em outras palavras, você pode saber muito sobre o rumo que uma pessoa, uma nação ou um grupo está tomando ao entender de onde eles vêm e em que direção estão indo. Seguir a trajetória das pegadas na neve não é infalível, mas é um bom começo. Daí a importância da história. Algo que nem todos os líderes políticos entendem. Portanto, obrigado.

Ao final da apresentação de Walter, das perguntas e da discussão, eram quatro horas da tarde de quarta-feira em Londres. Walter desligou. Tinha sido uma longa ligação e um longo dia sem intervalo para o almoço.

Depois que Walter desligou, O Salt se voltou para Louise. "Quem é esse Walter e será que ele sabe o que está fazendo? Ele parece conhecer não apenas os fatos, mas como eles se encaixam e influenciam os acontecimentos.

"Você tem razão," disse Louise. "Ele está sempre alternando entre a agência e o estado, não porque seja um problema, mas porque é brilhante. Ele é afro-americano, muito inteligente, trabalha como um cão, está sempre atualizado, talvez tenha uma memória fotográfica e é confiável. Ele pode ser um pouco arrogante e talvez nunca opere em campo, mas ninguém se importa.

"Ótimo", disse O Salt. "Vamos garantir que ele continue na equipe."

Capítulo 33

Caminhada no parque, conversa e muito mais

[24 de fevereiro de 2021].

Em uma tarde fria, mas não muito úmida, em Londres, quase não havia mais luz. O Salt se virou para Louise e disse: "Acho que preciso comprar uma barra de proteína e dar uma caminhada no Hyde Park... e macarrão, especialmente este.

Louise respondeu: "Faça sua caminhada. Eu preciso correr. Que tal me encontrar no saguão do hotel em duas horas? Sua tarefa é falar com o concierge e conseguir uma reserva para as seis e meia ou sete horas em um restaurante indiano decente a uma curta distância do hotel. A comida indiana geralmente é muito boa em Londres. Sua outra tarefa é cuidar de suas costas enquanto caminha e ficar atento a qualquer pessoa que o siga. Vou ligar para o assistente de Stuart e ele nos colocará em um voo para Berlim pela manhã e em um hotel amanhã à noite."

"Sim, senhora", respondeu O Salt, "embora eu ache que o risco de ser seguido é exagerado."

"É melhor prevenir do que remediar", disse Louise. "Vejo você em duas horas."

Os dois precisavam de um descanso e, enquanto pensavam sobre as coisas, não chegaram a uma conclusão definitiva nem enquanto caminhavam nem enquanto corriam. O Salt pensou se deveria voar para Berlim pela manhã, encerrar toda essa operação e voltar para os Estados Unidos e para a fazenda perto de Carterville. Esse esforço estava indo em uma direção muito diferente da que ele havia sido levado a acreditar no início.

O Salt estava interessado em resolver problemas comerciais de forma a ajudar os americanos comuns - como os de Carterville e arredores - e em homenagear Meredith tentando melhorar as respostas globais aos problemas de saúde. No fundo, ele era um comerciante livre. Acreditava que tentar fornecer proteção artificial ou impor restrições artificiais aos negócios e ao setor era um erro. No longo prazo, eles tinham para poder competir.

Mas muita ajuda pública estava sendo distribuída em todo o mundo em um esforço para conter a recessão. E até mesmo O Salt era a favor de medidas para garantir coisas como igualdade de condições, proteção adequada da propriedade intelectual e incubação de novas empresas. Esses tipos de questões eram capazes de inspirar O Salt a se envolver em uma missão. A reunião com os britânicos para discutir os acordos de livre comércio entre os EUA e o Reino Unido, que inevitavelmente afetariam os acordos comerciais entre os EUA e a UE, também chamou sua atenção. É claro que o elefante na sala era a China, e a melhoria dessa complicada e conturbada relação comercial (ou seria uma guerra?), incluindo a controvérsia da Huawei, poderia ter um enorme impacto no país. Esse era o tipo de coisa pela qual O Salt adiaria a aposentadoria.

A negociação com o Irã não prometia melhorar substancialmente as questões comerciais nos Estados Unidos. Os Estados Unidos eram essencialmente independentes em termos de energia, e a situação do Irã era uma bagunça que realmente remontava a séculos. O Irã era, sem dúvida, muito importante, mas não se tornaria o ponto de interesse de O Salt, e ele não estava feliz em ser empurrado nessa direção. Ele se preocupava com o fato de estar sendo arrastado para o caos dentro do círculo eleitoral, quando na verdade queria se concentrar em ajudar as pessoas de fora.

O Salt acabou se convencendo de que mais um dia não seria nada demais, embora ainda estivesse irritado com o fato de lhe oferecerem coisas sem aviso prévio ou discussão. Ele nem mesmo estava na folha de pagamento. Ele tinha que descobrir qual seria o seu mecanismo de expulsão. Ao refletir, ele culpou Stuart em grande parte, embora Louise não tenha ajudado. Mas O Salt também admitiu que havia mais em Louise do que ele havia pensado.

Enquanto refletia sobre essas questões, ele comeu a barra de proteína que o levaria até o jantar. Não viu nenhum espião, mas lembrou a si mesmo que provavelmente não reconheceria nenhum a menos que estivesse usando uma placa que dissesse: "Sou eu".

O Salt e Louise se encontraram no saguão do hotel às seis e meia e relataram suas tarefas. Louise cuidou dos preparativos para o voo e O Salt, dos reserva para um jantar indiano. Eles caminharam calmamente até o restaurante e perceberam imediatamente que a equipe cumpria os requisitos de máscara e distanciamento quando entraram.

Depois de nos sentarmos e pedirmos bebidas e lanches, O Salt iniciou a conversa. "Então, Louise, diga-me o que você pensa sobre tudo isso e o que significa para você, o que você quer ganhar com isso?"

"Bem, é um conjunto complicado de perguntas", respondeu Louise, "e estive pensando sobre elas enquanto corria esta tarde. Como discutimos no Helen's Place, em Carterville, há muito tempo, estou ansiosa para me aproximar do corpo diplomático de alguma forma, portanto, esta é uma grande oportunidade para mim, se pudermos fazer isso funcionar em um nível apreciável. Entendo que você e eu estamos em momentos diferentes de nossas vidas e que estou sendo egoísta e usando você até certo ponto, mas também é verdade que você não tem certeza do que quer fazer. Você está realmente pronto para se aposentar no campo? Você é um cara atencioso e patriota à sua maneira, mas nunca sairá para dirigir um trator. Duvido que esteja pronto para se aposentar e ir para o fundo do poço, e você também. Acho que você enlouqueceria.

O Salt respondeu instintivamente. "Eu não tinha percebido que, além de psiquiatra, você é um dos que meu novo cabeleireiro chama de 'membros de cabeça pontuda do Estado Profundo'. Mas admito que você não está muito errado. Estou lutando e disposto a ceder. As apostas são muito altas nesse jogo em particular. Para dizer o mínimo, não somos a dupla mais provável de conseguir isso e, se não houvesse necessidade de anonimato virtual, não estaríamos sentados aqui. Para mim, é um enigma. Se fizermos isso, não podemos estragar tudo. Quem precisa desse tipo de pressão?"

"Admito que a pressão é real", disse Louise, "mas pense em como seria ótimo desempenhar um papel, mesmo que pequeno, para começar a devolver os Estados Unidos a um lugar de real respeito, influência e restrição no mundo, inclusive no campo da assistência médica. De certa forma, estamos todos envolvidos nisso para fazer algo de bom. Vamos fazer o melhor que pudermos.

Louise queria interromper a conversa e dar tempo para que seus comentários fossem compreendidos. "Com licença, tenho de ir ao lavabo. Pense no que poderíamos conseguir, e talvez até gostemos de trabalhar juntos. Você não é um dinossauro como qualquer um de nós pensava". Em seguida, ele foi embora.

Quando Louise retornou, eles passaram a conversar mais leve, terminaram o jantar e O Salt pagou a conta.

Quando começaram a caminhar em direção ao hotel, Louise perguntou: "Você viu aqueles dois caras nas sombras quando saímos do restaurante? Eles estavam lá quando saímos do restaurante, mas agora estão andando cerca de sessenta metros atrás de nós. Vamos nos separar. Eu pego aquele táxi ali, e você volta a pé. Vamos ver o que eles fazem.

Os dois homens pararam e conversaram calmamente enquanto Louise e O Salt se separavam. Como não havia outros táxis por perto, eles se viraram para seguir O Salt. Mas ficaram em silêncio quando O Salt se aproximou do hotel. O Salt admitiu que Louise estava certa sobre uma possível fila, mas o que fazer a respeito? Nada, concluiu O Salt, além de ser vigilante e cuidadoso. Além disso, eles estariam em Berlim no início da tarde de amanhã.

Depois de chegarem ao hotel, Salt e Louise se encontraram novamente no bar do hotel, e Salt revelou seu acordo com Louise em relação à fila. Eles concordaram que mencionariam o fato a Stuart na próxima ligação que tivesse oportunidade. Depois de uma taça de vinho, Louise se levantou abruptamente, deu um beijo na cabeça de O Salt e, depois de olhar para Salt quando ele saiu do bar, foi para seu quarto sem dizer mais nada. Quando Louise se foi, O Salt se perguntou o que isso significava e como ele conseguiria dormir depois daquela provocação.

Ambos foram para a cama com a cabeça girando.

Cerca de uma hora depois de terem saído do bar, Louise usou um dispositivo para abrir a fechadura eletrônica da porta de O Salt e entrou. Ela ainda estava fabulosa e usava pouquíssima roupa. Sem dizer uma palavra, ela se deitou na cama com O Salt e elas começaram a se conhecer melhor. Quando O Salt acordou na quinta-feira de manhã, Louise havia desaparecido.

Na manhã seguinte, O Salt sentou-se na beira da cama e se perguntou se o que havia acontecido na noite anterior tinha sido apenas um sonho. Foi um sonho infernal, se é que foi isso mesmo. Mas havia uma complicação psicológica. O Salt começou a se sentir culpado, como se estivesse traindo sua esposa.

Ela havia falecido há nove meses, mas O Salt permaneceu intensamente leal à sua memória e sentia sua falta todos os dias. O Salt acreditava sinceramente que precisava seguir em frente com sua vida, e era isso que sua esposa queria. Mas ainda havia aquela sensação incômoda.

O Salt e a Louise se encontraram no saguão. Ambos estavam calmos quando deixaram o hotel de táxi, depois no aeroporto e no avião. Não havia sinal do espião, se é que havia um. Mas Louise disse que o sentia em seus ossos.

Capítulo 34

Caminhada por Berlim

[25 de fevereiro de 2021].

Como o Brexit ainda não havia sido totalmente implementado, eles não precisavam de vistos ou outra nova documentação de viagem para voos de Heathrow para Berlim. O que eles precisavam era de seus certificados de teste de COVID-19. O voo não foi muito longo e estava surpreendentemente lotado, com a maioria dos passageiros mascarados, de modo que não houve conversas sérias. Eles pegaram um táxi no aeroporto de Berlim e, por insistência de Louise, continuaram a tomar cuidado com o que diziam em lugares públicos e no táxi. Alguém a havia treinado bem.

No caminho do aeroporto para o centro de Berlim, O Salt se lembrou de como Berlim e sua complicada história eram interessantes e diversificadas. Berlim dava a impressão de ser uma cidade muito mais nova do que muitas outras capitais europeias, e grande parte dela realmente era. Ela sofreu graves danos durante a Segunda Guerra Mundial e foi prejudicada por ser uma ilha dentro da Alemanha Oriental, com a própria cidade dividida pelo muro de 1961 a 1989. Após a reunificação em 3 de outubro de 1990, houve um investimento maciço na Alemanha Oriental e em Berlim Oriental, resultando em edifícios mais novos de uma espécie arquitetônica diferente da de Paris ou de grande parte de Londres.

A cidade ainda tinha outros testemunhos de seu passado. Entre eles, museus maravilhosos, o Checkpoint Charlie, o Portão de Brandemburgo e os resquícios do Muro de Berlim, que despertaram a memória daqueles com idade suficiente para se lembrarem do que o Presidente Reagan disse a Mikhail Gorbachev em 1987 em um discurso no Portão de Brandemburgo: "Derrube este muro". Além disso, havia vários memoriais bem pensados que demonstravam uma profunda conscientização nacional sobre o Holocausto.

Louise e O Salt encontraram o hotel Novatel perto do Ministério das Relações Exteriores, fizeram o check-in e almoçaram enquanto esperavam por Gretchen. Em 2000, o Ministério das Relações Exteriores havia se mudado de Bonn, a capital da Alemanha Ocidental, antes da reunificação. A reunião da manhã de sexta-feira seria no Ministério das Relações Exteriores, localizado em um prédio moderno no mercado Werderscher, não muito longe do rio Spree, na área de Berlim que abrigava vários museus e prédios do governo.

Outra mudança recente afetou o governo. Após 16 anos à frente do governo, Angela Merkel deixou o cargo de chanceler alemã. A Alemanha tem até 38 partidos. Para substituir Merkel, a conservadora CDU/CSU e os democratas-cristãos de centro-direita formaram um partido de coalizão. Olaf Scholz, com ampla experiência na UE, foi nomeado chanceler, e Anja Besecke tornou-se ministra das Relações Exteriores, a primeira mulher a ocupar o cargo.

O Salt e Louise esperaram na cafeteria pela chegada de Gretchen Grant. Naquela manhã, ela havia aterrissado em Berlim em um voo comercial de Washington DC com o típico atraso do olho vermelho, teve que esperar uma eternidade para fazer o check-in da bagagem e tirou um cochilo quando chegou ao hotel. "Que tal você me contar sobre o passado de Gretchen?", perguntou O Salt a Louise enquanto esperavam.

"De alto nível", disse Louise. "Ele nunca carregará uma arma em campo, mas pode usar suas consideráveis habilidades pessoais em quase todas as situações. Ela fala dois ou três idiomas, tem bom senso e conhece todo mundo na Agência e no Estado. Ela está sempre em demanda. E é uma boa pessoa.

"Mas ele consegue ver espiões?," perguntou Stuart, meio brincando.

"Claro, e eu poderia rastrear você sem dificuldade", sorriu Louise.

"Isso funciona para mim", disse O Salt. "Acho que tenho de dar crédito a Stuart. Ele me deu as estrelas para trabalhar. Ele deve achar que preciso de uma boa ajuda, e ele está certo."

Gretchen se juntou a elas às três da tarde. Ela era um pouco mais alta e mais pesada que Louise, tinha aparência menos atlética, cabelos longos, escuros e bem cacheados e era atraente. Demorou apenas sessenta segundos para que elas percebessem que se tratava de muito inteligente, e o alemão era um de seus idiomas.

Eles tomaram café em um canto tranquilo da cafeteria e depois foram para o quarto de O Salt para uma conversa mais detalhada e para colocar a conversa em dia.

"Bem", disse O Salt, "isso deve ser interessante. Será uma reunião muito diferente da que tivemos em Londres". Nesse caso, os iranianos entraram em contato com os alemães em um esforço aparente para abrir o jogo. Isso significa que Anja Besecke, a nova Ministra Federal das Relações Exteriores da Alemanha, está ciente disso e estará envolvida em algum nível. No mínimo, ela será superior a nós. Podemos ter certeza de que Stuart falou com a ministra. Espero que a ministra apareça em algum momento dessas reuniões. Vamos perguntar sobre um tal de Martin Weber, que parece ser uma espécie de solucionador de problemas para a ministra e que esteve envolvido nas negociações da JPCOA.

"Eu o conheço", disse Gretchen, "ele esteve envolvido nos bastidores do JCPOA e é inteligente e um pouco difícil de conviver. Ele é muito linear em seu pensamento e vai querer tomar a iniciativa. Sugiro que, na maior parte do tempo, ouçamos, expressemos nossa disposição de jogar, conversemos sobre as próximas etapas e deixemos que Stuart ou o Presidente discutam com Martin e o Ministro sobre quem assumirá a liderança nessa questão. Sei que Walter Williams se reunirá conosco por telefone amanhã e nos lembrará dos antecedentes para que possamos ter certeza de que estamos todos cantando no mesmo hinário.

"E, a propósito", disse Gretchen, "a palavra é que até o final do dia de hoje, nos Estados Unidos, o Presidente enviará ao Senado a indicação de Stuart Bacon como Secretário de Estado."

O Salt disse: "Merda. Eu sabia que isso estava chegando, mas não tinha noção do momento. Stuart deve ter um cargo sênior na nova administração, mas no curto prazo ele estará distraído se preparando para as audiências de confirmação do Senado e será muito difícil entrar em contato com ele.

Devemos nos lembrar de que, em termos líquidos, a nomeação de Stuart é uma coisa boa a longo prazo. Teremos que enfrentar problemas logísticos no curto prazo, e haverá mais risco de vazamentos do que se ele não estivesse no projeto. Nada é simples.

Gretchen entregou a O Salt e Louise cópias do pacote de instruções detalhadas que havia lhes prometido. "Algo para evitar que elas fiquem entediadas esta noite antes de encontrarmos os alemães amanhã de manhã", disse ela. Elas concordaram que Gretchen passaria a noite tranquila e que Salt e Louise iriam pedir o serviço de quarto e estudar os pacotes de instruções que Gretchen havia trazido no avião em sua bagagem de mão.

Capítulo 35

Pensamento inicial da equipe

[26 de fevereiro de 2021] [26 de fevereiro de 2021

Na sexta-feira de manhã, nos encontramos para tomar café e depois fomos para o Ministério das Relações Exteriores. No caminho, Louise contou a Gretchen sobre a possibilidade de espiões. "Interessante", comentou Gretchen, "estou realmente Eu não previ isso. Meu Deus.

Martin Weber os encontrou no Ministério das Relações Exteriores, mediu sua temperatura, forneceu-lhes máscaras e os acompanhou até uma sala de conferências moderna, sem janelas, com paredes cinzas, balcões brancos e mesas de vidro. Não havia nada nas paredes. A sala parecia fria e estéril, mas qualquer sala tão moderna deveria ser muito segura. Weber apresentou três outros membros da equipe alemã, dois homens e uma mulher, e disse que o ministro das Relações Exteriores, Besecke, provavelmente se juntaria a eles um pouco mais tarde.

O Salt apresentou Walter Williams, que havia se juntado à sessão por telefone fixo de Washington, onde estava no início da manhã. O Salt explicou que não tinha certeza de quem havia organizado a participação de Walter na sessão, mas todos concordaram que era uma boa ideia garantir que o grupo tivesse em mente um conjunto comum de dados de referência. O Salt pediu a Walter que lhe fornecesse a versão resumida do Reader's Digest. Afinal, era sexta-feira em Berlim e o tempo de atenção seria limitado.

Walter analisou o histórico e lembrou a eles que o Plano de Ação Conjunto Abrangente, ou JCPOA (o que a maioria das pessoas chama de "acordo nuclear com o Irã"), foi assinado em julho de 2015, após quase dois anos de negociações. As partes eram o Irã e os cinco membros permanentes do Conselho de Segurança da ONU (China, França, Rússia, Reino Unido e Estados Unidos), além da Alemanha e da União Europeia, um grupo difícil de controlar. O acordo foi precedido por anos de negociações em grupos menores, iniciadas em 2003. Os EUA se recusaram a participar delas.

Walter continuou: "O acordo era imperfeito, como o Presidente Pope costumava deixar claro. Mas, em muitos aspectos, foi notável. O próprio ato de reunir essas partes e chegar a um acordo por quinze anos foi um pequeno milagre."

"O tratado abrangeu - e demos à Gretchen algumas informações por escrito sobre isso para compartilhar com vocês - (1) capacidades nucleares, incluindo um inventário de urânio enriquecido e centrífugas e inspeções pela Agência Internacional de Energia Atômica; (2) isenções na fase inicial das disposições nucleares que permitiram o relaxamento de determinadas sanções econômicas; e (3) alívio mais amplo das sanções econômicas ao longo do tempo.

O JCPOA foi polêmico nos EUA na época e após sua adoção em 2015. O governo Obama apoiou o acordo, mas o presidente Pope fez campanha contra o acordo na eleição presidencial de 2016. Como você sabe, o Presidente Evans apoiou os princípios por trás do acordo durante as negociações e a campanha de 2020, mas ele não endossou o acordo como tal."

Martin perguntou de forma concisa: "Você pode nos lembrar quando os Estados Unidos deixaram o Tratado?"

Walter respondeu: "O presidente Pope se retirou do acordo em 8 de maio de 2018 e, ao mesmo tempo, impôs sanções econômicas mais duras ao Irã. A retirada foi tão controversa quanto a entrada no acordo em primeiro lugar. Entendemos que os aliados dos EUA ficaram inicialmente atônitos e depois extremamente irritados. As outras partes tentaram manter o acordo, mas ele foi desfeito, enquanto se aguardava o resultado das eleições de 2020 nos EUA. A dificuldade de restabelecer o tratado também foi agravada pelo envolvimento do Irã em várias hostilidades no Iraque, na Síria, no Iêmen e no Líbano durante 2020 e na pandemia da COVID-19. E, é claro, a situação do tratado foi afetada por desenvolvimentos geopolíticos envolvendo os EUA, a Rússia e a China. Essa é uma questão muito complicada.

O Salt percebeu que Walter estava fazendo um bom trabalho ao fornecer um relato equilibrado da história relevante. Houve muito pouca deturpação pró-americana dos fatos. Isso foi importante para desenvolver alguma credibilidade. Os alemães reconheceram esse fato e não apresentaram perguntas ou comentários desequilibrados. A réplica foi muito civilizada.

Walter continuou: "A situação atual é que, na prática, o tratado está morto. O governo de Evans demonstrou interesse em consertar o acordo, mas as exigências do Irã têm sido muito altas até agora. Há várias partes que querem que o acordo seja aprimorado e ressuscitado. Por outro lado, o possível uso das reservas de petróleo do Irã para compensar a perda de suprimentos ucranianos poderia ser um avanço, mas é provável que seja um sonho impossível. Isso não acontecerá sem um forte sinal de interesse sério dos EUA e do Irã. Considerando os desafios que os EUA, a China e a Rússia enfrentam atualmente, a sensação inicial é que faz mais sentido que os EUA e o Irã, e talvez a Alemanha, conversem entre si e avancem antes de trazer um grupo de outras partes para a mesa, o que, a essa altura, se assemelharia à cena do bar no primeiro filme de Guerra nas Estrelas. Como mostra o contato inicial, a Alemanha provavelmente poderia ser a mais útil das partes não americanas no acordo. Mas é preciso ter em mente que os russos e os iranianos estão em constante diálogo.

Walter concluiu: "Portanto, este é o JCPOA para pessoas inteligentes, não para tolos. Um briefing completo levaria dias, e nós não temos dias. E, francamente, duvidamos que precisemos estar preparados para discussões substantivas".

O grupo alemão agradece coletivamente a Walter, que se despede deles. Eles fizeram uma pausa para o almoço, onde comeram saladas, pequenos sanduíches e batatas fritas. A atmosfera estava surpreendentemente relaxada. O Salt se perguntou se os alemães achariam difícil levar isso a sério.

Durante o almoço, Martin Weber recomendou que, em qualquer reunião da próxima semana ou dez dias, não se tentasse fazer progressos substanciais. O objetivo seria descobrir se o Os EUA e o Irã levaram a sério as conversas, quem deveria estar envolvido e a logística associada ao que, na medida do possível, teria de ser uma negociação secreta.

Louise comentou: "Parece-me que há uma sessão de familiarização de um dia com substância suficiente para que possamos ter uma ideia útil do nível de interesse do Irã em conversas significativas.

Outros concordaram com essa visão abreviada.

Capítulo 36
Cameo da ministra alemã
[26 de fevereiro de 2021] [26 de fevereiro de 2021

Após o almoço, Martin perguntou à equipe dos EUA: "Para onde vocês acham que estamos indo agora? Naquele momento, a Ministra das Relações Exteriores, Anja Besecke, entrou e se juntou à reunião. "Momento perfeito". Martin disse: "quando estávamos começando a falar sobre o que queremos fazer com essa oportunidade, se é que ela é, de fato, uma oportunidade".

O Salt sugeriu que seria útil rediscutir exatamente o que os iranianos haviam dito a Martin e sua equipe quando perguntaram recentemente sobre a retomada das negociações. "É justo", disse o Ministro Besecke em um inglês perfeito, "mas antes de entrarmos nesse assunto, quem é você, O Salt? Temos pessoas muito experientes aqui no Ministério que estiveram envolvidas com os EUA em uma variedade de questões, e eu tenho circulado pelo mundo diplomático há algum tempo e, sem ofensa, você aparece de repente do nada em nome do Presidente Evans e Stuart Bacon, falando sobre coisas muito importantes."

"Desculpe, pensei que Stuart tivesse lhe contado tudo", respondeu O Salt.

"Ele fez isso", respondeu o Ministro Besecke, "mas você conhece Stuart; ele tende a ser rápido em fazer pouco caso das coisas.

"Bem", disse O Salt, "não sou realmente a pessoa mais qualificada para o que estou fazendo aqui, e posso não ser qualificado de forma alguma, mas também é por isso que estou aqui. Ninguém no mundo imaginaria que estou envolvido em assuntos diplomáticos sérios e ninguém me confundiria com um tomador de decisões. A probabilidade de a mídia ou outros pensarem que estou fazendo algo digno de notícia é baixa. Suponho que, em alguns aspectos, eu seja o epítome do gerenciamento de expectativas. Mas tenho o apoio de duas grandes diplomatas emergentes, Louise e Gretchen, além de Walter, e sou inteligente o suficiente para não cometer suicídio diplomático. Eu sei que meu pé não deveria estar em minha boca.

E não estou aqui porque fiz grandes contribuições políticas para alguém. Sou essencialmente apolítico, mas tenho o compromisso de encontrar o meio-termo em quase tudo o que faço. Não pode haver muitos vencedores e perdedores no que fazemos, uma abordagem que o último governo dos EUA rejeitou.

O Salt continuou a dar um pouco mais de informações sobre sua carreira no Tesouro, no Estado e no escritório de advocacia. O Ministro Besecke e os outros ouviram atentamente.

O Salt continuou: "Posso ser totalmente sincero sobre nossa missão aqui. Quando deixamos os Estados Unidos no início desta semana, estávamos indo visitar aliados próximos, incluindo a Alemanha, para ver como reparar e melhorar as relações diplomáticas com os principais aliados e outros ao redor do mundo. A Alemanha estava no topo da lista, e queremos e precisamos conversar com vocês sobre a Alemanha, a UE, a OTAN, a Ucrânia e a região em geral, além de questões de saúde global. Mas o senhor recebeu a ligação do Irã e tivemos que desviá-la. Isso não significa que não estejamos vitalmente interessados nos debates entre a Alemanha e a Europa. Na verdade, descreveríamos essas questões como urgentes e importantes.

Quando O Salt terminou, o ministro disse: "Bem, obrigado por essa última pergunta. Ela ajuda a contextualizar como você foi atraído para essas discussões. Você é uma escolha não convencional para tudo isso, mas está em uma missão não convencional. Portanto, talvez você seja perfeito. Mas lembre-se de que a credibilidade da Alemanha - para não mencionar nosso suprimento de gás - também está em jogo nesse empreendimento, e é preciso dizer que nossa experiência com a última administração do país mancha nossa reação a você. Para ser franco, os Estados Unidos já nos traíram muitas vezes; seremos cuidadosos nesse caso. A falta de confiança é palpável em toda a Alemanha. Não são apenas os nossos diplomatas que estarão preocupados com a colaboração com os Estados Unidos, mas também o público em geral. Não devemos dar a impressão de que estamos muito comprometidos com algo. Por favor, entenda que isso não é pessoal, pelo menos por enquanto. E só então o Ministro Besecke sorriu.

"Eu entendo," disse O Salt. "E agradeço sua franqueza. Podemos nos dar muito bem."

"Tudo bem," disse o Ministro Besecke. "Você pode falar com Martin como se estivesse falando comigo, e espero que me mantenha totalmente informado. Vá em frente." E ela saiu.

O Salt não sabia o que pensar da discussão com a ministra, que parecia razoável e foi surpreendentemente direta e informal. Ficou claro que a ministra não queria ter suas impressões digitais nessa aventura e se sentiu confiante o suficiente para entregar o controle a alguém que provavelmente não deveria estar no comando. A situação não poderia ter sido melhor para os alemães. Eles tinham uma negação plausível e alguém para culpar se as coisas dessem errado. Sem coragem, sem glória, pensou O Salt.

Capítulo 37

Berlim: próximos passos

[26 de fevereiro de 2021] [26 de fevereiro de 2021

fingiu que não tinha resolvido as coisas em sua própria mente. "Droga", disse ele. "Não chegamos ao próximo passo com a ministra antes de ela ir embora."

"Certo", disse Martin. "Há dois motivos para isso. Em primeiro lugar, ela acha que você pode ser uma boa escolha, embora seja uma escolha estranha. Por enquanto, você tem o benefício da dúvida. Em segundo lugar, de qualquer forma, ela quer uma negação pessoal plausível. Você acabou de se limpar após algumas eleições recentes e está enfrentando eleições de meio de mandato. O presidente Pope, com quem não nos sentimos confortáveis, terminou uma eleição nos EUA e já está disputando a próxima. Aqui enfrentamos um novo governo que ainda não tem a seriedade da ex-chanceler Merkel. Mas ela enfatizou que uma forte coalizão está por trás do governo, e os alemães, como ninguém, entendem as implicações da Ucrânia, inclusive como aquecer as casas no próximo inverno. Portanto, em resumo, como dizem os americanos, nós dois estamos um pouco perdidos em termos de supervisão. É melhor não estragarmos tudo."

Depois disso, eles fizeram um intervalo de 15 minutos e cada equipe foi para o seu canto da sala grande. O Salt explicou sua análise da situação, e os outros concordaram. Querendo ou não, o contingente americano iria liderar a reunião com o Irã.

Eles foram retomados com Martin voltando à questão do que aconteceu depois e O Salt voltando à questão do que os iranianos haviam dito.

"OK", disse Martin, "eu vou primeiro. Eu estava na sala e eles falaram muito pouco. Havia apenas dois deles. Eles disseram que, com a mudança na administração dos EUA, parecia um momento lógico para considerar a retomada das negociações. Mesmo assim, eles não tinham tido muito contato confortável com a nova administração dos EUA. Como eles conhecem alguns de nós, decidiram pedir nossa opinião. Martin analisou alguns dos diálogos da reunião.

Os alemães perguntaram se os iranianos tinham alguma proposta, especialmente sobre questões nucleares. A resposta foi negativa. Os alemães também perguntaram quais seriam os objetivos iranianos em qualquer discussão, e a resposta foi uma rápida flexibilização das sanções econômicas, que estavam criando instabilidade interna e piorando as condições terríveis da COVID-19. A equipe alemã respondeu que era impossível falar em alívio das sanções sem colocar as questões nucleares na mesa. No mínimo, teria que haver um progresso simultâneo, e os alemães disseram que os aliados e outras partes poderiam exigir progresso nas questões nucleares antes que qualquer alívio pudesse ser obtido. Os iranianos ficaram desapontados com a notícia, mas, na realidade, sabiam que essa seria a resposta.

"Em outras palavras", concluiu O Salt, "superficialmente, a reunião foi uma perda de tempo, mas ainda assim foi um sinal de que o Irã tem uma inquietação interna sobre os efeitos das sanções e do coronavírus e quer estar em uma sala conosco."

"É um pouco simplista, mas é verdade," disse Martin.

Louise observou: "O que isso significa é que uma primeira reunião envolvendo os Estados Unidos é necessária, mas acabará sendo um sanduíche de nada. E, realisticamente, não teremos nenhuma proposta sobre a mesa. Parece que estaremos desperdiçando tempo e dinheiro em outro exercício que provavelmente é algo que precisamos fazer, mas que é difícil de se entusiasmar de forma positiva."

Gretchen perguntou: "Estamos dizendo que estamos dispostos a realizar uma reunião, desde que não ofereçamos ou cedamos nada e a utilizemos para tentar obter mais informações deles?

"Acho que sim", disse O Salt. "O que você acha, Martin?

Martin disse: "Concordamos, mas preciso tentar falar com a ministra antes que ela saia. Por que não saímos da sala de conferências por uma hora para que você possa tentar se comunicar com os Estados Unidos e nós possamos entrar em contato com a ministra? A propósito, onde gostaríamos de nos encontrar? Berlim? Viena? Genebra?".

O Salt pensou por um momento. "Isso é muito bom, mas esses são lugares para discussões sérias. Não tenho certeza se estamos prontos para um local de horário nobre, onde uma imprensa sofisticada possa nos notar. Eu tentaria Praga.

É uma cidade grande e tem um perfil mais discreto do que as outras. Se conseguirmos organizar uma reunião, tentarei obter o uso de uma sala de reuniões no Palácio Zofin, no rio, ao sul da área da Cidade Velha de Praga.

"Para mim está bom", disse Martin. "Voltaremos a falar com você em uma hora".

Como estava mais familiarizada com o Estado, Gretchen fez as ligações para tentar falar com Stuart nos EUA. As ligações para o telefone do sapato dela não foram atendidas, o que não foi surpresa, e eles não tinham ideia de com quem Stuart estava no guarda-roupa, embora isso provavelmente tivesse a ver com o processo de confirmação do Senado. Eles ligaram para Walter, informaram-no e pediram que ele tentasse encontrar Stuart e conseguisse o sinal verde.

Depois de se reunir novamente, Martin foi informado sobre a situação com Stuart, e Martin tinha boas notícias: o Ministro Besecke concordou com o plano sob várias condições. Em primeiro lugar, ele deveria ser mantido em segredo. Se o disfarce fosse descoberto, os alemães parariam de falar e negariam que tivesse havido qualquer conversa recente. Em segundo lugar, ele queria formular a posição dos Aliados sobre o enriquecimento de urânio, que poderia ser usada como uma vaga provocação para os iranianos, mas tinha que ser um pedido difícil. Por fim, antes de iniciar discussões sérias, seria necessário recuperar os reféns relevantes. A equipe tinha que identificar o que isso significava.

As equipes concordaram em se reunir para essas tarefas no sábado e voltar a se reunir no domingo, às 13 horas, para fazer um balanço da situação, desenvolver pontos de discussão e se preparar para uma reunião com os iranianos o mais rápido possível na próxima semana. Como Martin esteve envolvido nas últimas conversas com os iranianos, foi acordado que a equipe dos EUA pediria a ele que fizesse a ligação para propor uma reunião durante a semana seguinte. As pessoas com tarefas designadas foram retiradas para cumpri-las.

Trinta minutos depois, Martin abriu um painel em uma das paredes do A reunião foi realizada em uma sala de conferências que escondia um bar, e eles conversaram informalmente sobre petiscos de bar, destilados e cerveja alemã. Mais tarde, Gretchen, Louise e O Salt concordaram em fazer um jantar não comercial e se reunir à uma hora da tarde de sábado para formular ideias a serem discutidas com seus novos amigos alemães no domingo à tarde, a menos que as coisas dessem errado (literal ou figurativamente) nesse meio tempo.

Berlim estava lotada naquela sexta-feira à noite, com pouca atenção ao distanciamento social e às máscaras. A equipe dos EUA teve que esperar para conseguir uma mesa em um restaurante da moda, mas sobreviveu e saboreou frutos do mar. O Salt pensou: "Isso não é Carterville."

Eles foram para seus quartos imediatamente após retornarem ao hotel. Naquela noite, depois de se preparar para dormir, O Salt se barbeou e bateu na porta de Louise no corredor. Ela o recebeu. Novamente, nada foi dito.

Capítulo 38

Berlim: surgem os planos de jogo

[27 de fevereiro de 2021].

A quinta-feira foi um dia agitado, mas não tanto quanto a semana anterior. O Salt se exercitou e fez uma caminhada, Louise correu e treinou bastante, e Gretchen colocou em dia outras coisas que não lhe interessavam antes de se voluntariar para esse trabalho incomum.

A equipe se reuniu à uma hora na sala de O Salt e discutiu a situação geral e as abordagens para a reunião com os iranianos. Como o mais novo membro da equipe, Gretchen assumiu a liderança, comentando que a ministra não estava nem tentando esconder sua opinião de que os jogadores dos EUA eram uma equipe não convencional e heterogênea, e certamente era difícil discordar dessa avaliação. O Salt ficou satisfeito com o fato de a interação entre os membros da equipe dos EUA ter sido saudável, sem a hierarquia que é comum em tais empreendimentos. Gretchen e Louise foram diretas, ressaltando, para o bem de Salt, que elas - mais do que ele - teriam que ter cuidado e se esquivar quando começassem a culpar umas às outras, como quase certamente aconteceria.

Durante a discussão, Martin ligou e disse que havia conversado com os iranianos, e havia um acordo provisório para uma reunião clandestina em Praga na quarta-feira seguinte.

Foi uma reunião preliminar. Até certo ponto, não havia nada para preparar, pois nada seria acordado. O essencial é ouvir para poder desembaraçar o que está sendo comunicado, em vez de se distrair com o que está sendo dito.

Os principais parâmetros do debate deveriam incluir (1) a questão dos reféns levantada pelo Ministro Besecke, (2) a cessação completa, por parte do Irã, de um nível crescente de guerra cibernética, (3) o restabelecimento de provisões nucleares com marcos claros que fossem um pouco mais rígidos do que no JCPOA e também pelo menos tão verificáveis quanto as medidas incluídas no JCPOA, e (4) o restabelecimento de provisões nucleares com marcos claros que fossem um pouco mais rígidos do que no JCPOA e também pelo menos tão verificáveis quanto as medidas incluídas no JCPOA e pelo menos tão verificáveis quanto as medidas incluídas no JCPOA. primeiro acordo, (4) um levantamento de sanções consistente com o comportamento do Irã em relação à Ucrânia, que ocorreria ao longo do tempo e não poderia ser caracterizado como um presente, (5) a cessação do apoio terrorista iraniano, (6) alguma assistência de emergência para a COVID-19 ao Irã e (7) reféns. Nada disso seria fácil. Isso era especialmente verdadeiro para a capacidade nuclear, pois ficou claro que o Irã havia excedido o nível de urânio enriquecido permitido pelo JCPOA no início da década de 2020. Não se tratava de interromper o enriquecimento no nível atual, mas de revertê-lo.

Eles desenvolveram o esboço, colocaram-no em um e-mail com os tópicos para que Walter e Stuart o revisassem antes de compartilhá-lo com os alemães e, em seguida, clicaram em enviar. Walter reagiu com alguns comentários mais tarde naquele dia.

Antes de se separarem, conversaram entre si sobre o fato de O Salt e Louise terem sido seguidos. Louise acreditava que elas haviam sido seguidas em Londres, e seu palpite era que os espiões eram russos. Nem Salt nem Gretchen tinham motivos para discordar. Poderia ter sido quase qualquer um, inclusive alemães, iraquianos, turcos ou iranianos. Fossem eles quem fossem, eram bons. A probabilidade de um incidente parecia baixa, mas o nível de interesse mudaria drasticamente se e quando ficasse claro que a equipe dos EUA estaria em negociações com os iranianos.

Capítulo 39

Berlim: conversas diretas

[28 de fevereiro de 2021].

Gretchen estava se encontrando com um velho amigo para jantar no domingo. Isso deixou Louise e O Salt sozinhos. Isso poderia ser constrangedor. Louise perguntou timidamente: "Você tem outros planos, quer ficar sozinha ou gostaria de jantar com ela?

"Se você não tem outros planos, já tive jantares mais do que suficientes comigo mesmo ao longo dos anos. Peça ao concierge para tentar encontrar um lugar relativamente tranquilo e próximo, sendo que o tranquilo é mais importante do que o próximo", sugeriu O Salt."

"OK", disse Louise. "Por que você não tenta o concierge, escolhe um lugar e me diz a que horas e se há um código de vestimenta?"

"Feito."

Eles se encontraram no saguão às seis e meia. O Salt havia usado jeans antes, mas agora estava de paletó e calça. Louise estava com roupas de ginástica no início do dia e não havia trocado de roupa para usar um de seus terninhos pretos. Ela ainda estava usando um terno de calça, mas estava muito diferente das outras versões. O Salt se perguntou qual seria o segredo dela para arrumar a mala.

Chegaram ao restaurante, pediram uma garrafa de um bom vinho tinto e esperaram que o outro quebrasse o silêncio.

"Tudo bem," disse O Salt, "eu vou primeiro." Ele falou em voz baixa e com cuidado. "Sinto muito e estou desapontado comigo mesmo por ter me aproveitado de vocês nessa viagem. Nunca fiz nada parecido antes e isso não acontecerá novamente. Nunca traí minha esposa em uma viagem, ou em qualquer outro lugar, e não sou do tipo que tem um caso de uma noite.

E isso inclui mulheres que são quase jovens o suficiente para serem minhas filhas. Você é inteligente, bonita mesmo quando está usando uma calça preta e, aparentemente, não tem um parceiro, portanto, é muito atraente em muitos aspectos. Você também precisa ser cuidadosa. Talvez tenhamos que relatar isso a alguém da cadeia de comando para nos livrarmos de mim, embora tecnicamente eu seja um consultor que pode ser demitido a qualquer momento. Se você se sentir desconfortável, sairei de Berlim agora e informarei o motivo ao Stuart. Se puder suportar, acho que deveríamos esperar alguns dias para deixar para trás esse primeiro encontro com o Irã. Então, poderei desaparecer sem nenhum desconforto".

"Shhhhsh", respondeu Louise em um tom acalorado. "Primeiro, eu sei me cuidar. Se você fosse estúpido o suficiente para tentar forçar algo em mim - e eu sei que você nunca faria isso - você acabaria precisando de cuidados médicos. Eu tenho habilidades que você ainda não viu. Supere isso. Segundo, acho que fui o primeiro infrator aqui, e sinto muito... ou talvez não. Terceiro, embora eu tente não parecer, minha idade começa com o número cinco. Quarto, acredito que até alguns dias atrás, nenhum de nós havia dormido com um membro do sexo oposto em quase um ano. Isso não é bom. Por fim, como já disse antes, você é um escoteiro, mas não há nada inerentemente errado com os escoteiros. Você sabe que o lema dos escoteiros é "esteja preparado." Esse é um bom conselho para lidar comigo. E na primeira vez que fui para a cama com você, você estava preparado.

"Olhe", continuou ele, "não estou sugerindo que estou me apaixonando por você ou algo assim - quem sabe como você está - mas acho que posso gostar da sua companhia fora do trabalho, especialmente se nos acostumarmos com ternos pretos para mim e gravatas melhores para mim. E Deus sabe que precisaríamos de um alívio para o estresse. Sugiro que não fiquemos obcecados com isso, nem nos imponhamos um ao outro, nem deixemos que o que quer que tenhamos de fazer interfira na missão. Em outras palavras, vamos ver como isso evolui e, enquanto isso, vamos superar isso.

"Parece uma ótima solução por enquanto." O Salt sorriu: "Obrigado."

"Está vendo?", disse Louise. "Você realmente consegue sorrir."

Eles continuaram desfrutando de um bom jantar e conversando sobre outros assuntos que não a missão. Quando voltaram para o hotel, a conversa foi estranha. Ficaram em silêncio no elevador e enquanto caminhavam para seus quartos. Louise finalmente disse ao chegarem à porta: "Você tem dez minutos para bater na minha porta. Depois disso, eu vou dormir.

O Salt foi atingido.

Capítulo 40

Rumo a Praga

[1 de março de 2021] [1 de março de 2021

No domingo, depois de café, exercícios, mais café e café da manhã, a equipe dos EUA se reuniu e foi para o Ministério das Relações Exteriores da Alemanha.

"Lá está ele de novo", disse Louise. "O quê?", perguntou Gretchen.

"A sensação de que estamos sendo observados", respondeu Louise. "Será que Tweedledee e Tweedledum voltaram para nós?

Ninguém foi estúpido o suficiente para parar e olhar, mas o grupo acelerou o passo de forma mais ou menos automática. Enquanto caminhavam em direção ao Ministério das Relações Exteriores da Alemanha, O Salt comentou que agora até ele conseguia perceber e que presumia que eram russos ou alguém que trabalhava para eles. Ele se perguntou em voz alta o que os havia alertado, mas talvez fosse simplesmente um procedimento operacional padrão, como Peter Banks havia sugerido em Londres. De qualquer forma, não houve incidentes durante a viagem.

Martin Weber os recebeu e os conduziu à mesma sala de reuniões em que haviam estado na sexta-feira. "Sejam bem-vindos de volta", disse Martin, "e obrigado por suas sugestões. Conversamos com a Ministra Besecke e ela está satisfeita com a orientação geral. Entretanto, é preciso dizer que ela não está otimista com relação aos resultados. Sinceramente, se ela achasse que essa iniciativa - ou mesmo essa reunião - teria algum resultado positivo, ela mesma gostaria de liderar a missão. Nesse sentido, e sem querer ofender, ela está um pouco preocupada com o fato de estarmos enviando para essa primeira reunião pessoas que não são de estatura suficiente, portanto, há o risco de os iranianos ficarem ofendidos."

O Salt disse: "Bem, fomos bastante transparentes em relação a isso com o senhor e com o Ministro Besecke, bem como com Stuart, quando dissemos que tínhamos preocupações semelhantes, mas também há um risco significativo de que isso possa chegar à mídia se alguém de fora ficar sabendo e levar a iniciativa a sério. Gretchen tentará entrar em contato com Stuart e discutir isso novamente, mas duvido que haja uma mudança no plano de jogo.

"Ótimo," respondeu Martin. "Nesse caso, estamos felizes por você ser o porta-voz principal, O Salt." O Salt sorriu ao se sentir um pouco como o burro em um jogo de colocar o rabo no burro, mas não haveria mais debate sobre se isso funcionaria.

Eles se voltaram para o rascunho de trabalho dos pontos que delineavam as mensagens a serem transmitidas, mas não entregues. Nenhuma delas seria fácil. A equipe EUA-Alemanha reconheceria a necessidade de continuar a aliviar algumas sanções e proporcionar algum alívio para a COVID-19, mas não estava preparada para seguir o curso de ação seguido pelo Presidente Pope ao lidar com a Coreia do Norte. Era necessário um progresso real e verificável na questão nuclear antes que pudesse haver qualquer movimento material nas sanções. Ou - já que isso poderia ser mais fácil e demonstrar boa fé mútua - poderia haver alguma medida menor de alívio no caso de libertação de reféns ou de uma redução verificada nas atividades terroristas patrocinadas. Sair do negócio de guerra cibernética também seria útil. E, reconhecendo a gravidade do impacto das sanções, os aliados estariam dispostos a acelerar as negociações.

Após algumas horas de discussão, eles decidiram que não havia mais nada a disputar e se separaram.

Ao saírem do Ministério das Relações Exteriores, O Salt pediu a Gretchen que tentasse entrar em contato com Stuart ou, se ele não respondesse, com Walter, que poderia entrar em contato com Stuart e dizer a ele novamente que os alemães estavam insatisfeitos com a natureza novata da equipe, especialmente O Salt.

De volta ao hotel, eles tiveram a mesma sensação de que estavam sendo seguidos. O Salt riu baixinho e sugeriu, de forma um tanto irônica, que a CIA poderia estar seguindo-os. Todos concordaram que tudo era possível enquanto faziam planos para o jantar.

Depois do jantar, quando eles estavam de volta ao hotel e Gretchen tinha Ao sair do elevador em um andar anterior, O Salt disse a Louise:

"Duvido que ele esteja em condições de se encontrar mais tarde. Recebi uma mensagem do Stuart dizendo que quer falar comigo hoje à tarde e que vai me ligar na próxima hora ou algo assim.

Louise disse: "Será interessante. Boa sorte e descanse um pouco. Envie-me uma mensagem com um resumo rápido quando terminar a ligação".

Alguns minutos depois, quando O Salt já estava acomodado em seu quarto, o telefone do seu sapato tocou. Era Stuart. "Walter me colocou a par de tudo, inclusive dos comentários depreciativos de Besecke. Ela precisa superar isso, mas o mais importante é que você também precisa. Não fique - repito, não *Ÿique-* insinuando que você não é a pessoa certa para isso. Você está no local e precisa assumir o comando. Você é a pessoa certa por dois motivos. Você é, de fato, a pessoa certa. E você foi vendido como a pessoa certa. Todos nós sabemos que você não se importa com seu pescoço. Mas meu pescoço está lá fora, assim como o da Louise e o da Gretchen. Use a segunda-feira para espairecer e fazer algo como ir a alguns dos grandes museus de Berlim. E chegue cedo a Praga, para não ter problemas.

Stuart parecia falar sem parar para respirar, e estava claro que O Salt deveria ouvir e não falar muito, se é que falaria. Stuart também explicou que, embora não houvesse certeza de que seria necessário um intérprete (Louise falava árabe), o estado estava enviando um intérprete de Bagdá para a reunião. O Salt e a equipe deveriam informá-lo.

"OK, entendi a mensagem", disse O Salt. "Podemos conversar a longo prazo depois desta semana. A propósito, alguém mencionou para você aqueles dois caras que podem estar nos seguindo em Londres e aqui em Berlim?"

"Entendo", respondeu Stuart. "Se você está sendo seguido, não somos nós. Talvez tenhamos que pensar em lhe dar alguma proteção, mas isso não seria muito discreto. Dissemos a Louise para ter cuidado e estar preparada. Todos estão tentando entender nossa nova política externa; não é de surpreender que alguém esteja curioso sobre o que você está fazendo. Pode não ser nada, mas nunca é demais ser cauteloso. Boa sorte. Stuart desligou.

O Salt enviou uma mensagem de texto para Louise: "Nenhuma mudança de planos" e, em seguida, enviou uma mensagem de texto para Louise e Gretchen sobre se exercitarem de manhã antes do café da manhã, pedir a alguém que arranjasse um voo para Praga na segunda-feira à noite ou na terça-feira cedo, e quartos no Hilton perto da Cidade Velha de Praga para eles e o intérprete, e encontrar o intérprete em Praga na terça-feira. Pela primeira vez, ele conseguiu pegar no sono rapidamente.

A segunda-feira foi realmente relaxante. O Salt informou a Gretchen e Louise sobre sua sessão de escuta com Stuart durante o café da manhã. No meio da manhã, elas haviam reservado um voo noturno para Praga e estavam prontas para visitar museus e fazer compras. Era o descanso de que todos precisavam.

O voo para Praga, assim como a curta viagem de táxi até o centro, foi tranquilo. No táxi, O Salt explicou a Louise e Gretchen que Praga era uma de suas cidades favoritas no mundo. Praga havia evitado muitos danos durante a Segunda Guerra Mundial e enquanto fazia parte do bloco soviético, e tinha uma cidade antiga bonita e espaçosa, com ruas de paralelepípedos, várias lojas que vendiam artigos de vidro tcheco de todos os tipos, uma praça principal maravilhosa e um relógio astronômico incrível que data da década de 1550, além de mesas ao ar livre para quem quisesse experimentar a cerveja e a comida tchecas. Parecia cheia de pessoas jovens e alegres. A Ponte Carlos cruzava o rio perto da Cidade Velha e, no lado oposto do rio, o tráfego de pedestres seguia por uma rua de pedestres que subia uma colina até um castelo medieval. Certa vez, O Salt teve um colega muito viajado que descreveu Praga como a "cidade com a melhor qualidade de museu" da Europa. O Salt concordou. Se havia algum lugar para se estar na Europa, Praga era um bom lugar, mesmo que estivesse frio no início de março.

A cena na praça da cidade era atraente o suficiente para que eles decidissem parar para comer alguma coisa e tomar uma cerveja em uma das mesas ao ar livre. Logo depois que a comida foi trazida para eles, um tiro foi disparado. "Franco-atirador", gritou Louise enquanto empurrava a mesa para o lado para se proteger. O primeiro tiro havia ricocheteado na calçada, causando um ferimento superficial em um dos garçons. Louise sacou sua pistola, mas não tinha um alvo discernível. Então, outro tiro foi disparado. Com a equipe deitada no chão, a bala atravessou o mesa. "Levante-se e saia daqui", gritou Louise, que achava que tinha uma ideia de onde os tiros estavam vindo.

Ela se levantou e caminhou em direção ao local, parecendo um pouco com uma versão magra de Clint Eastwood, disparando seis tiros e depois correndo como uma louca em uma direção muito diferente do resto da equipe. Enquanto corria, ela arrancou e jogou fora o casaco preto de seu terninho, deixando a camisa branca por cima. Ela sabia que O Salt havia ficado na borda da praça para garantir que ela saísse da praça, que havia se transformado em um caos.

Capítulo 41

Enfrentando a frente iraniana

[2 de março de 2021] [2 de março de 2021

Terça-feira foi um dia tranquilo em termos de reuniões. Eles ficaram no hotel. Mas O Salt estava nervoso e não conseguia parar de pensar em possíveis cenários para a reunião com o iranianos. Era bom que ele não precisasse se concentrar em mais nada. Ele esperava que os outros membros da equipe estivessem igualmente distraídos, mas eles o deixaram em paz. O tempo não estava muito ruim, então eles se encontraram no meio da tarde, passearam pela cidade velha, deram uma olhada em algumas lojas de vidro e caminharam pela Ponte Carlos, até o castelo e voltaram. Eles notaram que todos estavam usando máscaras. Não havia sinal de atiradores ou de Tweedledee e Tweedledum. Eles poderiam estar em qualquer lugar, mas Louise tinha certeza de que eles tinham ido embora e não estavam mais em Praga.

O grupo conversou no final da tarde com a intérprete, que era uma cidadã do Reino Unido, cuja família havia se mudado de Bagdá antes de o Iraque invadir o Kuwait, e era totalmente inglesa. Ela era inteligente e seria muito boa se necessário.

Eles haviam reservado um quarto privativo no hotel para jantar com a pequena equipe alemã, composta por Martin Weber e mais duas pessoas. Eles haviam considerado a possibilidade de conseguir um quarto na embaixada dos EUA ou da Alemanha para o jantar, mas isso poderia ser um golpe baixo.

Inicialmente, a discussão do jantar não incluiu nada substancial. Eles pareciam tão dispostos quanto poderiam estar. Mas, então, O Salt quebrou o tédio ao dizer: "Gostaria de compartilhar algo em que estive pensando o dia todo. Provavelmente é uma loucura, mas por via das dúvidas...

Se você estivesse olhando o mundo do espaço, veria que (1) A guerra da Ucrânia provavelmente será um desastre de longo prazo, não se concentre em resolvê-la; (2) o mundo precisa de produtos agrícolas e talvez de algum petróleo da Ucrânia; e (3) a Ucrânia e a Rússia têm usinas nucleares que são bombas-relógio. De fato, o norte da Ucrânia abriga a infame usina de Chernobyl, que sofreu um grande incidente em 1986; a maior usina da Europa, a usina nuclear de Zaporizhshia, com 15 reatores, e várias outras usinas nucleares, a maioria localizada no sudeste da Ucrânia, são zonas de perigo; os russos usam as usinas ucranianas como "cobertura" porque os ucranianos não podem disparar com segurança contra a usina; (4) os EUA, a França, o Reino Unido e a Ucrânia têm pessoal e tecnologia que poderiam reduzir significativamente os riscos nucleares associados às usinas do Irã; (5) o Irã tem petróleo de que a Europa precisa, e o Irã também precisa diversificar suas fontes de energia; e (6) a economia do Irã está em colapso e precisa ser capaz de comercializar mais livremente." Essas condições, resumidas em um esboço que O Salt elaborou (consulte a página 220), contribuíram para uma agitação interna significativa.

A reunião da manhã seguinte foi realizada no Palácio Zofin, construído em 1836-1837 e um surpreendente edifício neorrenascentista em uma ilha no rio Vltava, ao sul da Cidade Velha. Atualmente, ele é propriedade da cidade de Praga. Era muito bonito por dentro e por fora, mas não é o que você chamaria de atração turística. Ele é usado para eventos culturais e como centro de conferências. A equipe americana havia reservado uma sala de conferência escura, mas muito elegante, no mezanino, com vista para o rio.

As equipes dos EUA e da Alemanha caminharam do hotel até a reunião e chegaram por volta das 10h15. A equipe iraniana, composta por três membros e um intérprete, chegou pontualmente às 10h30. O líder da equipe iraniana era Ashkan Gilani. Os alemães o conheciam um pouco por conversas anteriores e haviam informado a O Salt que Gilani poderia participar da reunião. Gretchen também havia feito algumas pesquisas sobre ele. Gilani tinha um perfil discreto no Irã, mas não teria sido escolhido se a liderança iraniana não confiasse nele.

Depois de colocar as máscaras e fazer apresentações e elogios, as equipes sentaram-se para discutir, socialmente distantes. Gilani falou primeiro. "Nossa equipe é fluente em inglês, e presumo que a equipe alemã também seja. Portanto, proponho que a reunião seja realizada em inglês, com a ajuda de intérpretes, se necessário".

"OK", disse O Salt.

Gilani continuou: "Antes de começarmos, temos uma pergunta. Sem querer ofender, mas quem é o senhor, Sr. Pepper? Não temos registro de sua participação em reuniões anteriores com iranianos ou iraquianos, e precisamos entender seu papel aqui".

Ciente da admoestação de Stuart na ligação de segunda-feira à noite, O Salt respondeu: "Certamente você não acha que os EUA enviariam para uma reunião alguém em quem o novo governo não confia. Pelo menos, até certo ponto, eles solicitaram essa reunião porque há um novo governo dos EUA. Nesse contexto, você deve esperar ver pessoas novas. Isso não significa que elas sejam ignorantes ou impotentes. No entanto, aceitamos sua pergunta como bem-intencionada, embora ligeiramente insultuosa. A resposta à sua pergunta é que sou um representante devidamente autorizado dos Estados Unidos com autoridade para falar em nome do Secretário de Estado designado Stuart Bacon."

"Obrigado", disse Gilani. "Como eu disse, não queríamos ofendê-lo. O senhor deve entender que temos que nos perguntar se o senhor é uma nova versão do chamado advogado pessoal do último presidente, Sr. Rubin, ou como se compara a ele."

O Salt sorriu: "Vou ter que lhe dar pontos nessa, Ashkan. Mas admito que não me comparo ao Sr. Rubin".

Gilani entendeu claramente o conteúdo óbvio e não óbvio dessa resposta. Ele continuou: "Bem, se você tiver perguntas sobre nossa boa-fé, ficaremos felizes em respondê-las.

"Obrigado", disse O Salt, "mas não é necessário, pois fizemos nossa lição de casa antes de chegarmos. E entendemos que, embora nossos governos nos Estados Unidos e na Alemanha possam estar em vários estágios de transição, o seu também pode estar.

Essa batida provocou silêncio por alguns instantes, com os membros da delegação iraniana olhando uns para os outros com as sobrancelhas levantadas.

O Salt decidiu quebrar o gelo: "Seu governo solicitou esta reunião. Talvez fosse útil se você pudesse explicar o motivo."

"É muito simples", respondeu Gilani. "O estado atual das relações entre o Irã, por um lado, e os EUA e seus aliados, por outro, não é uma base para a paz. Concordamos com um tratado abrangente em 2015 apenas para que, digamos, um presidente impulsivo dos EUA abandonasse unilateralmente o acordo em um momento em que todas as partes envolvidas concordaram que o Irã estava cumprindo suas obrigações sob o que vocês chamam de JCPOA. Isso foi um grande insulto a todas as partes envolvidas, especialmente ao Irã. É compreens portanto, que o Irã tenha recuado em relação ao JCPOA e, a menos que isso possa ser corrigido, nós o ignoraremos".

O Salt respondeu: "Como tenho certeza de que você sabe, o novo governo dos EUA discorda de uma série de ações tomadas pelo governo do Papa e já comunicou, por meio dos canais apropriados, seu desejo de voltar a participar do tratado. É claro que os EUA sabem que já se afastaram do acordo de 2015, pois estão bem acima dos limites de urânio enriquecido do JCPOA no momento em que estamos aqui hoje, talvez por um fator de 10. E estamos cientes da explosão que ocorreu em uma de suas instalações nucleares em 2 de julho de 2000."

"Talvez", disse Gilani. "Você também sabe que poderíamos ter tomado medidas muito mais agressivas em resposta às provocações dos EUA, mas decidimos não fazê-lo antes de entendermos melhor a atitude e o plano dos EUA."

Em seguida, Gilani sentou-se e disse em inglês perfeito e sem sotaque: "Olhe, não entendemos muito sobre você ou sobre o novo governo. Mas não podemos esperar muito tempo pelo progresso no relacionamento entre os EUA, a Europa e o Irã. E não podemos nos envolver em discussões substanciais até que tenhamos um alívio significativo das ridículas sanções econômicas que os EUA aplicam contra o Irã e seus principais cidadãos. Na verdade, se uma arma de destruição em massa foi detonada, foram as sanções dos EUA. Elas causaram danos graves e injustificados cidadãos iranianos, especialmente com os efeitos da COVID-19.

Eles sabem, por meio de sua vigilância por satélite, que estamos cavando trincheiras que servirão de túmulos para as pobres almas que morrerem da doença. Eles devem entender a gravidade da situação. Ela é criminosa. Os Estados Unidos também devem retirar seus cães israelenses que regularmente bombardeiam nosso povo.

O Salt ficou em silêncio por um momento e depois respondeu. "Criamos as sanções para que funcionem bem e tenham efeitos proporcionais às ações do Irã em relação ao Iraque, às capacidades nucleares, ao apoio ao terrorismo, ao crime cibernético e a outras questões preocupantes. Nossa vigilância por satélite também mostra que o Irã está ativo na Síria, no Iêmen e no Iraque. Eles reclamam de Israel e se referem a nós como criminosos, ao mesmo tempo em que causam um nível incrível de desespero em lugares como a Síria e o Iêmen. O mundo inteiro sabe o que eles estão fazendo na Venezuela. E, como você sabe, abrimos exceções humanitárias às sanções em relação à COVID-19. Sou uma pessoa que busca o meio termo, mas não pode haver discussão sobre o alívio das sanções sem que haja progresso material nessas questões relacionadas. Essa é a posição substantiva dos EUA porque está certa, e você também precisa entender as restrições políticas dos EUA sobre o que eles podem concordar. O novo governo não seguirá aqui o modelo de discussão sobre a Coreia do Norte adotado pelo governo anterior".

Gilani franziu a testa. "Talvez devêssemos nos reunir separadamente na sala ao lado para discutir as coisas entre nós. Você pode me garantir que não há dispositivos de escuta nessa sala?

O Salt respondeu: "Tenho certeza de que está conectado a alguma coisa, mas não fazemos parte disso e não temos capacidade de escuta naquela sala. E o governo nacional da República Tcheca não sabe que estamos aqui.

Com isso, as equipes se dividiram para discussões entre si, o que acabou acontecendo devido ao consumo dos lanches que chegaram.

Eles voltaram a se reunir às 13h00. Gilani abriu: "Talvez estejamos em um impasse por hoje. Dissemos a eles que precisamos de sanções com antecedência Você pode nos dar uma visão geral do que precisa para conseguirmos isso?

O Salt respondeu sem hesitação. "Certamente, e não necessariamente em ordem de prioridade: (1) libertação de todos os reféns ligados às partes do JCPOA; (2) cessação dos ataques cibernéticos patrocinados pelo Estado; (3) restauração das limitações nucleares com um prazo mais longo, níveis mais baixos de produto enriquecido do que o exigido pelo JCPOA e níveis mais altos de verificabilidade; e (4) cessação do apoio a organizações e atividades terroristas".

Gilani reagiu imediatamente: "Mas isso é ridículo. Eles abandonam um tratado e depois exigem melhorar sua posição em relação ao que tinham sob o tratado para reintegrá-lo. E não fazer isso depois de privar nosso povo da ajuda contra o coronavírus. E não fazem isso depois de privar nosso povo da ajuda contra o coronavírus. Que típico dos Estados Unidos.

"Lamento que se sintam assim, especialmente devido à assistência que prestamos à COVID-19", disse O Salt. "Talvez devêssemos refletir sobre essas questões e retomar as conversas em outro momento, mas em breve.

"Bem, nesse caso, encontramos uma coisa com a qual concordamos hoje", respondeu Gilani enquanto pegava seus papéis e saía com sua equipe.

Depois que os iranianos saíram, os americanos e os alemães tiveram alguns minutos para comparar anotações, todos concordando que a reunião tinha sido mais ou menos o que se poderia esperar da primeira reunião. Martin Weber se reportaria ao Ministro Besecke e os americanos a Stuart Bacon. Os alemães pegariam um voo noturno para Berlim. A equipe americana passaria a noite em Praga e pegaria um voo pela manhã de volta a Washington, com conexão em Frankfurt.

Após a partida da equipe alemã, os americanos passaram algum tempo na sala de conferências do palácio, concordando com a mensagem a ser enviada a Stuart. Basicamente, os resultados não eram surpreendentes, nenhum dano real (ou bom) havia sido causado e os próximos passos, se houvesse algum, dependeriam do que os iranianos devolvessem. O Salt disse que ainda pretendia apresentar seu "quadro geral" a Stuart, mas que o telefone não era o veículo certo. Para chegar a um acordo, é necessário que haja algo para todos.

A equipe americana pega seus documentos e começa a caminhar ao longo do rio de volta à Cidade Velha e ao hotel. Enquanto caminhavam, um jovem atlético, de boné e máscara, veio correndo atrás de Louise e pegou a bolsa com seus documentos. Ela percebeu imediatamente que tinha uma crise em suas mãos; seria um desastre se uma potência estrangeira se apoderasse de suas inúmeras anotações e de outros materiais que estavam em sua bolsa. Seu terno de calça preta não era um problema, mas Louise não estava usando o calçado certo para uma perseguição em uma área de paralelepípedos irregulares, mesmo assim ela saiu correndo atrás do sujeito como um raio, tirando a pistola da pequena bolsa enquanto corria. Ao se aproximar do homem, ela começou a gritar com ele, e as pessoas na calçada começaram a correr para o lado do rio e a sair do caminho. Louise começou a gritar em árabe, sem sucesso. Ela gritou novamente em inglês, mas o homem não parou. Louise estava perdendo um sapato e prestes a perder terreno. Ele não teve escolha, disparou sua pistola para o ar e gritou mais uma vez, desta vez "Stohp" em um sotaque russo. Aproveitando a separação da multidão, Louise parou e fez pontaria. O cara deve ter visto que Louise estava mirando. Ele largou a bolsa e foi embora. Não está claro se foi o "Stohp" russo ou a arma. Mas ele não olhou para trás e continuou andando.

Louise pegou sua bolsa e a equipe entrou em uma rua estreita e cheia de paralelepípedos, se separou e continuou seu caminho. A combinação da calçada de paralelepípedos, impossível de ser percorrida com tênis de rua, a densidade da coroa e o fato de que eles dificilmente pareciam aterrorizados ou com risco de crime permitiu que eles se perdessem rapidamente na multidão. Todos se mantiveram quietos; a última coisa que poderiam fazer era chamar a atenção para si mesmos ou relatar algo à polícia local.

No hotel, Louise confirmou que havia recuperado todos os documentos. Eles debateram se era um golpe local, o trabalho dos assassinos que os haviam pegado em Londres e Berlim, ou se era alguém novo contratado de Moscou ou Teerã. O Salt concordou com Louise que eles poderiam ter mais vigilância do que a equipe pensava. E poderia ser que os iranianos tivessem vazado a reunião, intencionalmente ou não. O cara que pegou a bolsa de Louise era um jogador novo; Tweedledee e Tweedledum eram muito mais sutis e de um nível mais alto. persuasão diferente.

Louise depositou sua mala na recepção do hotel para ser guardada no cofre, Gretchen ligou e atualizou Walter, que, por sua vez, atualizaria Stuart, e a equipe saiu para mais um passeio pela cidade velha, um drinque e um jantar decente.

Na manhã seguinte, quinta-feira, Gretchen foi fazer turismo e O Salt e Louise pegaram um longo voo, com escala em Frankfurt, e chegaram ao Aeroporto Internacional de Dulles por volta das 22h sem incidentes. Elas estavam de volta na classe econômica e não puderam conversar muito através das máscaras durante o voo, mas ambas tinham muito em que pensar. Eles sabiam que Stuart estava ocupado na sexta-feira, preparando-se para a audiência de confirmação do Senado. Eles haviam tentado marcar uma reunião com Stuart na segunda-feira à tarde. O Salt e Louise se separaram após a aterrissagem. O Salt encontrou seu carro no estacionamento de longa permanência em Dulles e foi para Carterville com a ideia de tirar a sexta-feira de folga. Ele e Louise entrariam em contato no fim de semana.

Capítulo 42

De volta à fazenda

[9 de março de 2021].

Era bom estar em casa, mas O Salt tinha que se perguntar se a fazenda era realmente sua casa e o que ele faria com todas as malditas caixas da mudança. Elas não pareciam estar desaparecendo por conta própria.

O Salt dormiu até tarde na manhã de sexta-feira, encontrou café instantâneo e muffins muito velhos que não eram comestíveis, tomou banho e fez sua lista de compras para a sobrevivência a curto prazo. Enquanto tomava seu café de baixa qualidade, começou a pensar no que viria a seguir. Ele estava muito cansado no avião de volta aos Estados Unidos para pensar seriamente sobre essas coisas e se concentrou em assistir a uma série de filmes ruins. Era um trabalho árduo tentar pensar de forma convincente sobre questões complexas.

As perguntas incluíam: (1) O Salt queria se aposentar; (2) se sim, onde? (3) se não, o que ele faria; (4) Stuart estava interessado em continuar em alguma coisa; (5) se sim, o quê; (6) e quanto a Louise; e (7) e quanto a Margie? Isso é complicado muitas partes interdependentes e móveis.

O Salt pensou em todas essas questões, mas não resolveu nenhuma delas, em parte porque ainda estava em transição após perder a esposa, mudar-se, aposentar-se e assim por diante, e não estava realmente ciente do que Stuart tinha em mente para ele (embora a biblioteca de livros que Stuart lhes deu não fosse muito sutil). Seus esforços iniciais não haviam tido resultados surpreendentes; talvez Stuart não fosse mais relevante. Salt decidiu que deveria continuar pensando nas coisas e repensá-las à medida que o número de incertezas diminuísse. Ou isso era apenas uma desculpa para evitar a caixa de Pandora?

No final da manhã, ele foi ao supermercado e voltou à fazenda para preparar um sanduíche de presunto para o almoço. Em seguida, ele se forçou a trabalhar em mais caixas durante o resto da tarde.

Ele preparou outro sanduíche de presunto para o jantar, tomou um drinque, assistiu a um filme de faroeste que não o fez pensar e foi para a cama.

No sábado, ele dormiu até tarde novamente, tomou banho e moveu mais algumas caixas, fingindo que isso representava um progresso significativo. A temporada de futebol americano, encurtada pelo coronavírus, havia terminado, e ele não era um grande fã de basquete na TV, portanto, nada na TV representava um entretenimento atraente. Como estava entediado e apático, ele se convenceu de que precisava cortar o cabelo novamente. Ele ligou para o Georgie's e recebeu um número.

Ele estava de folga, então ligou para seu inquilino, Jack Davis, para saber como estavam as coisas. Fazia apenas duas semanas desde a última vez que ele havia falado com Jack. O Salt só queria que Jack soubesse que ele estava interessado. Jack atendeu o telefone.

"Oi, Jack", disse O Salt. "Estive fora da cidade e pensei em dar uma olhada. Como vão as coisas?"

"Nenhuma novidade", respondeu Jack, "ainda estou pensando no que plantar, se for o caso. "Ainda estou pensando no que plantar, se for o caso, devo aceitar o que o governo me der para deixar a terra em pousio ou devo plantar alguma coisa? O principal fator de mercado é a China. Ainda estamos esperando para ver o fim da chamada guerra comercial com a China que o presidente Pope ia resolver antes de se distrair com a maldita confusão do impeachment, e então tanto os chineses quanto nós tivemos que nos concentrar na maldita pandemia do coronavírus. Depois, nossas eleições tiveram prioridade. Como resultado, nada foi resolvido. Enquanto isso, os agricultores americanos se sentem como peões. O presidente Evans precisa acordar.

Jack disse, O Salt: "Tenho grãos armazenados que terei de vender em algum momento. Não sei o que fazer nem quando. Precisarei de dinheiro se decidir plantar na primavera, mas, como disse, não sei o que plantar... ou se vou plantar. Espero que continuem a ser pacientes e que alguém em Washington entenda que muitos de nós estão se segurando com as unhas."

"Isso é fácil", disse O Salt. "Faça o que faz mais sentido para você e sua família, e nós resolveremos as coisas quando elas começarem a melhorar."

Pouco antes de desligar, Jack inseriu outro item novo para Salt considerar: "Estou pensando nisso há algum tempo, O Salt, e finalmente cheguei à conclusão de que vou me juntar às Filhas e Filhos da Liberdade. Talvez você não tenha ouvido falar deles, mas achei que deveria conhecê-los".

O Salt reagiu: "Ah, eu sei sobre eles, e não tenho nenhuma objeção neste momento, e como não temos nem mesmo um contrato de aluguel neste momento, vamos acrescentar isso ao acordo de aperto de mão".

Jack foi sincero quando disse "obrigado".

Enquanto lidava com esse tipo de problema, ele decidiu procurar o Dr. Sherman. Ele tinha uma vaga disponível no final da tarde de terça-feira.

Capítulo 43

A humilde opinião do Dr. Sherman

[9 de março de 2021].

O Salt sentou-se à mesa do Dr. Sherman, foi sincero e explicou que estava pensando mais sobre seu labirinto de relacionamentos e queria saber se o Dr. Sherman tinha alguma ideia.

"Eu sei", disse o Dr. Sherman, "mas tem certeza de que quer nublar sua mente com mais informações externas? Você provavelmente sabe a resposta certa, só não gosta dela."

"No seu caso, sim", respondeu O Salt. "Não nos conhecemos muito bem, mas confio em você para me dizer o que realmente pensa com base em seu bom senso e em seus anos de aconselhamento. Portanto, estou preparado. Sei que você é franco."

"Muito bem", disse o Dr. Sherman, "aqui vai. Casos como o seu não são novos ou profundos. Muitas pessoas têm problemas como esse quando estão enfrentando o luto. Você quer consertar com um curativo o que, na verdade, exige tempo e uma grande cirurgia. Você tinha um relacionamento especial com Meredith; não há ninguém como ela em nenhuma estante, em nenhum lugar. Você precisa se acalmar, arrancar o curativo e enfrentar uma grande cirurgia em termos de sua vida pessoal. Na pior das hipóteses, trata-se de um erro de omissão, não de um erro de comissão.

Para complicar a situação, você conheceu duas mulheres atraentes, inteligentes e interessadas logo no início do processo de luto. Não há razão para não ter amigas assim, mas, meu Deus, elas são pessoas muito diferentes. Tenho certeza de que você cobriu uma ampla gama de possibilidades em seus primeiros dias de solteirice. De certa forma, isso é uma sorte, mas você precisa ser honesto consigo mesmo e com eles. Se quiser estragar sua vida, você é livre para fazê-lo até que a Suprema Corte lhe tire esse direito.

Você está pronto e precisa de amizades profundas. Crie-as, mas administre as expectativas de todos ao mesmo tempo. Se eles não estiverem dispostos a serem "gerenciados" nesse sentido, eles se afastarão.

Portanto, o diagnóstico é que você é louco. Você tem boas razões para isso, mas não piore a situação! A prescrição é o que temos falado. Você precisa simplificar sua vida e se curar de uma ferida profunda antes de tomar decisões vitais, e seria terrivelmente injusto com essas duas mulheres muito diferentes, mas ótimas, ir longe demais e rápido demais.

O Salt ficou em silêncio por um momento e depois disse calmamente. "Bem, esse é um bom conselho. Eu esperava que fosse diferente, mas parece que estamos em um acordo violento. Para dizer a verdade, estamos no processo de aplicar essa abordagem em ambos os casos. Pode ser que não envolva um regime estrito de "mãos livres".

O Dr. Sherman apenas encolheu os ombros.

Capítulo 44

O Salt e a FL

[9 de março de 2021].

O Salt ainda não havia terminado com o Dr. Sherman. "Muito bem", disse O Salt, "pronto para a próxima?

"Você quer dizer a ideia maluca que envolve você trabalhar para o governo e algo vagamente afiliado à FL ao mesmo tempo?" O Dr. Sherman concluiu: "Eu esperava que o governo o expulsasse de alguma coisa quando você perguntou sobre o que eu chamo de 'acordo duplo'".

O Salt fez uma careta e reconheceu: "Bem, a verdade é que estamos muito longe de ter algo concreto para propor. No momento, não há nada a propor. Alguns membros do grupo de trabalho concordam com ele. O Dr. Sherman revirou os olhos. "Outros são mais empreendedores", comentou O Salt. "A maioria provavelmente é contra.

O Dr. Sherman disse secamente: "Grande governo em ação. Eles não gostam disso, mas não vão se opor a essa altura". O Dr. Sherman balançou a cabeça e murmurou: "Meu Deus, você só pode estar brincando. E eu achando que eles seriam brandos comigo. Acontece que eles são uns idiotas sem coragem. Bem, você já está inclinado a fazer isso. Posso comentar sobre esse e outros casos e até mesmo organizar algumas demonstrações. Que fique registrado", disse o Dr. Sherman, "que eu não voto sobre se promovemos ativamente esses acordos, e eu não o faria. Mas, pelo menos, posso decidir se alguém ou alguma coisa é digna de consideração. Você se surpreenderia com a frequência com que fazemos esses shows de cães e pôneis. Mas usamos o conhecimento jurídico de alguém para garantir que ele ou ela reconheça estar totalmente informado sobre as questões de conflito de interesses.

Capítulo 45

Georgie's: progresso em direção ao centro

[9 de março de 2021].

O Salt realmente não precisava de um corte, mas também não estava com vontade de passar o dia inteiro sozinho. Além disso, ele se perguntava se alguma coisa havia saído de sua partida de futebol político. Quando O Salt Quando Salt entrou na loja, notou que as cadeiras extras ainda estavam empilhadas no canto para permitir o distanciamento social e que todos os barbeiros e a maioria dos clientes estavam usando máscaras. Quando O Salt entrou na loja, notou que as cadeiras extras ainda estavam empilhadas no canto para permitir o distanciamento social, e todos os barbeiros e a maioria dos clientes estavam usando máscaras. Todos os olhares estavam voltados para a televisão. "O que está passando?", perguntou O Salt.

"Quer dizer que você não sabe, cabeça pontiaguda?", perguntou Georgie em seu tom mais sarcástico. "Porra, cara, este é o território do basquete da Atlantic Coast Conference - que chamamos de ACC - e a Virgínia está jogando contra a Carolina do Norte. Por favor, saia do meu campo de visão para que eu possa assistir ao jogo pelo canto do olho sem estragar meu cliente. Preciso ser multitarefa se quiser falar com você.

"Ok, ok, desculpe," respondeu O Salt. "Para quem você está torcendo?" "Qualquer um, menos Duke e Carolina do Norte, e no topo da lista de favoritos por aqui está a Virgínia", explicou Georgie.

"Você é um cara bem grande", comentou Georgie. "Você jogava basquete quando estava aqui no ensino médio?"

"Basicamente", respondeu O Salt. "Ele estava no time, mas não jogava muito." "Desculpe-me", disse Georgie, "mas agora tenho que perguntar: quanto é 'pouco'?"

"Tanto que um dia, quando o treinador estava de mau humor, ele me disse que eu deveria parar de treinar e fazer agachamentos em vez disso."

"O que isso significa?", perguntou Georgie.

O Salt sorriu: "Ele estava me dizendo, em seu próprio código, que a única ação que eu veria seria sair do banco nos intervalos e no final dos quartos e depois sentar de novo, então eu poderia muito bem fazer algo relevante, como agachamentos."

Muitos dos presentes na barbearia abafaram o riso.

"Não se preocupe", disse O Salt. "Já superei isso e tenho de rir de mim mesmo. A propósito, como está indo meu jogo de futebol político?"

"Veja você mesmo," disse Georgie. "Dê uma olhada em alguns dos novos anúncios e veja como é o seu quadro de avisos."

O Salt seguiu as instruções e ficou satisfeito com o que descobriu. Como sempre, Georgie distribuiu alfinetes de desenho e pediu aos clientes que colocassem um alfinete de desenho no quadro de cortiça - como se fosse uma ilustração de um campo de futebol - para representar as opiniões políticas do jogador. A maioria dos pinos de desenho estava entre as linhas de trinta e cinco jardas. Havia alguns nas extremidades (o que poderia ser chamado de zonas vermelhas ou mesmo zonas finais) e alguns, como Salt, estavam bem na linha de cinquenta jardas ou muito perto dela.

"Jogávamos honestamente", disse Georgie. "Não observávamos quando os clientes colocavam seus pinos no quadro de avisos - bem, não muito, pelo menos - e ninguém dava a mínima para onde eles colocavam seus pinos. Era melhor do que uma pesquisa. Não havia margem de erro.

"É isso mesmo," comentou Homer, o outro barbeiro. "Nós mantemos Georgie na linha reta e estreita aqui. E você estava certo; a maioria das pessoas está procurando o meio-termo e não são extremistas."

"A maioria das pessoas", disse Don, caçador aposentado e membro da NRA e da SOL, "seria a frase-chave. Sou eu na zona final, à direita, e tenho orgulho de estar lá... e não sou o único, como você pode notar."

"Ótimo", comentou O Salt. "O que acontece com esse exercício é que há um amplo espectro de visões políticas e, se você quiser fazer alguma coisa, provavelmente precisará de uma mistura de apoio de ambos os lados da linha de cinquenta jardas. Não precisamos concordar com tudo, mas temos que concordar com o terreno comum entre as linhas de trinta e cinco e quarenta jardas."

"Admito que foi interessante", disse Georgie, "e Homer, Ellen e eu decidimos deixar o quadro de avisos por mais algumas semanas antes de retirá-lo. Mas agora a questão é: o que seus amigos de cabeça pontiaguda farão com toda essa boa vontade pós-eleitoral? Émelhor que não a desperdicem.

"Eu ficaria muito surpreso se eles não conseguissem", disse O Salt, esperando que a nova administração pudesse cumprir o que prometeu.

Georgie terminou de falar com seu cliente e disse a O Salt: "OK, você está pronto. Pronto para abaixar suas orelhas."

"Só preciso dar uma aparada", disse O Salt. "Não tenho certeza, mas talvez eu vá fazer uma viagem de negócios e achei que deveria estar menos desarrumado, caso precise ir. Além disso, eu queria ver se você tinha destruído o jogo de futebol político."

Quando Georgie estava terminando, O Salt disse: "Agora que sou um cliente regular, tenho direito ao programa Hair-i-Care?

"Bem, temos um novo formulário de inscrição", disse Georgie. "Dê uma olhada nele enquanto eu termino de cortá-lo." Georgie entregou a O Salt o novo formulário, que incluía as seguintes perguntas:

> Hair-i-Care aplicativo
>
> Nome:_______________________
>
> 1. Você é um homem ou uma mulher de pele negra ou marrom? Se for, pare aqui. Você atende aos requisitos.
>
> 2. Você está na casa dos 70 anos ou mais?
>
> 3. Você cortou seu cabelo cinco das últimas seis vezes aqui?
>
> 4. Você participou de nossa partida de futebol político?
>
> 5. Você foi voluntário em algum lugar nos últimos dois meses?
>
> 6. Se você é do sexo masculino e usou nosso banheiro para jogar o número 1, você saiu do seu assento durante as recentes eleições de meio de mandato?
>
> 7. Se sim, sua mira foi boa o suficiente para acertar o buraco?
>
> 8. Você era de esquerda ou de direita?

"Bem, acho que não me qualifico", disse O Salt.

"Tudo bem", disse Georgie, "mas continue se esforçando. Um dia você chegará lá.

"Quantos você precisa acertar?", perguntou O Salt. "Depende", disse Georgie.

"De quê?", perguntou O Salt.

"Muitas coisas", disse Georgie, "inclusive o humor em que estou. Portanto, pare de agir como um daqueles repórteres liberais da mídia a cabo que sempre fazem muitas perguntas idiotas."

Entendido", disse O Salt. E ele se calou. O jogo de basquete da ACC havia terminado, deixando a maioria de mau humor, pois a Carolina do Norte havia derrotado a forte defesa da Virgínia e vencido. A loja começou a se esvaziar mais ou menos na mesma hora em que Georgie terminou com O Salt. Quando ela estava saindo, O Salt lhe pediu uma dica sobre o ponto oito das perguntas do Hair-i-Care.

"De jeito nenhum", respondeu Georgie. "Você é um membro espinhoso do Estado Profundo em Washington, DC; você é um primo com risco de fuga."

O Salt sorriu, pagou a Georgie e saiu.

Capítulo 46

Bom por o Salt

[9 de março de 2021].

Depois de falar com Jack Davis e o Dr. Sherman, ir à loja, cortar o cabelo e não sentir muita vontade de voltar para uma fazenda solitária e bagunçada, O Salt decidiu arriscar e ligar para Margie Hatcher. Ela atendeu ao telefone, e O Salt explicou que havia saído da cidade inesperadamente e sentiu que devia ligar para ela. Ele criou coragem e perguntou se ela tinha tempo para o jantar de domingo à noite.

Ele tinha uma reunião na igreja no domingo à tarde, mas disse: "Se não tiver outros planos, em vez de mover caixas pela sua fazenda hoje à noite, por que não aparece daqui a uma hora mais ou menos, eu acrescento uma porção extra ao que estou cozinhando e você pode ficar comigo. Tudo o que você precisa fazer é passar na padaria da cidade e comprar alguns cupcakes para a sobremesa. E talvez você consiga encontrar uma garrafa de vinho branco no supermercado que lhe agrade.

"Parece ótimo," disse O Salt, "mas não estou muito bem arrumado."

"Eu também não", disse Margie, "então venha como você está".

O Salt teve tempo de passar na loja de roupas do Roy antes que a padaria e a mercearia fechassem. Roy estava lá - sem ajuda ou clientes - e parecia um pouco solitário. "Roy", disse O Salt, "preciso ver seus ternos mais sofisticados no meu tamanho. Talvez eu vá a algumas reuniões com pessoas sofisticadas e preciso ser medido."

"Como você deve imaginar", disse Roy, "não temos pessoas que precisem se vestir assim com muita frequência, mas você tem um tamanho bastante comum, e temos mais nessa faixa do que em outros tamanhos. Vamos ver o que tenho para acrescentar ao terno azul-marinho que você comprou da última vez."

Roy tirou do cabideiro dois ternos com listras de giz, um cinza e outro azul muito escuro. "São bastante formais", disse Roy. "Vocês precisarão de camisas brancas de qualidade e boas gravatas para usá-las."

O Salt parou de responder a Roy por alguns segundos. Ele não tinha certeza do que havia acontecido com ele. Ele estava comprando ternos para o trabalho com Stuart em Washington antes de decidir aceitar o emprego... assustador. De qualquer forma, ele respondeu: "OK, me dê os dois ternos e vamos escolher algumas camisas e gravatas. E uma boa notícia, Roy: desta vez não preciso que os ajustes sejam feitos hoje".

"Ótimo", disse Roy. Não me importo de dizer que as coisas estão um pouco lentas, com as demissões nas fábricas e no centro de distribuição da Rota 81. Espero que o novo presidente comece a trabalhar em questões comerciais, vírus morfológicos, varíola de macaco e mais testes antes de irmos à falência.

"Amém", disse O Salt.

Enquanto O Salt caminhava para o carro, ele se perguntou novamente o que diabos estava fazendo. Ele tinha acabado de cortar o cabelo e comprado dois ternos para poder ir a reuniões com pessoas chiques. Ele fez isso sem saber onde estava a cabeça de Stuart ou a sua própria. E então, ele concordou em jantar com Margie sem resolver a situação de Louise. Isso não parecia ser uma simplificação da vida.

Quando O Salt chegou à casa de Margie, ela não estava vestida com esmero, mas, mais uma vez, era muito atraente. Ela não estava usando um terno preto com calça. O Salt achava que ela tinha sido uma companhia confortável e útil em seu único jantar e nas poucas ocasiões em que interagiram. Isso significava alguma coisa.

A conversa durante o jantar foi discreta. Quando o jantar e o vinho terminaram, O Salt disse: "Estou feliz por estar de volta. Gostaria que as caixas não estivessem esperando por mim. Minha viagem foi inesperada e atrapalhou a mudança."

"Sua viagem foi a negócios ou a lazer?", perguntou Margie.

"Definitivamente, negócios. Tive que ir à Europa para algumas reuniões."

"E eu que pensava que você estava aposentado". Margie sorriu.

"Isso é verdade," disse O Salt. Mas ele teve que se alongar ao continuar: "Eram reuniões de acompanhamento relacionadas a algumas coisas que eu havia feito anos atrás, quando ainda trabalhava para o governo e depois para o meu escritório de advocacia. Coisas bem chatas de escritório.

Margie entendeu essa declaração como uma dica de que os tópicos da viagem não eram de fato muito chatos e que O Salt não iria falar muito mais.

"Por curiosidade," perguntou Margie, "como você avalia o Presidente Evans até agora?"

"Bem," disse O Salt, "essa é uma pergunta boa e justa. Mas acho que é muito cedo para dizer. O presidente tem muito em suas mãos, e é provável que leve algum tempo até que possamos avaliar o novo governo. Eles trouxeram algumas pessoas boas de um espectro político bastante amplo, e isso é encorajador.

O Salt precisava mudar de assunto, então perguntou: "Como estão as coisas entre você e Carterville?"

"Estou bem," responde Margie, "mas não tenho tanta certeza quanto a Carterville. Houve mais demissões e a queda no setor de manufatura continua; as lojas do centro da cidade parecem vazias; disseram-me que o mercado imobiliário está lento, apesar das baixas taxas de juros (que todos sabemos que não podem permanecer tão baixas); e a universidade está preocupada em perder ainda mais alunos por causa dos contínuos casos de coronavírus e da economia".

"Notei que a loja de roupas do Roy e a padaria pareciam estar bem vazias para um sábado à tarde", disse O Salt.

"Sem dúvida, você tem razão", disse Margie, "embora seja quase certo que uma boa porcentagem dos homens daqui estava grudada no jogo de basquete do ACC esta tarde."

O Salt saiu às 21:45, depois de ajudar a lavar a louça. Não houve nenhum momento constrangedor, embora O Salt tenha percebido que finalmente havia notado Margie e a reconhecido como a pessoa legal que ela era. Ele disse a si mesmo que deveria ter cuidado. Ele não precisava de mais complicações. O mundo já tinha complicações suficientes.

Capítulo 47
Mar agitado em DC

No dia seguinte, O Salt dirigiu até DC para jantar com Louise em um restaurante tranquilo na área de Tysons, no norte da Virgínia, perto de McLean. Durante o jantar, ele explicou a Louise por que não queria se envolver na confusão iraniana. No centro de seu raciocínio estava o fato de que, embora houvesse apenas 5% de chance de algo sair do Irã, isso poderia consumi-lo, e por um longo tempo. O Salt estava em um momento de sua vida em que queria ser capaz de definir suas próprias prioridades e se concentrar nelas. Se ele quisesse trabalhar com as prioridades de outras pessoas, teria permanecido na empresa.

A situação iraniana era um desafio tentador que poderia ser altamente benéfico se fosse resolvido com sucesso, mas o sucesso era um tiro no escuro e era uma questão de relações exteriores com menos repercussões internas do que outras. Salt explicou a Louise a dicotomia dentro/fora do Beltway, na qual Salt havia se concentrado durante sua caminhada no Hyde Park e que o estava motivando. Além disso, havia seu desejo de fazer algo na área da saúde global.

Louise ouviu educadamente e depois tomou sua vez. "Isso é muito bom para você, O Salt, mas, francamente, é absurdo e egoísta. Você é quem decide onde está sua cabeça. É claro que seus novos amigos no meio do nada, na zona rural da Virgínia, têm um papel importante em seu pensamento, mas a realidade é que seu foco está em você. Isso poderia ser compreensível e aceitável se você tivesse a menor chance de estar de volta ao lugar certo na hora certa, mas seja realista. Então, você gostaria de resolver os problemas comerciais da China. Isso é ótimo. Basta dar um passo atrás de Nixon, Kissinger e uma centena de outros, vivos e mortos. Os chineses são sábios, pacientes e controladores. Um diálogo eficaz pode resultar em algo bom, mas você não está em lugar algum ou com ninguém na China. Há quem pense que a China está pensando seriamente em invadir o país Taiwan.

Há muito em jogo para alguém com seu histórico. Aqueles que estão à sua frente, com laços profundos com o Deep State, o eliminarão. De certa forma, você teve a sorte de estar potencialmente em um papel de liderança com o Reino Unido e talvez com a UE no comércio e na mesa de negociações com o Irã. O que, em nome de Deus, o faz pensar que pode replicar essa posição com parceiros comerciais e inimigos na Ásia? Ou melhor, pode? Sério?"

Louise tinha acabado de se aquecer. "E há outros que você convenientemente esqueceu. Gretchen e eu, e em menor grau Walter, estamos dispostos a arriscar nossas carreiras para tentar fazer você parecer bem. É claro que achamos que podemos conseguir algo para nós mesmos, mas também podemos ser derrotados por um novato. Temos que fazer nossas próprias compensações. E seu egocentrismo torna uma situação difícil muito mais difícil."

O Salt ficou surpreso com o vitríolo. Ele tinha que admitir que ela havia feito algumas observações válidas, mas, mesmo assim, ficou magoado. E então ele deixou escapar a pior coisa que poderia ter passado por seus lábios: "Foi por isso que você arrombou a fechadura do meu quarto em Londres, para ter mais controle sobre mim?"

Ele se levantou e disse: "Não acredito que você seja estúpido o suficiente para pensar isso, muito menos para dizer isso. Tenha uma boa noite, papai. Ele saiu do restaurante antes de o prato principal ser servido.

O Salt sentou-se sozinho e pegou os dois pratos, mas se concentrou mais em seu coquetel.

Não importava quão boa ou inofensiva fosse sua intenção, ele havia errado. Ele tinha certeza de que Louise era profissional o suficiente para comparecer à reunião com Stuart. Não comparecer seria um gesto que limitaria sua carreira. Mas ela falaria muito pouco, pelo menos no início.

O Salt decidiu pensar no assunto pela manhã, mas achou que seria mais provável ver o que Stuart e Louise tinham a dizer e onde as fichas cairiam. E ele tinha que contar a eles sobre Alexander Hamilton e sua equipe. Ele estremeceu ao pensar nisso. Além disso, ele não tinha escolha, e havia alguma verdade no que Louise estava dizendo. ele havia dito. Que droga.

Capítulo 48

Confissão: boa para a alma e para a missão

[12 de março de 2021] [12 de março de 2021

O momento havia chegado. A reunião com Stuart foi no Departamento de Estado. Quando O Salt chegou ao escritório de Stuart às duas horas da tarde de sexta-feira, foi conduzido à elegante sala de espera externa, ao enorme conjunto de salas de conferência de Stuart e ao seu escritório. O cenário era autêntico. Madeira escura, salas enormes, muitas pinturas a óleo originais, móveis pesados de madeira, em sua maioria antigos, e objetos interessantes do exterior em exposição. Parecia um pouco com um museu e a importância era grande.

Louise já estava na sala de espera. Para sua surpresa, Gretchen também estava. O Salt não tinha tido notícias de Louise naquela manhã, e nem Louise nem Gretchen disseram uma palavra quando ele chegou. O Salt apenas disse um educado "Boa tarde". Era tudo o que faltava para uma reunião incômoda. Não, uma reunião desastrosa.

Stuart ligou para O Salt e Louise, mas não para Gretchen, que talvez estivesse lá para dar apoio moral a Louise.

O Salt tomou a iniciativa. "Obrigado por reservar um tempo para nós hoje, Stuart. Nós agradecemos."

"O prazer é meu", disse Stuart. "Temos uma grande dívida de gratidão com vocês dois por terem enfrentado situações interessantes sem muito tempo de preparação. Vocês devem saber que ouvimos os britânicos e os alemães, e ambos os grupos elogiaram muito a forma como vocês se comportaram, apesar de se encontrarem em situações muito difíceis e únicas. Ambos os grupos duvidam que possamos conseguir muito a longo prazo, mas estão totalmente preparados para empreender esforços razoáveis para tornar realidade o que vocês disseram.

"Os alemães, é claro, estão concentrados na situação do Irã, que é complexa, para dizer o mínimo. Eles não receberam uma resposta dos iranianos e talvez não a recebam. Você foi um pouco duro com eles, O Salt, mas ninguém questiona como sua equipe lidou com as coisas. Parecia perfeito. Os alemães ou nós talvez tenhamos de convocar uma reunião de acompanhamento em vez de esperar que os iranianos liguem de volta. Se passarmos da primeira base, as equipes americana e alemã terão de ser reabastecidas com pessoas mais experientes, mas gostaríamos de mantê-lo lá e com os britânicos no curto prazo. Mas devemos nos lembrar de que toda a Europa está preocupada, com razão, em como aquecerá suas casas neste inverno.

As implicações da Ucrânia são muito mais amplas do que se poderia prever. Você sabe como os americanos reagem aos altos preços do gás: como seria se houvesse apenas metade da quantidade de gás? Ou como lidaríamos com a fome neste país se tivéssemos uma seca ainda pior?

"Obrigado pelos comentários, Stuart," disse O Salt. "Como você sabe, nem Louise nem eu nos inscrevemos para esse tipo de atuação desde o início. Não sei o que Gretchen acha de tudo isso. Entretanto, se você acha que fizemos progresso, estou disposto a ajudar a levar essas iniciativas adiante, pelo menos depois da fase de lançamento de seis a nove meses. Talvez eu tenha uma oportunidade em um emprego no setor privado ou no governo que possa ser útil como cobertura. Mas isso não ocuparia todo o meu tempo. Posso adiar a decisão final por alguns meses. Se o que queremos fazer funcionar, eu me comprometerei 100%. Mas, afinal de contas, Stuart, não há nenhum compromisso comigo nesse sentido; não tenho ideia de quanto me pagariam, e eu poderia acabar sendo um bode expiatório útil. Louise também precisa ser protegida; não subestime o quanto ela é boa. "

Louise ficou branca como um lençol, e Stuart, vermelho como um pimentão. "Você deve estar me sacaneando, O Salt, porque se não estiver, eu devo estar me sacaneando." Ele estava ficando quente.

Depois que O Salt conseguiu se articular, ele disse: "Olha, eu sabia que você ia ficar com raiva. Sou uma maçã em um mar de laranjas do Departamento de Estado, da US Aid e da CIA. Se eu - não, nós - conseguirmos fazer isso, é só porque a Agente 99 é incrível."

Gostaria de tentar fazer com que a via dupla funcione e contei ao outro lado muito pouco sobre o que estamos fazendo, embora eles pareçam ter entendido que os Estados Unidos têm prioridade sobre o meu tempo. Eu disse a eles o mesmo que você; respeitei a estrutura da cadeia de comando ao não dizer primeiro a Louise. Isso foi extremamente difícil para mim e tenho certeza de que foi doloroso para ela. Você precisa saber, Stuart, que fiquei muito impressionado com a equipe com a qual você me fez trabalhar. Juntas, podemos não ter experiência relevante, mas Louise e Gretchen são inteligentes, experientes e cheias de recursos. Não falo por elas, e recomendo enfaticamente que você converse com elas, ou pelo menos com Louise, assim como comigo.

"Estou feliz em fazer isso, e não há momento melhor do que o presente", disse Stuart.

"Há duas outras coisas das quais você precisa estar ciente, Stuart", disse O Salt.

"Merda", rugiu Stuart. "Agora há um terceiro míssil de merda prestes a me atingir."

Com uma voz nervosa, mas calma - muito difícil de conseguir, por sinal -, O Salt continuou:

"Em primeiro lugar, por uma série de motivos importantes, se e quando possível, eu realmente gostaria de me envolver em assuntos relacionados à assistência médica global e à Ásia. Por motivos que eu gostaria de discutir mais com você, isso é pessoal e real. O motivo do interesse no setor de saúde é óbvio, como discutimos quando nos reunimos com o presidente Evans. Quanto à Ásia, por hoje, basta dizer que uma das coisas que nossa diplomacia deve demonstrar é o apreço pelos interesses de todos os americanos, incluindo pequenas empresas e fazendas. Nem todas as nossas questões comerciais são da natureza da questão da Huawei. Nosso povo precisa pensar que nos preocupamos com eles tanto quanto nos preocupamos com nossas multinacionais. Há uma conexão entre as relações exteriores e os cidadãos comuns. Sei que eles sabem disso. Precisamos divulgar isso mais amplamente, para que mais pessoas reconheçam a conectividade.

Em segundo lugar, peço desculpas sinceras, mas enquanto estávamos na Europa, houve alguns momentos em que Louise e eu estávamos sob estresse e trabalhando em conjunto. Louise não é apenas muito inteligente, mas também atraente. E eu gosto muito dela. A natureza seguiu seu curso e, devido à minha estupidez, as coisas aconteceram.

Essas coisas não interferiram e não interferirão, em minha opinião, no fato de trabalharmos juntos ou separados nessa missão. Não está claro para mim o que acontecerá com o relacionamento. De fato, ele pode ter acabado. Mas tenho que ser honesto com você sobre isso: o que aconteceu, aconteceu. E, é claro, Louise precisa ser ouvida sobre isso".

"Obrigado por sua franqueza, O Salt", disse Stuart, ainda tentando se livrar das outras notícias, "mas o que diabos você estava pensando?"

O Salt sabia que Stuart não estava realmente esperando uma resposta para isso, então se levantou, deu de ombros e se dirigiu à porta para sair do escritório de Stuart. Stuart rugiu alto o suficiente para deter O Salt antes que ele chegasse à porta. "Só quero ter certeza de que entendi direito. Tudo o que você quer é:

(1) a chance de trabalhar em um projeto colossal para nós e nossos principais aliados e em meio período com alguém do setor privado que pode ter conflitos conosco, (2) ignorar o fato de que alguns o chamariam de uma acusação ambulante do EEOC e (3) poder ditar suas futuras atribuições. Mais alguma coisa?".

"Bem", murmurou O Salt em sua voz mais calma, "pagamento e administração". Ele sorriu, girou sobre os calcanhares e praticamente saiu correndo do escritório.

Stuart então falou sobre Louise. "OK, Agente 99, o que você acha de toda essa bagunça?".

Louise veio a bordo e declarou enfaticamente: "Estou muito interessada em permanecer nesta equipe e trabalhar nesta iniciativa. Acredito na missão e acho que, pelo menos por mais algum tempo, faz sentido manter a equipe unida. Concordo com o Salt sobre a bagunça e a incerteza sobre o rumo que isso está tomando, e é preciso saber que foi tudo consensual e que a culpa é, no mínimo, tão minha quanto do Salt. Não sei nada sobre meio período e como lidar com o setor privado. Quase caí da cadeira quando ele mencionou isso. Mas isso deve ter ocorrido a ele: ele não estava se promovendo, não tinha ideia do que queria fazer e não estava procurando nada. Ele nem sequer tem um currículo. Provavelmente é justo pagar algo a ele, embora isso esteja muito próximo hoje em dia, e ele precisa ter algum apoio administrativo em algum lugar."

"Ufa", murmurou Stuart. "Suponho que textos ou e-mails embaraçosos não aparecerão em uma audiência no Congresso algum dia?"

"Nenhuma," disse Louise. "Somos mais espertos do que isso."

Stuart parou de falar e sentou-se à sua mesa, pensando. De vez em quando, ele fazia uma pergunta. Uma delas era: "Você pode trabalhar com esse cara e ele com você? Há muitos problemas aqui.

Louise respirou fundo e disse: "Bem, há muito mais do que eu esperava, mas posso fazer isso funcionar se ele conseguir."

Ficou claro que Stuart não estava muito feliz, mas ele olhou para cima e disse: "OK, você e O Salt precisam ir ao RH, esclarecer isso e fazer o que for preciso. Se conseguirmos que o RH faça isso, continuaremos com a equipe em um mês. Diga ao RH que precisamos chegar a um acordo sobre o valor do pagamento; ele receberá metade nos próximos trinta dias. Durante esse período, seu trabalho é descobrir tudo o que possa ser um obstáculo para o outro lado. Isso acaba se você ou O Salt não cooperarem. Entendido? Acabou. Morto.

Ela então perguntou: "A Gretchen está ciente disso e onde está sua cabeça?" "Ela e eu conversamos longamente hoje de manhã sobre tudo o que ela sabia, e ela está de acordo," disse Louise.

"OK. Fale com a Gretchen e compartilhe as atualizações. Quanto ao Salt, pegue-o pela orelha e esclareça isso com o RH. E mande a Gretchen entrar. Stuart voltou a olhar para sua mesa; a reunião havia terminado.

Quando Louise estava saindo do escritório de Stuart, ela se virou e disse: "Sabe, Stuart, não deveria ser um crime ser humano e cuidar de alguém, especialmente se for um adulto solitário, desde que o cuidado não seja inadequado.

Stuart olhou para cima e acrescentou: "E desde que isso não interfira na missão".

"Nem é preciso dizer," disse Louise ao se virar.

Em seguida, Stuart deu seus últimos golpes. "Lembre-se de mais duas coisas. Esse cara tem quase idade para ser seu pai e ainda está com a cabeça bagunçada por causa da morte da esposa. Ele não está pronto para lidar com isso. racionalmente".

Louise terminou de sair sem responder a Stuart, mas disse para si mesma ao terminar de sair: "talvez ainda não."

Em trinta segundos, Gretchen apareceu. Antes que ela pudesse se sentar, Stuart lhe perguntou: "Você está ciente do que aconteceu e ainda está interessada em permanecer na equipe?"

"Sim, senhor", respondeu Gretchen.

"Tudo bem, tudo bem", disse Stuart. "Você se envolveu em algo inapropriado nessa missão?"

"Não, senhor," respondeu Gretchen.

Stuart suspirou e disse: "Muito bem, e obrigado. Agora vá e certifique-se de que os outros dois não estraguem tudo. Eles podem precisar de uma testemunha em Recursos Humanos."

Stuart pensou por alguns minutos e, em seguida, ligou para seu assistente e pediu que ele marcasse uma reunião com O Salt, Louise, Gretchen e Walter em duas semanas para colocar a situação do Irã na agenda do presidente o mais rápido possível. Ele não acreditava que essas pessoas pudessem ajudar na Ucrânia, onde os nossos melhores e mais brilhantes já estavam totalmente engajados. No entanto, havia muitos problemas em muitos lugares, e ele pediu ao seu assessor que desse a cada membro da equipe uma sacola de praia cheia de livros sobre a Turquia, Grécia, Síria, Irã e os países satélites soviéticos.

Stuart esperava, em silêncio, que algumas das crises e disfunções herdadas logo diminuíssem. Isso seria bom. Mas até lá, havia uma montanha de negócios para resolver. E ele precisava de uma boa ajuda, mesmo que ela viesse com algumas verrugas.

Capítulo 49

Filhas e Filhos da Liberdade e Amigos

Depois de ceber todas as bênçãos que poderia receber de Stuart, O Salt ligou para Hamilton e marcou um encontro para alguns dias depois. Ele usou esses dias para esvaziar caixas (descobriu que jogava mais fora com o passar do tempo). Ele também passou muito tempo pensando no que iria propor a Hamilton. Ele nunca havia elaborado um "plano de negócios" de qualquer tipo e concluiu que seria um erro ir além de um esboço de possibilidades. O lado bom: ainda não havia acordo em nenhum nível, nem mesmo sobre o que ele seria, então ele não precisava se preocupar com perda de renda, demissão ou danos à sua reputação.

Hamilton havia lhe dado os nomes de algumas pessoas que ele achava que poderiam ser úteis: um general de três estrelas; ex-funcionários altamente respeitados da EPA e da FEMA; um conhecido oficial do corpo de engenheiros do exército; um ex-executivo de empresa de energia; uma pessoa com experiência em limpeza nuclear; e uma pequena equipe com experiência em infraestrutura, renovação urbana e financiamento de moradias de baixa renda. Para a surpresa de O Salt, todos estavam dispostos a conversar com ele. Ficou claro que Hamilton tinha bons contatos em uma ampla gama de disciplinas relevantes. O Salt também sabia que a escolha desse grupo por Hamilton refletia onde ele queria chegar com o projeto.

Ao pensar, junto com Louise, sobre o que Salt começou a chamar de Capital Area Filhos da liberdade (Filhos da Liberdade da Área da Capital), que Louise mais tarde mudou para "Daughters and Filhos da liberdade " (Filhas e Filhos da Liberdade), Salt percebeu imediatamente que precisava dividir os esforços em várias categorias relacionadas, sendo a geografia e a experiência as diretrizes organizacionais iniciais.

Geograficamente, para começar, haveria os Estados Unidos e a Europa Central e Oriental. As disciplinas ensinadas serão diferentes nas diversas áreas geográficas, concentrando-se onde o público está concentrado, precisaria de um impulso do setor privado.

Nos EUA, por exemplo, as áreas de foco podem incluir a renovação urbana (não incluindo coisas como pontes, que são de responsabilidade do setor governamental), coisas como moradias multifamiliares e unifamiliares, certos aspectos da oferta de currículo, em que um treinamento vocacional virtual mais forte deve ser o foco, e assim por diante. Esses esforços exigiriam, em muitos casos, uma combinação de financiamento público e privado, com financiamento do setor privado de várias formas, incluindo capital doado ou dívida profundamente subordinada, capital fornecido como uma contrapartida aos fundos públicos (por exemplo, US$ 1 de dinheiro privado para cada US$ 3 de financiamento público) e financiamento de construção fornecido como uma ponte para o financiamento permanente convencional. A FL Hamilton Funds, LLC desempenharia um papel importante nos estágios iniciais de algumas dessas iniciativas. O Reverendo Sherman participaria das diretorias das entidades voltadas para os EUA (ele ainda não havia sido convidado), assim como outras pessoas que entenderiam a missão e trariam conhecimento especializado e diversidade.

As atividades na Europa Central e Oriental se concentrariam inicialmente no desenvolvimento e na implementação de um "Plano Marshall" para a região no pós-guerra. Obviamente, um elemento importante do plano pressupunha que a Ucrânia venceria a guerra. Primeiro, as coisas mais importantes. Os russos ficariam felizes em tirar a reconstrução de seu balanço. Os tipos de projetos teriam que ser cuidadosamente priorizados para que o retorno (definido de forma ampla) proporcionasse a lucratividade necessária. A experiência pós-soviética na Europa Central poderia servir de orientação. O programa teria que incluir uma dose significativa de privatização.

Ao avaliar como as possíveis partes interessadas poderiam se encaixar decentemente na inclusão e incentivar umas às outras, O Salt passou algum tempo pensando no que ele e Louise haviam aprendido e conversado na Europa há algumas semanas. Havia uma infinidade de soluções e oportunidades nacionais recíprocas, se a história e a política das coisas pudessem ser ignoradas. Conforme mostrado no diagrama aproximado da página 221, a Ucrânia precisa se reconstruir, conseguir levar seus alimentos aos mercados e resolver os principais problemas de segurança das instalações nucleares. Se as usinas pudessem operar com segurança sob uma comissão internacional, elas poderiam fornecer energia que não produzisse carbono.

DIAGRAM

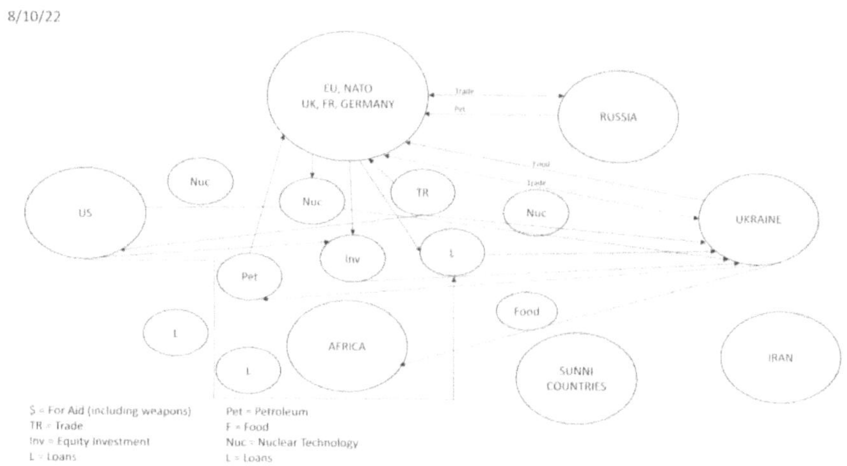

Outra necessidade importante era a de uma fonte de energia segura para substituir a cadeia de suprimentos russa na Europa. Em todas as suas reflexões, O Salt e Louise presumiram que a Rússia não desejaria nem teria permissão para participar. A principal necessidade imediata dos aliados ucranianos era o acesso a um suprimento seguro de energia. A Ucrânia poderia atender a parte dessa necessidade, mas não seria suficiente. O Irã poderia ajudar, se quisesse, e poderia contar com assistência financeira, inclusive do BCE e do Banco Mundial. Arriscado e ousado, mas não tão rebuscado quanto parece à primeira vista. O povo iraniano provavelmente ficaria entusiasmado. Mas tanto o Irã quanto as outras partes teriam que voltar à mesa de negociações. Talvez seja sensato para o Irã fazer parte de um pacote mais amplo de soluções em vez de ficar sozinho à margem dos principais eventos mundiais que afetariam o Irã, independentemente de ele jogar ou não com as principais democracias em questões críticas.

A questão era como colocar em prática os tratados necessários. Mas essa pode ser uma ponte muito difícil de atravessar. Talvez, como uma etapa intermediária, o progresso temporário pudesse ser alcançado por meio de "ordens executivas" implementadas pelos EUA, pela OTAN e pela UE. Atores sofisticados zombariam da ideia de fazer algo tão radical sem um tratado formal. Mas por que gastar dois anos em um tratado que a história nos ensina que, em muitos casos, pode ser abandonado sem grandes consequências? Talvez chegue um dia em que as nações sunitas possam participar, pois elas são claramente parte da solução regional, mas, novamente, neste momento, o Iraque e a Arábia Saudita seriam mantidos no escuro e não seriam considerados ativos na linha de frente.

Hamilton fez várias perguntas durante a apresentação, ficou em silêncio no final da apresentação de O Salt e, em seguida, fez suas observações iniciais: "Bem, eu pedi algo ambicioso, e vocês entregaram. Pode refletir muito mais imaginação do que realismo, mas nada disso é bonito e, às vezes, você chega a uma bifurcação na estrada.

"A propósito", enfatizou Hamilton, "acho que Louise está envolvida aqui e me apóia."

"Sim, ele acha que pode ser tão louco que alguns elementos podem funcionar."

"Tudo bem", disse Hamilton, "tenho que consultar alguns dos tipos de pessoas que dissemos que precisaríamos. Isso levará uma semana. Vocês (1) transformam isso em algum tipo de apresentação que sugira que temos uma pista,

(2) converse com seu colega na Alemanha (acho que o nome dele é Martin) e faça isso com base no fato de que isso faz com que ele limite o nível da cadeia que ele tem que subir, não estamos pedindo que a Alemanha faça nada ainda, e (3) discuta com Martin se você ou ele deve fazer a primeira ligação para o Irã sobre isso, se chegarmos tão longe. Minha preferência é você, Salt.

Hamilton disse que conversaria com o Dr. Sherman e que ele e "Samuel" conversariam com a FL local". Precisamos entender o que qualquer pessoa que fizesse uma diligência completa sobre o Dr. Sherman encontraria. O núcleo da equipe local precisará de algum treinamento. Todos os outros locais precisam ser afastados por alguns meses até vermos se isso tem mérito. Definitivamente, temos que gerenciar as expectativas.

"E nosso governo," perguntou O Salt, "precisará ser informado o tempo todo. Eles também vão querer garantias de que, se nos envolvermos com o Irã e as coisas derem errado, não abandonaremos nossos acordos no estilo do Afeganistão".

Por fim, Hamilton lembrou a O Salt que ele precisava ver seu arquivo atualizado. O Salt respondeu da mesma forma: "Claro, e eu preciso ver o seu também."

Hamilton concluiu com um lembrete severo a O Salt de que nada disso reduzia seus compromissos com Stuart e os EUA. Isso também se aplicava a Louise, pois ela teria que arcar com parte do ônus.

O Salt disse que estava fascinado e animado com a possibilidade de fazer a diferença nesse tipo de empreendimento e disse a si mesmo que estava morrendo de medo de que, se começasse, poderia fracassar.

Por outro lado, ele havia se aposentado... e estava mais feliz no meio das coisas.

Epílogo

Apesar de estarem acalorados, Stuart sugeriu que O Salt e Louise desaparecessem por uma semana ou mais e depois procurassem um bom espaço e móveis na ASG (Administração de Serviços Governamentais) para conseguir um escritório temporário.

Assim, eles aproveitaram uma breve pausa na ação para aproveitar o sol em alguns bons pontos de mergulho no Caribe. Eles não viajaram como um casal, mas acabaram passando muito tempo juntos.

Durante a viagem, O Salt pensou de vez em quando em como isso seria feito com Margie. Mas essa era uma negociação que teria de esperar por outro dia.

O Salt e a Louise eram mergulhadores experientes, mas se aproximaram com cautela e seguiram um curso de "reciclagem" com dois mestres de mergulho canadenses loiros e bronzeados que os levariam aos locais de mergulho em barcos e que, é claro, foram apelidados de Barbie e Ken. Ao se aproximarem do primeiro ponto de mergulho, um velho cargueiro a cerca de 18 metros de profundidade, começaram a colocar seus equipamentos. O mestre de mergulho, Ken, gritou: "Pare aí mesmo. A água está a quase 90 graus Fahrenheit, portanto, a menos que queiram sair tão vermelhos quanto uma lagosta cozida, vistam uma camiseta e desçam até 50 pés ou mais e esperem encontrar algumas áreas de água mais fria. Você também notará que há menos peixes do que há cinco anos; eles foram para mais fundo em busca de temperaturas mais moderadas."

"E o coral nesta área?", perguntou O Salt. "É a mesma história", disse Ken. "Nós o vemos todos os dias, então não é tão óbvio para nós. Mas se você não estiver aqui há alguns anos, perceberá que ele está muito mais descolorido." "É realmente uma pena", comentou O Salt. "Mas nada se compara à devastação em Maui como resultado dos incêndios causados por raios que ocorreram recentemente." Eles conseguiram fazer três mergulhos antes de terem que fugir para o aeroporto.

As duas ficaram pensando enquanto o avião decolava para Washington. Por fim, Louise perguntou se Salt tinha alguma ideia de qual deles era o próximo passo para eles. O Salt respondeu: "Engraçado você perguntar. Eu não queria estragar seu último dia de mergulho, mas Stuart me deu algumas dicas quando ligou hoje de manhã. Talvez você queira pedir outro gim-tônica para isso."

"Ótimo", disse Louise, "10 para 1 não é nada bom".

O Salt apenas balançou a cabeça e começou a explicar: "Você está ciente dos próximos julgamentos contra o Presidente Pope e outros em Nova York, DC, Geórgia e Flórida. Só Deus sabe qual deles será o primeiro. Não seria nada ideal se algum deles coincidisse com as primárias de 2024 (muito provavelmente) ou com as convenções dos principais partidos. Imagine um mundo em que Pope seja o vencedor das primárias e tenha a maioria dos votos a seu favor nas convenções, mas depois seja condenado por algo grave e ganhe o voto popular por um triz. É nesse momento que o partido do litígio realmente começa a funcionar.

Pope usará todos os truques possíveis para superar as primárias e os julgamentos - pelo menos os seus próprios - que se seguirão às eleições de novembro de 2024. Só por diversão, insira uma convenção paralisada em algum lugar no meio e as coisas não irão tão bem na Ucrânia. Isso seria um convite para uma repetição do dia 6 de janeiro, patrocinado por seu governo autoritário antidemocrático e amigável."

O único comentário de Louise: "Não, obrigada. E, a propósito, o que diabos isso tem a ver conosco e com o que deveríamos estar fazendo, e com nossas leis eleitorais?"

"Perguntas justas. No que diz respeito às leis eleitorais, temos que cumpri-las. E ponto final. Não me pergunte de onde vem seu salário porque eu não sei. Em segundo lugar, lembre-se de que fomos trazidos a pedido de Stuart para ajudar o governo a entender até que ponto um buraco diplomático havia sido cavado durante a administração de Pope."

Fizemos o que se tornou um tour de escuta e depois fomos arrastados prematuramente para conversas com o Irã, o que pode ter contribuído, aliás, para a recente libertação de alguns dos reféns americanos mantidos no Irã. Quem sabe? De qualquer forma, nosso trabalho inacabado naquela missão tinha a ver com a tentativa de entender por que nossos cidadãos e os de outros países tinham uma visão tão negativa dos Estados Unidos.

Estranhamente, há muitos cidadãos alienados nos Estados Unidos que têm sentimentos semelhantes com relação ao seu país. É impressionante o fato de que, depois de dois processos de impeachment e mais acusações do que se pode contar nos dedos de uma mão, o Papa ainda parece ter uma liderança dominante nas pesquisas e pode ser reeleito. Portanto, nossa tarefa principal é tentar entender as atitudes dos americanos e não americanos em relação ao nosso país. Essa tarefa é essencialmente o mesmo trabalho de nosso primeiro empreendimento, mas se concentra em tentar entender, antes da convenção, como alguém poderia ser tão negativo em relação ao nosso país a ponto de pensar em votar em Pope.

Portanto, prepare a sua equipe e aja de forma organizada. Os riscos são maiores do que a maioria das pessoas imagina.

"Eu vi aquele filme", disse Louise, "uma vez foi o suficiente. Em seguida, ela recebeu um telefonema informando que as reuniões de equipe começariam em Washington logo pela manhã.

JAMES J. MAIWURM
1429 Harvest Crossing Drive
McLean, VA 22101
Phone: (202) 256-6669
E-mail: james.maiwurm@gmail.com

PRÊMIOS/HONRAS SELECIONADOS:

- Presidente Emérito (aposentado), Squire Patton Boggs (US) LLP

- Diretor: Sandy Spring Bancorp, Inc. (NASDAQ: SASR) [até 2021]; serviço de consultoria anterior em duas outras empresas públicas e em vários conselhos consultivos de empresas privadas.

- Conselhos da Fundação: Lewinsville Pres. Church (Presidente) e Fundações Squire Patton Boggs

Conselhos sem fins lucrativos; serviço anterior em outros conselhos sem fins lucrativos (College of Wooster e outros).

VISÃO GERAL DA EXPERIÊNCIA:

Uma combinação incomum de experiência jurídica, de gerenciamento/diretoria, liderança e relações internacionais:

- Presidente/CEO de um dos 25 maiores escritórios de advocacia do mundo, com 1.500 advogados e 44 escritórios em 21 países; liderou combinações transformacionais com 475 advogados em escritórios de advocacia do Reino Unido/Europa Ocidental, 80 advogados em escritórios de advocacia australianos e 300 advogados em escritórios de advocacia dos EUA com escritórios no Oriente Médio, bem como outras iniciativas de crescimento em todo o mundo, inclusive na Ásia.

- Nomeado pela Law 360 como um dos dez sócios-gerentes de escritórios de advocacia mais inovadores de 2012

- Experiência significativa em gerenciamento e crescimento de empresas de serviços internacionais.

• Presidente e CEO de uma empresa pública internacional de serviços profissionais (engenharia) com 1.300 funcionários; liderou a reestruturação da empresa.

• Assessora a gerência sênior e os conselhos de administração em assuntos como governança e divulgação, desenvolvimento de estratégias e estruturas de aquisição e negociação com fontes de financiamento.

• Participação em conselhos de administração e conselhos consultivos de empresas públicas e privadas e organizações sem fins lucrativos.

• Mais de 40 anos como advogado transacional, representando uma ampla gama de empresas, desde start-ups empreendedoras até empresas da Fortune 50, em transações de private equity, ofertas públicas nacionais e internacionais e aquisições, alienações, financiamentos e joint ventures.

PUBLICAÇÕES SELECIONADAS

• "BeacFLead Aqusitions: Creating Waves in the Marketplace", 38 Business Lawyer 419 (1983) (em coautoria com James M. Tobin).

• "Annual Disclosure in a Declining Economy - Some Year-End Reminders", 5 Insights 1 (1991).

• "The ABC's of ESG", National Law Review (janeiro de 2023); (https//www./lexology.com/library/detail.aspx?g=1549d836-385f-   4667-85c8-https58f0712246cf12246cf12246cf).

• Herança de crise e disfunção , James J. Maiwurm (2002 (1ª ed.) e 2023.

PRÊMIOS SELECIONADOS

• Prêmio para o melhor aluno do último ano de História.

• Phi Beta Kappa.

• Subsídios para gás em East Ohio.

• George F. Baker Fellow.

• Prêmio de melhor artigo na Competição de Tribunais de Moot da Faculdade de Direito de Michigan.

• Prêmio Who's Who" de Realização de Carreira.

Livros

- Herança de crises e disfunções (romance) (2000)

ARTIGOS SELECIONADOS

Panelista, "Marketing Through Mergers: Strategy, Integration & Business Development Opportunities Pre- & Post- Acquisition", 23º Annual Marketing Partner Forum (Thomson Reuters) (janeiro de 2016), Orlando, Flórida.

Painelista, "Tendências atuais na profissão jurídica", 2015 Latin America Legal Executive Briefing (Thomson Reuters) (novembro de 2015), Buenos Aires, Argentina

Palestrante, "Global Law Firm Developments", Mesa redonda de sócios-gerentes canadenses (Hildebrandt Consulting LLC) (outubro de 2015), Sonoma, Califórnia

Painelista, "The Changing Legal Profession", 2014 Latin America Legal Executive Briefing (Thomson Reuters) (novembro de 2014), Buenos Aires, Argentina.

Panelista, "Law Firm Mergers: What Law Firm Leaders Should Know", 19º Fórum Anual de Líderes de Escritórios de Advocacia, The Changing Model; How the Radical Changes in Legal Service Are Reshaping Law Firm Organization & Practices (Thomson Reuters Legal Executive Institute) (novembro de 2014), Nova York, Nova York.

Palestrante, "Estruturas internacionais e opções de governança", Conferência de líderes de escritórios de advocacia globais (Sandpipers Partners LLC) (setembro de 2014), Londres, Inglaterra

Painelista, "Escritório de advocacia de 2020", 2014 Legal Executive Briefing (Thomson Reuters) (maio de 2014), Pebble Beach, Califórnia.

Panelista, "The State of the Legal Profession: A Global Perspective", 2013 Asia Pacific Legal Executive Briefing (Thomson Reuters) (março de 2013) Xangai, China

EXPERIÊNCIA EM LIDERANÇA EXECUTIVA:

JANEIRO DE 2011 A 31 DE DEZEMBRO DE 2014:

Presidente do Conselho Global e CEO
Global Squire Patton Boggs LLP (AU, UK & US)

SETEMBRO DE 2009 A DEZEMBRO DE 2010:

Presidente do Conselho de Administração e da
Diretoria Squire Sanders (US) LLP

MAIO DE 2003 A SETEMBRO DE 2009:

Sócio-gerente (COO)
Membro do Comitê de Direção (2006-2009)
Squire, Sanders & Dempsey L.L.P.

FEVEREIRO DE 2001 A MAIO DE 2003:

Sócio gerente
Escritórios de Washington, D.C. e Virgínia do Norte
Squire, Sanders & Dempsey L.L.P.

DE ABRIL DE 1999 A DEZEMBRO DE 2000:

Presidente e CEO
Kaiser Group International, Inc.
(anteriormente ICF Kaiser International, Inc.)
Fairfax, Virgínia

SERVIÇO DA DIRETORIA:

Negócios:

Kaiser Group Holdings, Inc./Kaiser Group International, Inc. (NYSE/NASDAQ)

(Fornecedor global de serviços de engenharia)

1999 -2005 (Presidência)

Joint venture Kaiser-Hill Company, LLC)

(contratada do DOE com um contrato de US$ 4 bilhões
para o fechamento de Rocky Flats)

1999 -2005 (Presidente, 1999-2000)

Workflow Management, Inc. (NASDAQ: NMS)

(Empresa integrada de serviços, operações e suprimentos
de artes gráficas e consumíveis)

1999 -2004 (Presidente do Comitê Especial do Conselho
de Administração)

Corporação Internacional TRAX

(prestadora de serviços governamentais de propriedade da
ESOP) (Conselho de Administração, 2000-2005, Conselho
Consultivo, 2015-2019)

Sandy Spring Bancorp, Inc. (holding bancária; NASDAQ: SASR)
(Conselho e Comitês de Auditoria e Risco, 2015-2021)

HBR Consulting, LLC (Conselho Consultivo, 2016-2019)

Organização sem fins lucrativos:

Conselho do Mason Arts Festival (Presidente)
2007 - 2009

Conselho Consultivo da Faculdade de Artes Visuais e Cênicas da
George Mason University
2003 - 2009

Conselho de Governadores do Tower Club
2003 - 2009

Davis Memorial Goodwill Industries, Inc.
1998 - 2003

Aliança de Recursos Tecnológicos 1995 - 1999
Century Club da George Mason University, Inc.

1994 - 94, 1997 - 98
Fundação Squire Patton Boggs
2014
Cruz Vermelha Americana, Região
da Capital Nacional 2016 - 2018
College of Wooster (Conselho de Curadores e Conselho de Ex-alunos)
2016 - 2020
Fundação da Igreja Presbiteriana de Lewinsville (Presidente)
2020

ATIVIDADES:

Comissão sobre o Futuro das Artes no Condado de Fairfax, Virgínia
(2007 - 2008)
Presidente fundador do Grubstake Breakfast Venture Capital Forum
(1990-1995)
Presidente fundador da Technology Resource Alliance
(patrocinada pela George Mason University e pelo Virginia
Center for Innovative Technology) (1995 -1999)

ADMISSÕES NO BAR:

Distrito de Colúmbia e Virgínia

EDUCAÇÃO:

Bacharel em Direito pela College of Wooster, Ohio (1971), Phi Beta Kappa, George F. Baker Fellowship.

Formado em Direito pela Faculdade de Direito da Universidade de Michigan, cum laude (1974) National Institute of Trial Advocacy.

PESSOAL:

Casado (50 anos) com Wendy S. Maiwurm (assistente social médica aposentada; conselheira de luto). Filhos: James G. e Michelle K.

Nascido em 5 de dezembro de 1948.

Autor: Herança de crises e disfunções (2020).

<u>*REALIZAÇÕES COMERCIAIS SELECIONADAS:*</u>

Squire Patton Boggs (incluindo seus antecessores, por exemplo, Squire, Sanders & Dempsey L.L.P.)

- Durante seu primeiro ano como presidente, liderou uma combinação com uma firma de 475 advogados sediada no Reino Unido e escritórios na Europa Ocidental; durante o segundo ano, liderou uma combinação com uma firma de 80 advogados sediada na Austrália Ocidental e um maior crescimento na Ásia-Pacífico; durante o quarto ano, liderou uma combinação com uma firma de 300 advogados sediada nos EUA e escritórios no Oriente Médio.

- Ele foi o primeiro sócio-gerente de um escritório de advocacia internacional com mais de 800 advogados.

- Reorganização e melhoria do desempenho do grupo administrativo.

- Colaboração nos esforços para aumentar a lucratividade.

- Iniciou o conceito de uma equipe de atendimento ao cliente focada no setor/indústria.

- Ampla interação com escritórios, práticas e assuntos dos EUA e de fora dos EUA.

Kaiser Group International, Inc.

- Ele proporcionou uma liderança estabilizadora à problemática Kaiser Group International, Inc.; inspirou confiança em clientes e parceiros de joint venture preocupados e em funcionários profissionais desencantados.

- Ele estabeleceu uma mentalidade de mudança orientada para a ação, nivelou a estrutura de gerenciamento, implementou uma redefinição e comercialização focada das linhas de negócios e liderou os esforços para alcançar a redução de custos necessária de US$ 20 milhões.

- Garantiu novos negócios e resolveu problemas de clientes na Austrália, nas Filipinas, na República Tcheca e nos Estados Unidos.

- Negociação e gerenciamento de grandes alienações de ativos e resolução de reivindicações de terceiros; orquestração da reestruturação de dívidas de US$ 140 milhões.

- Ele liderou os esforços da joint venture para ganhar um novo contrato governamental de US$ 4 bilhões.

- Estabeleceu relacionamentos eficazes com grupos divergentes: diretores, acionistas, funcionários, parceiros de joint venture, clientes e consultores externos.

PRÁTICAS JURÍDICAS

Contencioso 1974 -1986

Empresa 1986 -

Áreas de especialização na prática jurídica:

• Formação de capital e transações de títulos, inclusive transações de private equity e ofertas públicas, além de colocações privadas de títulos de capital e dívida.

• Transações de fusões, aquisições e alienações relacionadas a interesses e operações nas Américas do Norte, Central e do Sul, na Europa e na Orla do Pacífico, incluindo investimentos em private equity, aquisições alavancadas e ofertas públicas de aquisição.

• Joint ventures e alianças estratégicas nacionais e internacionais.

• Reestruturação financeira, incluindo reestruturação de dívidas e recapitalizações.

• Consultoria geral corporativa, de governança e de valores mobiliários, análise de questões de divulgação, contestações de procurações, desenvolvimento de estratégias de aquisição, negociação com fontes de financiamento e consultoria para conselhos de administração.